ENTRE L'ORDRE ET LA LIBERTÉ
LA DÉTENTION PROVISOIRE

Collection Logiques juridiques
dirigée par Gérard MARCOU

Déjà paru :

Association internationale des juristes démocrates, *Les droits de l'homme : universalité et renouveau, 1789-1989,* 1990.
Philippe Robert, *Les politiques de prévention de la délinquance à l'aune de la recherche*, 1991.
Didier Boutet, *L'Etat de droit*, 1991.

ISBN : 2-7834-1076-6

Sous la direction de Philippe ROBERT

ENTRE L'ORDRE ET LA LIBERTÉ LA DÉTENTION PROVISOIRE

Deux siècles de débats

Textes de Jacques CAPDEVIELLE,
Nicole CASTAN, Yves CASTAN,
Marie-Sylvie DUPONT-BOUCHAT, Clive EMSLEY,
Martine KALUSZYNSKI, Luigi LACCHE', René LÉVY,
Roberto MARTUCCI, Philippe ROBERT,
Bernard SCHNAPPER, Jean-Claude VIMONT

Editions L'Harmattan
5-7, rue de l'Ecole-Polytechnique
75005 PARIS

Cet ouvrage fait suite à un séminaire du Groupe européen de recherches sur les normativités (GERN), dirigé par Jacques Capdevielle, Yves Castan et Philippe Robert.

Les auteurs :

Jacques CAPDEVIELLE, directeur de recherches à la Fondation nationale des sciences politiques (FNSP/CEVIPOF).

Nicole CASTAN, professeur à l'Université de Toulouse-le-Mirail.

Yves CASTAN, professeur émérite à l'Université de Toulouse-le-Mirail.

Marie-Sylvie DUPONT-BOUCHAT, chargée de cours à l'Université catholique de Louvain.

Clive EMSLEY, Reader, The Open University.

Martine KALUSZYNSKI, chargée de recherches au Centre national de la recherche scientifique (CNRS CERAT).

Luigi LACCHE', borsista di Dottorato di Ricerca, Università degli studi di Macerata.

René LÉVY, chargé de recherches au Centre national de la recherche scientifique (CNRS/CESDIP).

Roberto MARTUCCI, professore associato, Università degli studi di Macerata.

Philippe ROBERT, directeur de recherches au Centre national de la recherche scientifique (CNRS/GERN).

Bernard SCHNAPPER, professeur émérite de l'Université de Poitiers.

Jean-Claude VIMONT, professeur à l'Ecole Normale de Rouen.

Liste des abréviations

AD : Archives départementales
ASALA : Armée secrète arménienne pour la libération de l'Arménie
AP : Archives parlementaires
BN : Bibliothèque nationale
CAI : Centre d'action institutionnel
CDP : Code des délits et des peines
CE : Conseil d'État
CERES : Centre d'études et de recherches de l'éducation surveillée
CESDIP : Centre d'études sociologiques sur le droit et les institutions pénales
CETEL : Centre d'études des techniques législatives
CEVIPOF : Centre d'études de la vie politique française
CICC : Centre international de criminologie comparée
CIR : Convention des institutions républicaines
CNERP : Centre national d'études et de recherches pénitentiaires
CNPF : Conseil national du patronat français
CNRS : Centre national de la recherche scientifique
CRISP : Centre de recherche et d'information socio-politiques
DEA : Diplôme d'études approfondies
EHESS : Ecole des hautes études en sciences sociales
FGDS : Fédération de la gauche démocratique et sociale
FNSP : Fondation nationale de sciences politiques
GERN : Groupe européen de recherches sur les normativités
IDEF : Institut de l'enfance et de la famille
JCP : Juris classeur périodique
JP : Journal du Palais
OPA : Offre publique d'achat
PCF : Parti communiste français
PCP : Parti communiste portugais
PS : Parti socialiste
PSU : Parti socialiste unifié
SEPC : Service d'études pénales et criminologiques
SFIO : Section française de l'internationale ouvrière

UCL	:	Université catholique de Louvain
UDR	:	Union démocratique républicaine
UDSR	:	Union des démocrates sociaux et républicains
TGV	:	Train à grande vitesse

INTRODUCTION

LA DÉTENTION AVANT JUGEMENT : DEUX SIÈCLES DE DÉBATS LÉGISLATIFS (1789-1989)

Philippe ROBERT

De toutes les dispositions de droit pénal, la détention provisoire est probablement la plus souvent modifiée. Cette actualité législative brûlante et persistante attire l'attention, d'où l'intérêt d'en étudier les avatars depuis l'aube de la Révolution. Mais il n'y avait rien à ajouter aux nombreux exposés de droit positif. C'est d'histoire, de sociologie et de science politique qu'il va être ici question.

I — LA DÉTENTION PROVISOIRE, UNE PARTICULARITÉ FRANÇAISE EN EUROPE

La prison fait actuellement débat dans nos sociétés d'Europe occidentale : faut-il, comme en France ou au Royaume-Uni, accroître le parc pénitentiaire, quitte à revenir à la gestion semi-privée du siècle dernier ? Faut-il, au contraire (1), comme en RFA, refuser cette issue et miser sur un usage accru des sanctions administratives extra-judiciaires ? C'est que les taux de détention ont

(1) L'opposition est évidemment tendancielle : dans chaque pays cité, on trouve trace des deux orientations, mais, chaque fois, avec une dominante que nous retenons seule ici.

beaucoup crû — même s'ils demeurent en-deçà des sommets nord-américains (2) — et avec eux souvent, le surpeuplement des prisons. Alors les difficultés se multiplient : on craint davantage évasions et révoltes ; les conditions de travail du personnel se détériorent, d'où de fréquents mouvements revendicatifs ; les conditions de vie des détenus tombent en dessous des normes minimales admises dans les pays civilisés ; comble d'ironie ! l'administration doit souvent recourir, pour faire baisser la tension, à des mesures de clémence qui érodent l'autorité des décisions de justice et la valeur dissuasive de la peine.

En France, le problème carcéral atteint des sommets : le taux d'encombrement des prisons est le plus élevé d'Europe occidentale (3) ; corrélativement le rapport surveillant/détenu (4) est le plus faible ce qu'aggrave encore un très mauvais taux d'encadrement (5) de ces surveillants par les personnels administratifs et de direction.

La vraie spécificité des prisons françaises, on la soupçonne déjà en observant que seules sont surchargées (6) — mais dans quelles proportions ? — les maisons d'arrêt où s'entassent courtes peines et détentions provisoires. On s'avise alors que notre pays possède le taux de détention provisoire (7) le plus élevé d'Europe occidentale.

Malgré une certaine érosion depuis 1985, il demeure encore presque le double de ceux de nos principaux partenaires, le Royaume-Uni et la République fédérale d'Allemagne.

---

(2) Sommets au moins parmi les pays entre lesquels une comparaison statistique est possible :

— États membres du Conseil de l'Europe (taux moyen) = 66,7 °/ooo (1er septembre 1988) ;

— Canada : 109,4 °/ooo (1987-1988) ;

— États-Unis : 291,7 °/ooo (1er janvier 1985).

Sources : Tournier, 1987, 1988.

(3) Taux d'occupation des établissements : Belgique (31.10.86) : 100,4 % ; Danemark (1.11.88) : 89,8 ; RFA (31.8.86) : 84,8 ; Italie (30.9.86) : 116,5 ; Pays-Bas (22.10.86) : 107,4 ; Royaume-Uni (18.11.86) : 107,2 (Tournier, Barré, 1990) ; France 1er janvier 1990 : 124 (Tournier, Leconte, 1990).

(4) Taux de surveillance : Belgique : 51,1 % ; Danemark : 70,1 ; RFA : 37,8 ; Italie : 53,3 ; Pays-Bas : 61,5 ; Royaume-Uni : 37 (Tournier, Barré, 1990).

(5) Taux d'encadrement (surveillants/total des personnels) : Belgique ; 89,8 % ; Danemark : 84 ; RFA : 84,8 ; Italie : 90,9 ; Pays-Bas : 82,8 ; Royaume-Uni : 89,2 ; France : 92,4. Ici plus le pourcentage est élevé, moins l'encadrement est important.

(6) Taux d'occupation des maisons d'arrêt en France : 149 détenus pour cent places au 1er avril 1990.

(7) Taux de détention provisoire pour 100 000 habitants : Belgique : 33,9 ; Danemark : 19,7 ; RFA : 19,7 ; Italie : 26,6 ; Pays-Bas : 15,9 (1.9.88) ; Espagne : 31,3 ; Royaume-Uni : 21,2 ; France : 36,2 (1er février 1989). Source : Tournier, 1988.

Cette situation est d'autant plus frappante qu'elle ne trouve d'appui clair dans aucun secteur de l'opinion, naturellement pas parmi ceux qui demeurent sceptiques envers les vertus de la prison, mais pas non plus chez ceux qui prônent un plus large recours à la *peine* d'emprisonnement. Au reste, le poids de la détention provisoire tient plus à la durée des séjours (effet de stock) qu'au nombre d'entrées. Si la nette diminution des incarcérations depuis 1985 n'a pas entraîné une forte érosion du taux de détention provisoire, c'est parce que la durée moyenne n'a cédé que très légèrement et après une longue période d'accroissement ininterrompu (8).

Or, contrairement à la durée de la peine, celle de la détention provisoire n'est pas le fruit d'une décision de départ, c'est largement le reflet d'un allongement continuel des délais d'instruction, mais aussi de jugement, de mise à exécution des décisions et même d'examen des voies de recours. D'une telle situation, personne ne se dit partisan.

On s'en doute, pareille situation ne laisse pas le législateur

(8)

Année	Entrées de prévenus (E)	Population moyenne de prévenus (P) (1)	Durée moyenne de détention provisoire (D) (2)
1969	60 735	11 655	2,3
1970	61 441	10 902	2,1
1971	56 257	11 859	2,5
1972	56 208	12 535	2,7
1973	54 348	12 140	2,7
1974	58 630	12 456	2,5
1975	65 143	12 857	2,4
1976	57 876	12 945	2,7
1977	60 183	12 442	2,7
1978	60 006	13 993	2,8
1979	63 404	15 008	2,8
1980	68 947	16 581	2,9
1981	64 478	16 293	3,0
1982	65 952	16 458	3,0
1983	72 541	18 861	3,1
1984	72 316	21 070	3,4
1985	66 332	21 603	3,9
1986	67 727	21 278	3,8
1987	65 181	20 831	3,8
1988	64 804	19 889	3,7
1989	64 027	19 718	3,7

Tournier, Leconte, 1990

(1) $P = \frac{1}{2} P(1.1.n) + P(1.1.n + 1)$

(2) $D = \frac{P}{E} \times 12$ (durées en mois)

indifférent. Il passerait plutôt pour fébrile : il a légiféré sur la détention provisoire en 1984, 1985, 1987 et 1989 — sans compter des modifications partielles en 1983 et 1986 — et les conseillers du prince annoncent qu'il faudra remettre sans tarder l'ouvrage sur le métier (9), et le projet est encore à l'ordre du jour.

Plus étonnant : si la fièvre a monté ces dernières années, la préoccupation ne date pas d'aujourd'hui. Tout au contraire, c'est depuis deux siècles que la matière est instable ; le droit de la détention avant jugement est en réforme de manière récurrente depuis 1789. Qu'on en juge ! Remodelé sous la Constituante, le régime de la détention préventive est profondément remanié après thermidor, pendant le Directoire et sous l'Empire. Propositions et même projet de loi échouent durant la monarchie de Juillet. Après un décret du gouvernement républicain, le Second Empire y consacre trois lois, et indirectement une quatrième. Les multiples avant-projets, projets et propositions d'avant 1914 aboutissent en 1933 à une réforme radicale, mais vite annulée. Ajoutons encore, après la Seconde Guerre mondiale, le code de procédure pénale suivi de lois particulières en 1970 et 1975, pour en venir aux quatre lois des années 1980...

On dirait une faille dans le tissu juridique, une zone chroniquement instable... particularité qui, jointe à l'importance de la détention provisoire parmi les spécificités de la justice française, invite à y aller voir de plus près.

II — ENTRE L'ORDRE ET LA LIBERTÉ, UN « MAL NÉCESSAIRE » ?

Cette détention avant jugement, le droit positif actuel la nomme provisoire. Provisoire, tout emprisonnement l'est au sens désormais le plus courant (10) de l'adjectif : quoique plus ou moins long, il doit cesser un jour au lieu de durer perpétuellement. Certes, notre législation connaît des réclusions à perpétuité qu'on ne peut dire provisoires puisqu'elles doivent durer la vie du condamné. Mais il n'en est prononcé, malgré une récente recrudescence, que quelques dizaines l'an (11). Et surtout, elles ces-

(9) Commission justice pénale et droits de l'homme, 1989, notamment 37.

(10) Quoiqu'il s'agisse d'une acceptation dérivée par extension et attestée seulement depuis 1829 (*sic* Robert P., 1973, 529).

(11) P. ex. 1984 : 59 ; 1985 : 72 ; 1986 : 77.

sent, en pratique, au bout de dix-sept ans (12). Quant à la durée moyenne, elle distingue de moins en moins nettement notre détention de la peine d'emprisonnement. Avant 1970, notre détention préalable était dite préventive, ce qui signifie empêcher en prenant les devants (13). Mais empêcher quoi ? La fuite ? La réitération ?... Ou s'agissait-il d'une référence au sens figuré de prévenu (14) ? Ces incertitudes sémantiques indiquent déjà l'ambiguïté de la matière. La liberté était alors dite provisoire, en sorte que la détention pouvait apparaître comme le régime normal de l'inculpé en cours d'instruction. En supprimant l'adjectif, le législateur de 1970 a voulu signifier que la liberté était l'état normal de l'inculpé tandis que la détention devait être tenue pour anormale ou exceptionnelle...

Un *consensus* paraît, en effet, exister depuis fort longtemps parmi les juristes pour considérer la détention provisoire comme fâcheuse pour les libertés — et peut-être aussi pour la cohérence du droit — mais aussi comme indispensable à l'ordre public (15).

Si l'opinion réformatrice du XVIIIe siècle (16) s'attachait plutôt aux détentions administratives (17), les fameuses lettres de cachet (18), une sensibilité nouvelle à la détention préventive apparaît avec la Révolution. Symbole de la suprématie de la loi et donc du législateur organe de la nouvelle souveraineté nationale, la stricte légalité des peines devient alors un principe de libertés publiques et elle exige que toute peine soit précédée d'une déclaration de culpabilité. Or l'adoption de la privation de liberté comme peine type (19) rend moins évidente la distinction entre détention

---

(12) Barré, Tournier, 1982, 4.

(13) Robert P., 1973, 452.

(14) Robert P. (1973, 453) définit le sens figuré d'une manière juridiquement erronée : « qui est considéré comme coupable de... », quoiqu'elle soit peut-être seulement hâtive et, par là, significative ; avec plus d'orthodoxie, on dirait : « contre qui les charges sont estimées suffisantes pour qu'on le renvoie en jugement ». Au reste, taxer cette détention de préventive manifestait peut-être une confusion, d'ailleurs fréquente, entre inculpé et prévenu (voy. p. ex. coll., s.d., 31).

(15) En pratique les auteurs s'étendent sur le premier aspect, le second va de soi.

(16) Voy. *infra*, Castan N., Castan Y.

(17) Ce débat persistera longtemps mais autour des pouvoirs judiciaires remis aux préfets par le fameux article 30 (voy. Kaluszynski, Robert, *infra*). Plus récemment, on en trouvera de nouvelles formes avec l'internement administratif pendant la guerre d'Algérie, ou avec la rétention des étrangers en instance d'expulsion ces dernières années.

(18) Sur ce thème peu étudié, voy. au moins Funck Brentano, 1903, Quétel, 1981.

(19) Sur cette mutation consacrée par le code de 1791, voy. Badinter, 1989 ; Lascoumes, Poncela, Lenoël, 1989 ; Petit, 1990.

préventive et peine (20). Un vieil auteur exprimera bien ce malaise en traitant notre institution de « peine sans coupable » (21).

Dès lors, tous les débats à son propos prendront la forme d'un duel entre les nécessités de l'ordre et les exigences de la liberté. Pour Jean Carbonnier (22), il n'est pas d'autre matière de procédure pénale qui concerne aussi intensément les libertés publiques. La doctrine juridique prend très vite l'habitude de présenter la détention avant jugement comme un « mal nécessaire » (23) dont il convient de cantonner au maximum et la fréquence et la durée.

Montrer la permanence de ces argumentaires opposés serait évidemment de peu de prix : sous la récurrence des mots, le contenu de l'ordre et celui de la liberté ont varié. Surtout, ce ne sont pas les mêmes acteurs qui brandissent ces deux étendards, leurs positions ne sont pas les mêmes dans un contexte qui change, ni les intérêts qu'ils défendent, ni même les stratégies qu'ils déploient.

III — QUELQUES ÉLÉMENTS DE DÉMARCHE

Si l'on définit de manière très durkheimienne (24), le crime (25), comme tout comportement que le droit autorise le juge à punir d'une peine, on voit que son étude comporte logiquement deux volets : l'examen de l'incrimination par la loi (criminalisation primaire ou abstraite) d'un comportement puis celui de l'application éventuelle des dispositions légales à une situation réelle (criminalisation secondaire ou concrète). Il faut bien convenir cependant que l'on s'est plutôt attaché à ce second aspect et que l'on a longtemps négligé (26) le premier ; on l'abandonnait aux seules investigations du droit positif.

---

(20) Elle deviendra de moins en moins claire à mesure que la peine de privation de liberté se réduira en pratique à une sorte unique d'emprisonnement. En outre, la loi de 1892 sur l'imputation soulignera le caractère largement fictif de la distinction.

(21) Trébutien, 1854, 207. De son côté, Robert C.N. (1972, 176) y voit la plus sûre, la plus infaillible, la plus illégale des sanctions.

(22) Carbonnier, 1938, 4.

(23) Voy. p. ex. Trébutien, 1854, 251 ; Le Poittevin, 1911-1915, 394 ; Donnedieu de Vabres, 1943, 666 ; Magnol, 1949, 1191 : Bouzat et Pinatel, 1963, 987, récemment la Commission justice pénale et droits de l'homme, 1989, 35, etc. Larocque (1971, 119) parle de « quadrature du cercle ».

(24) Durkheim 1895, réed. 1970.

(25) *Lato sensu* ; pour les juristes : l'infraction.

(26) En raison probablement d'abord d'une fascination exclusive pour le criminel, ensuite de l'illusion consistant à voir dans le crime un type particulier de comportement, sur ces deux culs-de-sac, voy. p. ex. Robert, 1990, a.

On doit reconnaître toutefois que la situation se modifie rapidement : se multiplient les recherches de sociologues, d'historiens ou de politologues sur la création, la modification ou la suppression de la loi pénale... ou plutôt de certaines lois pénales, principalement celles qui traitent de morale publique, de délinquance juvénile et maintenant de droit pénal économique et administratif. Moins investies demeurent les incriminations à victime individuelle directe (le vol, l'agression...), le droit pénal politique et... les lois de procédure, comme par exemple la détention provisoire. Certes, rétorquera-t-on, mais celles-ci n'incriminent pas de comportement, elles se bornent à régler l'action du juge ; d'où un moindre intérêt.

Si l'on y réfléchit cependant, la sociologie du droit procédural est indispensable à l'intelligence de la norme pénale. Comment la caractériser, en effet ? Dira-t-on que le droit civil indique quel est l'ordre et que le pénal se borne à prévoir les manquements à cet ordre, qu'il n'est pas prescriptif, mais seulement interdictal. Mais le civil lui-même ne décrit pas un ordre, il prohibe des anomalies (27). A vrai dire, tout droit — et le pénal ne se distingue pas sur ce point — vise à constituer un ordre, mais il n'y procède jamais qu'indirectement en prévoyant des possibilités de sanction pour des comportements déclarés désordonnés. Ce faisant, il dessine implicitement les marges d'un ordre. Ces discours prononcés avec autorité constituent des registres d'ordre. Ils légitiment des limites autrement arbitraires. Marginal dans son emprise directe sur les pratiques et justement parce qu'il est marginal, le juridique permet une gestion et une sanction légitimes de différences instituées, même s'il se borne — c'est entre autres le cas du pénal — à n'agir qu'indirectement par la prise en charge de désordres assez marginaux, marginaux par définition.

On commence à mieux capturer la spécificité du pénal en remarquant, avec plusieurs acteurs, une particularité de sa langue : la disposition pénale se réduit généralement à une arithmétique de sanctions à l'état pur qui n'emprunte ni la forme prescriptive, ni même la forme prohibitive (28). C'est alors le moment de rappeler que le pénal naît quand l'État commence à traiter comme les « délits publics », comme les vieilles « lèse-majesté » (ou atteintes à la souveraineté), un certain nombre de conflits dans lesquels il se substitue à la victime dans le rôle de l'offensé, soutenant que c'est l'atteinte commise à son ordre public qui consti-

(27) Comme le démontre brillamment Arnaud, 1973, 151.

(28) Voy. la belle démonstration classique de Villey (1974, 40), « le droit pénal... ne nous interdit pas de tuer, le droit pénal s'occupe des peines », cpr. *pro* Kelsen, 1953, 66.

tue le tort essentiel. Alors la peine apparaît au lieu de l'ancienne compensation doublée d'une rémunération due au suzerain justicier.

Le pénal, c'est donc avant tout une figure processuelle, celle où le souverain, l'État, fournit non seulement le juge, mais aussi la partie poursuivante — quand bien même il y aurait une victime particulière — dans un procès dont l'objet est la peine.

Si, selon l'intuition de Jean Carbonnier (29) c'est le procès qui *fait* le critère du juridique, examiner ses règles devient fondamental pour la sociologie juridique. Mais cette raison générale est tout particulièrement pertinente en matière pénale : ce qui spécifie celle-ci, ce n'est pas un caractère particulièrement interdictal de la règle de droit — elle est sanctionnatrice ici comme ailleurs — c'est une *figure processuelle.* D'où l'importance du droit de procédure.

Mais comment établir la sociologie de la création de la loi pénale, ou de sa modification ? Même s'il n'est plus absolument déserté, ce chantier demeure encore mal constitué et les chercheurs, peu nombreux, qui s'y activent, communiquent mal entre eux. Les synthèses (30) établies ici ou là, certes méritoires et utiles, pâtissent souvent de plusieurs insuffisances : un ethnocentrisme nord-américain naïf qui sous-évalue (31) des apports récents parmi les plus créatifs, une mauvaise connaissance des contributions de disciplines comme l'histoire sociale ou celle des mentalités, une fascination pour la philosophie des chercheurs qui fait négliger leurs démarches concrètes et parfois caricaturer leurs travaux. L'habitude de les ranger à toute force selon une dichotomie *consensus*/conflit (ou critique) s'avère, de ce point de vue particulièrement désastreuse. Le procédé se révèle purement rhétorique : la première case est quasiment vide (32) et sert seulement de faire-valoir verbal à la seconde qui devient un fourre-tout. Surtout cette pseudo-typologie révèle une confusion (33) entre l'étude de la création de la loi et la réflexion sur son statut (34).

---

(29) Carbonnier, 1972, 135.

(30) P. ex. Stein, Galliher, 1980 ; Hagan, 1980 ; Hebberecht, 1985 ; Landreville, 1990 ; Lascoumes, 1990 ; Lebeuf, 1988.

(31) Cas extrême, on voit même un auteur francophone ne s'appuyer guère que sur les travaux anglophones nord-américains (Lebeuf, 1988).

(32) *Sic* Stein, 1980.

(33) *Sic* Hopkins, 1975.

(34) Ainsi illustre-t-on généralement la case *consensus* par Durkheim en se référant aux états forts de la conscience collective (1895) : mais quand il définit ainsi le crime. Durkheim précise implicitement le statut fonctionnel de la loi. Il se garde bien d'en détailler l'alchimie, d'expliquer comment le législateur parvient à se faire l'infaillible porte-voix de cette conscience et de ses états. Sur la création de la loi, il fait l'impasse.

Pour nous, cette recherche a d'abord été l'occasion d'un travail en commun entre historiens (spécialistes d'histoire sociale et des mentalités auxquels se sont joints des juristes, historiens du droit) et sociologues (spécialistes de sociologie du droit ou de sociologie politique). Nous venions de passer plusieurs années à confronter nos lectures, à apprendre à dialoguer sur un même objet (35). Il nous a semblé possible de tenter un travail en commun. Chaque avatar législatif a été étudié, le plus souvent par un petit groupe provenant de plusieurs disciplines. Ces travaux ont ensuite été présentés et discutés au sein d'un séminaire (36) du Groupe européen de recherches sur les normativités (GERN). Pendant plus de deux ans, une trentaine d'historiens, de juristes, de sociologues et de politologues ont travaillé en commun sur ces lois concernant la détention avant jugement.

Plutôt qu'une adhésion à une conception consensuelle ou conflictuelle du statut de la loi, c'est le niveau de l'analyse qui caractérise les recherches sur la création de la loi. En des termes différents, Galliher et Stein (37) s'accordent pour distinguer ceux qui étudient comment la loi est apparue et ceux qui cherchent pourquoi elle est née. A chaque parti son péril : le premier risque de produire une analyse décontextualisée, le second une explication trop générale.

Peut-être vaut-il mieux ne pas trop durcir cette opposition tendancielle : pour nous qui sommes partis du comment, de l'analyse de la création de la loi, le problème concret est surtout de savoir jusqu'à quel degré il était possible de risquer des explications générales sans perdre de vue la spécificité de ce que nous cherchions à expliquer. Peut-être avons-nous parfois manqué d'audace dans le développement du processus explicatif. Il a dû nous arriver de reculer devant des extrapolations trop générales dans la recherche du pourquoi. C'est que nous privilégiions avant tout la spécificité du processus législatif. Il nous paraissait important avant tout d'examiner la création de la loi sur sa scène propre, celle de la vie politique. Quand on étudie la création de la loi pénale, c'est trop souvent dans une sorte de perspective téléfinaliste, en considération seulement de son utilisation judiciaire. D'où des controverses sans fin sur sa plus ou moins grande efficacité ou utilité. Et par là risque-t-on de négliger sa logique propre.

Ce faisant, on risque aussi de mal l'étudier en oubliant que sa création, sa transformation, sa suppression se déroulent sur

(35) Pour un bilan, voy. Robert, 1990, b.

(36) Animé par J. Capdevielle, Y. Castan et Ph. Robert.

(37) Galliher (1980) oppose trigging events et structural fundations, Stein (1980) Low level à *parent model*.

une scène différente de celle de son application judiciaire, une scène politique-législative qui a sa propre règle du jeu : la conquête ou la conservation du pouvoir politique. Faire une loi est, après tout, pour des gouvernants, un des moyens les plus économiques d'affirmer que l'on s'occupe d'un problème. Et si elle génère des effets indésirés, ce sera au bout de quelque temps ; l'échéance délicate sera passée, les responsabilités auront peut-être changé de mains. La vie politique se joue le plus souvent dans le court terme. Une étude vraiment compréhensive de la criminalisation primaire a donc tout intérêt à se situer dans cette économie des enjeux politiques.

Il nous a encore paru nécessaire d'être attentifs à une possible médiatisation de la législation quoique ses termes ont évidemment beaucoup varié en deux siècles. Le phénomène ne date pas d'aujourd'hui : on se souvient du « référendum » lancé par le *Matin* lors du débat de 1907 sur la peine de mort en France, et de son poids dans l'échec final de cette tentative abolitionniste (38). Depuis, ces mobilisations d'opinion ont pris un tour plus ample et plus systématique. Encore faut-il distinguer : certains débats pénaux prennent une valeur d'enjeux symboliques à grande échelle, voire de débats de sociétés — par exemple le vote en 1975 de la loi Veil sur l'interruption volontaire de grossesse. D'autres, plus nombreux, demeurent confinés à un cercle plus ou moins étroit de spécialistes. Passer de l'un à l'autre constitue un enjeu où peuvent se lire des stratégies d'acteurs. Par ailleurs, la médiatisation du débat législatif ouvre de nouvelles possibilités qui jouent sur la différence entre un message nécessairement simplifié et chargé de jugements de valeur et un texte juridique bien plus complexe. Soit, par exemple, un nouveau gouvernement qui veut se poser en ferme défenseur de l'ordre mais qui réalise l'inconvénient que pourrait présenter un trop grand bouleversement législatif. Il va tenter de diffuser une image très répressive de son projet de loi tout en veillant à ne pas s'écarter substantiellement de l'économie législative précédente... ou *vice versa*. Les combinaisons sont multiples ; elles réussissent plus ou moins bien : témoins ces tenants de « la loi et de l'ordre » qui parviennent bien à confirmer les inquiétudes des secteurs insécures sans toujours arriver à les persuader de leur habileté à y remédier... Il peut y avoir toute une gesticulation médiatique autour d'un projet de loi. Elle renseigne bien sur les intentions, moins certainement sur les effets d'opinion. Notre faiblesse a probablement été de nous concentrer seulement sur la presse écrite (39) même pour

(38) Voy., p. ex. Nye, 1984.
(39) Et encore pas systématiquement.

des périodes récentes, pour des raisons évidentes de commodité. Néanmoins, il est probable que l'écho médiatique de nos débats, déjà faible dans la presse écrite, se serait avéré presqu'imperceptible à la radio ou à la télévision.

En tout cas, nous avons tenté d'éviter envers les médias comme envers l'État, la déformation anthropomorphe qui y voit un acteur. Plutôt, nous les avons considérés comme une scène particulière où des acteurs inégaux tentent de déployer leur stratégie.

A côté de la médiatisation du jeu législatif, le rôle de l'administration constitue une autre caractéristique, du moins à l'époque récente. La loi est d'initiative administrative, non seulement les projets gouvernementaux mais aussi bien des pseudo-propositions parlementaires. Du coup, les archives administratives importent souvent plus, au moins actuellement, que les documents parlementaires. En France, une recherche en cours sur l'incrimination de l'usage de stupéfiants a été considérablement enrichie par leur dépouillement. On y découvre, entre autres, l'importance des précédents, de la doctrine propre à chaque administration, son souci de respecter sa cohérence interne. Nous avons eu la chance de pouvoir, pour les avatars postérieurs à la Seconde Guerre mondiale, travailler sur des archives administratives très complètes.

Quoiqu'il en soit, il n'est pas toujours aisé de repérer dans le dédale administratif l'influence et le *lobbying* de divers groupes d'intérêt même si c'est là désormais que leur intervention s'appesantit. Les plus visibles, les plus aisés à déchiffrer aussi sont les professionnels de l'application de la loi pénale : ils fonctionnent généralement comme experts ou spécialistes au cours de l'élaboration de la loi. La porte est ainsi ouverte, officiellement, à leur intervention.

Les différents groupes professionnels sont inégaux dans leur capacité d'accès au droit. Les moins équipés intellectuellement — qui sont les plus nombreux — n'accèdent qu'aux catégories inférieures des normes juridiques (pas à la loi ni au décret, mais à la circulaire, voire plutôt à la note de service « maison ») et n'ont aucune légitimité pour trancher de la conformité des pratiques à la règle de droit. Se dessine ici une lecture du juridique comme enjeu dans la compétition entre groupes professionnels pour le maintien des « avantages acquis » et la conquête de l'hégémonie dans le registre pénal. D'où l'enjeu consistant à obtenir une règle de droit aussi conforme que possible à ses propres pratiques professionnelles, de sorte que devienne impossible la mise en cause, même hypothétique, de responsabilité... Semblable préoccupation implique de persuader le législateur, de l'intimider, ou de participer directement à l'œuvre législative... ou, du moins, à ses prolongements réglementaires. Les professions à capital juridique patenté — magistrats, universitaires, à un moindre degré avocats — peuplent les commissions et se disputent le rôle de législateur de fait (40). Les autres doivent se rabattre sur des moyens plus détournés. L'action des premiers, toujours très sensible quoique sous des modalités très variables, est facile à repérer : leur concurrence remplit les arcanes de ces débats procéduraux ; plus récente, celle des seconds est aussi moins visible.

Quoi qu'il en soit, se pose à chaque fois la question de savoir comment et pourquoi le besoin de réforme législative émerge et finit par s'imposer, quels en sont les promoteurs, quelles mobilisations ils tentent d'obtenir. Evidemment, le traitement de ces questions varie selon l'époque considérée et les sources disponibles.

Sans oublier que toute émergence ne se dénoue pas par la promulgation d'une loi. La « mise sur agenda » (41) peut aller plus ou moins loin, s'arrêter à un avant-projet, avorter en cours de procédure, être finalement rejetée comme le projet de 1842, être annulée avant son entrée en vigueur comme les lois de 1985 et 1987. Et ces velléités, ces non-décisions (42) importent autant que les réformes réalisées.

D'importantes recherches récentes (43) ont entrepris tout particulièrement d'éclairer la spécificité du processus juridique, de montrer de quelle manière procède le droit pour protéger certains intérêts et certaines valeurs. Tout en étant naturellement sensible à cet aspect comme en témoigne notre focalisation sur la dialectique ordre/liberté et sur ses avatars, nous avons cherché aussi à lorgner de côté pour chercher à apercevoir ce qui se trouvait derrière cet effet de déréalisation (44) par lequel le droit consacre certains intérêts. D'où notre constant intérêt pour les acteurs concrets et leurs modes d'action.

Ajoutons encore que la diversité de nos traditions disciplinaires se traduit naturellement par une diversité dans la manière de mettre en œuvre ces préoccupations communes. Cette souplesse dans la mise en œuvre du protocole de recherche, c'est finalement la contrepartie naturelle pour parvenir à un dialogue entre plusieurs disciplines.

---

(40) D'où notre intérêt pour les commissions d'experts.

(41) Mise sur agenda *in* Landreville, 1989.

(42) Sur ce concept, voy. Bachrach (P.), Baratz (M.), 1963.

(43) Notamment Savelsberg (1987, 1988) — qui tente d'évaluer l'effet de rationalisation créé par l'intervention d'experts en utilisant la géographie cognitive d'Axelrod et des cartes de statut sociométrique — et Lascoumes (1989 et Lascoumes, Roth, Sansonetti, 1989) qui étudie la grammaire des intérêts juridiquement protégés, leurs types et leurs sanctions.

(44) Selon l'expression de Lascoumes, 1989.

IV — UNE HISTOIRE MOUVEMENTÉE

De réforme en réforme, les dispositions très libérales de la Constituante (45) s'érodent et l'on parvient à un code d'instruction criminelle fort restrictif (46) : toujours possible, la détention préventive est obligatoire pour les vagabonds, les repris de justice et dans toutes les poursuites criminelles. Nécessitant une caution élevée, la liberté provisoire paraît peu utilisée.

Très vite cependant l'inquiétude libérale protestera contre cette sévérité. Au début, à vrai dire, on s'inquiète surtout des détentions « injustifiées » ; celles qui ne sont pas suivies d'une condamnation. Peu à peu, le propos s'amplifiera mais l'on peut dire que les projets et réformes du XIXe siècle s'attachent surtout à réduire la durée de la détention.

Dans la foulée de la Charte libérale de 1830, des propositions de loi tentent ainsi de faciliter la mise en liberté. Malgré leur timidité, elles échouent régulièrement. Il est vrai que le courant réformateur s'affaisse vite, notamment en matière pénale. En 1842, le gouvernement lui-même ne parvient finalement pas à faire voter un projet pourtant destiné surtout à trancher une contrariété de jurisprudence entre la Chambre criminelle et plusieurs cours d'appel (47).

Paradoxalement, c'est le régime impérial qui parviendra à modifier le régime de la détention préventive (48). Mais le contexte a profondément changé. Le ministère public, qui naguère poursuivait peu en correctionnelle, s'est progressivement substitué aux parties privées et aux administrations. Par un effet mécanique, le recours à l'instruction augmente... et aussi la détention préventive. Ainsi le gouvernement impérial entreprend-il de réduire au moins la durée des détentions préventives en simplifiant les procédures (suppression de la chambre du conseil en 1856, officialisation en 1863 du flagrant délit qui réduit la détention préventive à très peu de temps ou même à néant) et en libéralisant les conditions de mise en liberté provisoire (1865)... cette dernière mesure toutefois sans guère de succès durable.

Du coup, les projets et les réformes (49) de la IIIe République chercheront à réduire le nombre de détentions préventives tout autant que leur durée. Au nom des libertés et de la fidélité aux

---

(45) Martucci, *infra*.
(46) Schnapper, *infra*.
(47) Vimont, Kaluszynski, Robert, *infra*.
(48) Lévy, *infra*.
(49) Kaluszynski, Robert, *infra*.

principes révolutionnaires, les juristes qui peuplent les « nouvelles couches » républicaines vont prétendre s'attaquer à toutes les traces législatives des régimes autoritaires. Les débats vont devenir beaucoup moins techniques ; les références statistiques s'amenuisent au profit de l'appel aux seuls principes. Le contexte, lui-même, est très différent : nous sommes dans une période marquée par une tendance à la baisse des incarcérations.

Certes la réforme de l'instruction en 1897 touche peu à la détention préventive, mais un avant-projet radical est élaboré en 1901 à la Société des prisons. Repris en substance par Clemenceau, il se perdra — comme les multiples propositions — dans les méandres législatifs. Il est vrai que la montée des mouvements sociaux et celle des tensions internationales douchent vite l'enthousiasme réformateur.

Curieusement, on reprendra le projet après guerre, sans enthousiasme mais avec peu de débats, pour le voter finalement en 1933... C'était trop tard (50) : troubles internes, périls externes renvoyaient le balancier vers l'ordre plutôt que vers les libertés. Au surplus, la magistrature, étranglée par les mesures déflationnistes d'économies budgétaires, refusait un système aussi compliqué. En deux étapes — loi de 1935, décret-loi de 1939 — la réforme de 1933 est donc anéantie.

Après la Seconde Guerre mondiale, les différentes réformes (51) s'attachent surtout à préciser les conditions de fond et de forme de la mise en détention, ce qui vise à en réduire le nombre. Comme le suggérait Carbonnier en 1937, le législateur s'attache à la rareté plutôt qu'à la brièveté de la détention provisoire. Il a changé de stratégie. Certes il adopte aussi le mandat à l'échéance et parfois des délais-butoirs ; mais les durées retenues réduisent, dans une large mesure, ces dispositions à des trompe-l'œil. Néanmoins celui de 1970 crée aussi une mesure de substitution, le contrôle judiciaire, qui en fait favorisera la mise en liberté ultérieure plutôt qu'elle n'évitera la mise en détention.

Voici enfin entré dans les mœurs cet élargissement avant jugement que le législateur d'antan avait recherché avec si peu de succès. Que la détention provisoire en ait été abrégée pour autant, voilà qui paraît très douteux : l'allongement général des délais domine à long terme tout le processus pénal et plus de la moitié du temps de détention (52) est composé de détention provisoire : celle-ci se discerne de plus en plus mal de la peine.

Fidèles à la vocation européenne de notre groupement de

---

(50) *Sic* Carbonnier, 1938, 20.

(51) Capdevielle, Robert, *infra*.

(52) Barré, Tournier, collab. Leconte, 1987, 22-23.

recherche, nous n'avons pas voulu enfermer cette recherche dans un cadre seulement national. Si les avatars de la législation française en constituent de fait l'ossature, il nous a semblé indispensable d'introduire des comparaisons européennes au moins pour le XIXe siècle. Trois s'imposaient : l'Angleterre (53), éternel terme de référence d'ailleurs largement mythifié ; la Belgique (54), au régime d'abord identique au nôtre, devenue par la suite elle aussi un modèle de référence ; enfin l'Italie (55) qui a partagé avec la France jusqu'à une réforme récente, un très large recours à la détention préalable.

Sur un chantier aussi vaste, nous avons bien conscience qu'il reste encore beaucoup à étudier. Nous espérons au moins que ce premier travail pourra contribuer à éclairer quelque peu un débat qui ne cesse pas d'être actuel.

---

(53) Emsley, *infra*.
(54) Dupont-Bouchat, *infra*.
(55) Lacchè, *infra*.

LA DÉTENTION PRÉVENTIVE POUR LA PLUS GRANDE LIBERTÉ DE L'INSTRUCTION SECRÈTE

Nicole CASTAN, Yves CASTAN

Parmi les griefs soulevés par l'exercice de la justice dans la France du dernier siècle d'Ancien Régime, on ne relève guère d'objection décisive contre la pratique, pourtant fréquente, de la détention provisoire infligée à des accusés contre lesquels le juge ne disposait pas nécessairement de charges assurées. La prison ne figurait pas dans la liste des peines prévues pour la sanction des crimes et, en étroite logique, elle ne pouvait apparaître comme présomption de châtiment puisque, si ce dernier s'avérait mérité, il serait d'une nature tout autre, pécuniaire, afflictive ou infamante. En principe, l'accusé n'était l'objet que d'une prise de garantie, gage certain de sa disposition entière pour la pleine instruction de son cas. Tenir prison close gardait encore un sens actif comme au temps déjà lointain où les deux parties offraient ce gage à la cour dont elles se reconnaissaient justiciables : on voit des accusés se défendre avec vigueur de l'imputation de « prison imaginaire » lorsque, l'équipement local en lieux de sûreté ayant fait défaut, ils s'étaient seulement contraints à rester sédentaires, prêts à répondre à tout appel du juge.

Ce sont toutefois des exceptions ironiques, la détention n'est jamais volontaire, elle suit un décret de prise de corps qui dénote soit la forte suspicion d'un crime grave, soit la basse condition d'un homme sans ressources qui ne peut offrir aucune garantie. Elle est parfois effectuée, à la jubilation du plaignant, avec brutalité et scandale ; le juge ne peut d'ailleurs pas exiger que son décret soit exécuté « sans scandale » car il ne saurait prévoir les réactions du décrété ni les difficultés de la prise. La crainte et la honte ressenties sont d'ailleurs telles que, hors du système judiciaire, le gouvernement militaire (1) pratique pour dissuader les trublions de toute espèce, des incarcérations ostensibles pour quelques heures ou quelques jours seulement, mais qui remplissent de confusion ceux qui les subissent sous les railleries de leurs compatriotes. Et pourtant il est bien connu que c'est une semonce et non une peine !

Il est possible de négliger dans cet exposé le sort des délinquants saisis par la justice prévôtale (2), si expéditive dans ses procédures qu'elle ne détient que pour le temps du transfert et d'une instruction immédiate, débouchant sur une sentence sans appel : les « gibiers du prévôt » relèvent soit du vagabondage qui est un délit, soit de la « clameur publique », forte charge, dans la plupart des cas. Par contre la procédure de la justice ordinaire est assez lente et précautionneuse pour garder sa prise des semaines ou des mois entiers dans l'attente du jugement : requêtes à témoins souvent réticents, auditions, interrogatoires, recollements et confrontations, examens des faits justificatifs retardent la sentence, même si les juges ne sont pas friands de ces affaires criminelles peu lucratives dont le domaine du seigneur ou du roi acquitte les frais, mesurés au plus juste. Les détentions, qui ne dépassent trois mois que pour un quart environ des procès extraordinaires soumis à l'appel, peuvent, si le cas est complexe, se prolonger au delà d'un an.

Il est pourtant clair que la détention ne jouit pas d'une grande faveur des autorités. Pour économe que soit le régime imposé, il faut penser que ses coûts ne sont pas récupérables quand le ministère public se résigne seul à assumer ses ingrates fonctions. Les parties civiles ne restent dans le jeu que si elles s'en prennent à des accusés solvables tandis que justement, hors les cas les plus graves, la détention n'est de mise qu'à l'égard des inculpés les plus démunis, ceux que la menace sur les biens ne peut gêner et qui décampent au plus vite à la première alerte. « Suivant l'Ordonnance, écrit Muyart de Vouglans, ce décret ne peut être rendu, contre un accusé qui a un domicile certain, que lorsqu'il paraît par les charges et les informations, que le crime est de nature à donner lieu à quelque peine afflictive ou infamante. Mais ce n'est pas toujours sur les preuves résultant des informations »... et d'énumérer la simple notoriété pour le crime de duel, la plainte du procureur du roi pour les crimes commis par les vagabonds et gens sans aveu, la plainte de maîtres pour les délits commis par leurs domestiques et un certain nombre de cas d'urgence.

(1) Archives départementales de l'Hérault, C. 6540-6890 ; cf. l'inventaire des Archives départementales, T.V. : gouvernement général du Languedoc.

(2) Castan (N.), 1976.

« Enfin l'accusé qui a été conduit dans les prisons ou qui s'y est rendu volontairement pour satisfaire au décret ne peut être élargi que par l'autorité du juge... et sur le vu des charges, informations, interrogatoires, conclusions du procureur », en bref une fois que l'instruction terminée n'aura rien produit de probant contre l'accusé. La seule précaution que Muyart estime très poussée : « afin d'empêcher que les juges ne laissent languir trop longtemps les accusés dans les prisons, l'Ordonnance enjoint aux procureurs du roi d'envoyer tous les six mois aux procureurs généraux de leur ressort un état... des écroués et recommandations faites pendant les six mois précédents qui n'auront point été suivis de jugements définitifs ». Nul doute que les lieutenants criminels ne tiennent pas à afficher par une longue liste la conséquence de leur inertie et, de fait, ce délai de six mois n'est franchi que pour des procès dont le procureur général ne peut admettre la difficulté.

Cependant les « gens sans aveu » ni garanties qui peuvent seuls être incarcérés pour des délits mineurs, sont soumis à un commun régime de prison qui, à côté du primat de sécurité, fait place, en principe, à un souci de salubrité : pas de prisons souterraines, même si le cachot est prévu pour les prisonniers indociles et ceux que l'on veut retenir au secret, fourniture gratuite aux prisonniers pour crimes du pain, de l'eau et de la paille « bien conditionnée », protection responsable du prisonnier contre tout sévice, interdiction de lui « mettre les fers aux pieds que de l'autorité du juge seulement », observation des devoirs de la religion par rapport aux messes et prières « ainsi que des fêtes et dimanches ». Le tout sévèrement contrôlé par la visite hebdomadaire du procureur.

L'agencement a certes été prévu avec humanité mais il est rarement respecté car justement les prisons, le plus souvent vieilles et décrépites, ne sont à peu près sûres que si la mobilité du prisonnier est réduite, d'où l'entassement des prisonniers dans les parties du local à peu près saines et faciles à verrouiller, la mise aux fers pour les plus vigoureux ou les plus menacés (de peine capitale, de torture, ou galères) et, parce que le sou du roi ne paye plus la ration de pain décente (une livre et demie), le recours aux aumônes est inévitable en faveur des plus pauvres qui n'obtiennent aucun secours familial ni amical. Pain détestable, paille pourrie sur laquelle gisent, en haillons et dévorés de vermine, des hommes inquiets et fiévreux, c'est le tableau ordinaire, non pas nécessairement le cliché, que présentent rituellement ces factums du pauvre, manuscrits de praticiens de village ou de quartier qui signalent toujours cette condition pitoyable et indigne du prévenu. La mortalité, il est vrai, ne dépasse guère la moyenne générale des 40 °/₀₀ par an quand elle peut être relevée ; mais pour des adultes jeunes ou d'âge peu avancé, endurcis par leur vie rude, elle apparaît très élevée (3). Contagions et détresses physiques doivent y être pour l'essentiel, bien que le mauvais air soit souvent accusé.

Mise à part l'obéissance formelle à l'Ordonnance, assez libérale quant à l'appréciation du juge, quel motif évoquer pour comprendre la surcharge des prisons alors que communautés, seigneurs et souverains en détestent les frais ? Pour amener le prévenu devant le juge, il suffirait du décret d'ajournement personnel puisque celui-ci « ne peut être employé régulièrement que pour des crimes qui peuvent donner lieu à quelque peine afflictive ». On indique d'ailleurs banalement, comme de ruse excusable, la possibilité lors de la comparution, si les charges semblent assez fortes, de transformer ce décret prudent en décret de prise de corps qui détermine l'écrou. Mais cette hésitation n'est marquée que dans des cas très rares, lorsque le juge ne s'est pas, en effet, déterminé, ou lorsqu'il craint une rébellion sans avoir moyen de la maîtriser. Tandis que, même dans des cas non pendables, c'est la prise de corps qui est habituellement décrétée contre les gens sans aveu.

Deux types de documents nous aiguillent vers des motifs plausibles : d'une part, les plaintes unanimes des tribunaux supérieurs s'indignant contre l'inertie des justices seigneuriales, d'autre part les propositions de réforme de l'administration et la correspondance qui les nourrit. Certes, les juges seigneuriaux ne s'exposent pas à des dénis de justice, mais ils lancent des décrets anodins qui ont pour seul effet d'avertir le suspect et de l'inciter soit à fuir, soit d'ordinaire à se dissimuler quelque temps. Passée l'irritation provoquée par quelques méfaits saillants, tout s'apaise et l'on oublie les décrets. Ainsi sont enhardis dans l'impunité des malfaiteurs qui se révèlent redoutables au point de terroriser et d'interdire de nouvelles plaintes. D'où la réforme de 1771 qui, attribuant avec vraisemblance l'inactivité des sièges seigneuriaux au refus d'engager le seigneur dans des frais sans contrepartie, leur fait un devoir moins onéreux de décerner le décret réel et, après instruction sommaire, de déférer l'accusé à la justice royale. La justice n'est plus qu'un ornement, un « beau droit » pour le seigneur, du moins au criminel. Le roi, par contre, est le vrai garant de l'ordre public dont la désagrégation lui serait fatale. C'est d'autant plus pressant que la population s'accroît et que beaucoup de jeunes adultes ne trouvent plus, dans le simple héritage de la condition de leurs parents, l'assurance de gagner leur

(3) Mortalité modérée ou médiocre parce que la plupart des prisons dont disposent les justices locales offrent peu d'étendue aux contagions possibles.

vie. Le désordre, le vol, la désertion de leurs pénates pour courir l'aventure douteuse étendent leurs tentations et provoquent le trouble qui s'exprime à tous les niveaux entre 1770 et 1790 : plaintes au gouvernement militaire contre les bandes soupçonnées et les enfants perdus chapardeurs, tentatives de réprimer le vagabondage et activité accrue de la justice prévôtale exercée sur la voie publique et les chemins. La justice ordinaire est entraînée par le mouvement, poussée par l'opinion publique qui demande promptitude et vigueur, gênée aussi par son caractère étroitement local qui l'expose, tout comme les témoins qu'elle convoque, aux menaces des malfaiteurs hardis. D'où la hâte de décréter puis de se dessaisir en faveur des sénéchaussées qui, bien vite, n'en peuvent mais, accablées par le nombre et limitées par la pénurie de crédit et de personnel. D'ailleurs que pèsent, en dangerosité, ces prévenus qu'on leur amène à grands frais de conduite par la maréchaussée ? Des juges timides ou complaisants ne se sont-ils pas rabattus sur le gibier le moins redoutable, laissant hors de cause les vrais coupables et livrant des benêts ahuris, chargés de quelques peccadilles faciles à établir ? Les procès pour « accumulation de crimes », d'assez chanceuse rencontre, ne montrent-ils pas que des carrières sédentaires de voleurs à tout prendre se sont paisiblement ou bruyamment déployées pendant dix ou vingt ans sans réaction notable de la justice du lieu ? En attendant, celle-ci faisait mine de décréter soit d'éphémères comparses de cabaret et d'auberge, soit des idiots de village qui ramenaient de leurs errances quelques légumes ou fruits cueillis au petit bonheur. Pour ces délinquants primaires, la moindre peine, vite imposée, celle du bannissement, représentait, en fait, la pire incitation, par nécessité, à ouvrir la carrière du crime, du moins ce qu'on entend par là au XVIIIe siècle, celle du vol habituel mêlé de violences.

C'est une tout autre école que celle de la détention provisoire que l'on ne voit guère accusée, du moins en France, d'être criminogène par contagion, les détenus pour crime capital étant séparés des autres par les exigences de la mise au secret. Ce sont ses conséquences qui donnent à redouter, soit par la marque d'infamie que le séjour en prison impose dans l'opinion, soit par la sentence qui suit pour ne pas démentir le décret et qui déracine le délinquant léger en le laissant dans la misère. Le danger, ainsi qu'on l'a dit, est à ce point ressenti par l'accusé qu'il explique la plupart des cas de contumace. Pauvres gens ou fils de famille non pourvus encore d'héritage quittent le lieu à la première annonce du décret, sachant bien qu'il n'y aura pas de maréchaussée pour les poursuivre et que la correspondance judiciaire est insignifiante, les signalements n'étant communiqués que pour les criminels d'envergure. Après quelques années d'éloignement, il sera aisé de rentrer en prétextant l'ignorance du décret, le départ nécessaire pour un travail rémunérateur, en protestant de la meilleure volonté de purger sa contumace, quand l'affaire, bâclée en son temps, ne fait plus désirer par personne l'exécution de la sentence. En attendant, il arrive qu'on ait donné une meilleure assise à sa vie et préféré le dépaysement. En tout cas, la réponse classique donnée par le fugitif aux curieux de sa détermination est « qu'il vaut mieux être un oiseau sur la branche qu'un oiseau en cage ». Face aux risques démesurés encourus dans les serres de la justice criminelle, le plus démuni préfère l'aventure de l'exil, qu'il soit innocent ou coupable, s'il lui reste quelque énergie. Exil de libre alternative dès avant le procès ou bannissement comme terme le plus favorable après une odieuse détention, c'est sur ce fond que se dessine la perspective de la prison pour ceux qu'aucun bien n'attache à la résidence et qui, pour une fois, se réjouissent de se sentir aussi légers. Une telle situation est promise à une fin prochaine car, dès le début du siècle suivant, les comptes rendus de la justice (4) enregistrent une baisse saisissante des taux de contumace qui s'élevaient à plus de 35 % dans les parties les plus reculées du ressort du parlement de Toulouse de 1770 à 1790. C'est qu'entre temps les brigades de gendarmerie auront réalisé un quadrillage efficace du territoire et la correspondance judiciaire aura fait des progrès décisifs.

Cette détention provisoire, adressée d'urgence aux personnes sans garantie qui étaient aussi les plus inclinées et les plus propres à l'esquiver, s'incluait trop dans une logique de la sûreté de la prise pour qu'on ait sérieusement pensé à en atténuer la fréquence. Variante ponctuelle et mieux motivée de l'enfermement des vagabonds et autres rebuts de la société, elle concourait à leur élimination si la preuve du crime était faite, elle engageait, par sa menace, au service du roi des jeunes gens sans vocation militaire, elle donnait des sources d'information sur les mauvais trafics auxquels l'indigence associait souvent certains de ces misérables. Puisque le grand dessein de ramassage des gueux dans les années 1760 avait été vain, du moins pouvait-on manier, avec meilleure conscience et moins de frais généraux, un tri naturel, guidé par des suspicions légitimes et précises. Quelques esprits critiques témoignaient bien, comme ils le firent dans les cahiers de doléances, des inquiétudes que leur donnait la trop facile solution du bannissement des petits délinquants à l'issue de leur détention. Mais ces scrupules n'avaient aucune chance d'atteindre l'opinion générale peu compatissante pour des conditions toujours sus-

(4) Voir en particulier le *Compte général de l'administration de la justice criminelle* de 1827.

pectes d'inclination au désordre et au vol, de menaces de violence et de comportements irrespectueux pour le moins. Si la justice ne rassurait pas les bonnes gens quand il s'agissait de leurs différends internes, ils voulaient la croire utile et bonne pour préserver de cette tourbe indistincte, où l'honnêteté n'avait guère de moyens de subsister, la sécurité des biens et des personnes menant une vie décente. Que l'on pêchât sans trop de précautions, dans ce bourbier, des individus qui auraient peine à justifier leurs gains et leur nourriture, qu'on les enfermât quelque temps pour leur faire dégorger les secrets de leurs impudentes pratiques avant de les condamner à un sort peu différent de leur état habituel, cela ne démentait pas la vision admise d'une justice exemplaire, dissuasive des fâcheux égarements.

Ceux qui disposaient d'une mémoire familiale pouvaient regretter le temps où il n'était pas nécessaire de recourir à la justice, où l'on pouvait châtier assez fermement ses domestiques pour qu'ils se le tiennent pour dit, où l'on n'employait pas les grands mots de « chartre privée » lorsqu'on chambrait, pour le rudoyer jusqu'à l'aveu, le vaurien qui avait dérobé quelques sols. Et souvent même il suffisait de quelques mots d'un notable ou du curé pour remettre un garnement dans le droit chemin, tant ces réprimandes, connues de tous s'imprimaient avec force. De ces temps révolus ne subsistait que l'accommodement par lequel sous les auspices d'un arbitre respecté, on pouvait encore « se raisonner » sur les torts subis, parvenir à un accord de dédommagement, faire cesser les mauvais procédés. Mais insidieusement, l'habitude était prise de recourir plutôt qu'à des autorités morales, à des gens qui connaissaient la loi et qui faisaient peser sa menace en cas de rupture. La brutalité judiciaire n'était pas présente puisqu'il s'agissait d'éviter son exercice, mais elle restait imminente et, quand on avait affaire à des gens de rien, quel autre moyen d'en réserver la crainte par l'assurance d'une sanction inévitable sur plainte bien étayée de témoignages ? L'accommodement lui-même prenait des allures de piège car, au premier manquement, on tiendrait la main à l'exécution du décret. Le signe de la prise de corps, avec son sens de vexation publique restait en ligne de visée dès qu'on ne débattait plus d'égal à égal, dès qu'on n'avait pas devant soi un véritable répondant, sur son honneur et ses biens.

Il fallait que la considération se porte sur un autre niveau pour atteindre une disposition critique à l'égard de la détention provisoire : quand le décret de prise de corps était pris contre un domicilié, c'était, disait Muyart, que le cas comportait l'éventualité de peines afflictives ou infamantes qu'il pourrait avoir méritées. A vrai dire, ne pouvaient échapper à cette définition que les délits dits du « petit criminel » dont les procès étaient souvent convertis en procès civils. S'ils atteignaient un degré plus élevé de gravité tels le vol, la fraude, les violences délibérées, les peines dont étaient passibles leurs auteurs étaient au moins infamantes puisque le blâme et l'aumône, objets des condamnations les plus douces, portaient infamie à la différence du fouet sous la custode, non public donc mais par évidence afflictif. Aussi ne paraît-il pas, d'après les décrets enregistrés au parlement de Toulouse, qu'on ait décerné celui de prise de corps dans tous les cas d'éventualité de telles peines, du moins celles infamantes de fait.

Si un domicilié pourvu de biens saisissables ne courait pas le risque de peines afflictives sévères telles que la mort, la question, les galères, le bannissement perpétuel, il était peu probable qu'il cherchât à se soustraire à l'instruction car le refus de se soumettre au décret décerné eût signifié la perte de ses biens au terme d'un certain délai. Le juge pouvait lancer un décret d'ajournement personnel, quitte à le convertir en prise de corps si les progrès de l'instruction l'indiquaient. En fait les décrets de prise de corps ne sont *a priori* décernés que contre les domiciliés passibles de peines afflictives si l'accusation se vérifie.

Mais c'est justement là que le bât blesse et, faut-il le dire, intentionnellement. Quand l'Ordonnance criminelle de 1670 a été rédigée, Pussort a voulu que, dans le cas des crimes capitaux surtout, l'accusé mis au secret ne puisse pas faire déployer autour de sa cause tout l'appareil de défense que lui permettraient ses ressources et relations. On savait, et il est parfaitement vérifiable au XVIIIe siècle encore, qu'un criminel laissé en liberté pouvait, selon sa condition, par offres ou menaces, se procurer des assertions de faits justificatifs ou terroriser les témoins à charge. Les conseils d'avocats retors, utilisant à plein les garanties de défense, auraient pu prolonger à l'infini les procès de leurs clients jusqu'à les rendre indécidables. Face à une accusation ne disposant que de moyens logiques de conviction, dépourvue de tout appareil scientifique d'analyse capable de procurer des preuves matérielles, un accusé en pleine possession de ses moyens avait beau jeu s'il était riche, puissant, redoutable même dans cette infortune.

Dans une société très hiérarchisée, où les différences de potentiel étaient énormes, cela pouvait rendre vaine et dérisoire la prétention d'une justice publique à s'interroger dans des conflits de violence dominatrice. Il était inévitable que, pour conforter la portée universelle et l'uniformité de la loi, la réduction des moyens de défense, déjà pratiquement nuls pour les classes inférieures de la société, fût étendue aux niveaux sociaux les plus éminents, d'expérience les plus menaçants pour l'ordre public après les troubles du premier XVIIe siècle.

Ce nivellement par le bas des garanties de l'individu dans une cause criminelle a sans doute permis la restauration d'un ordre propice au travail et à la paix intérieure, mais le très classique *Traité de Pratique* (5) de Ferrière atteste le prix consenti aux dépens de la sécurité et de la dignité du citoyen : à l'adage affirmant que, devant l'implication dans une affaire criminelle comme devant la peste, le plus sage est de s'enfuir, il se garde d'opposer un démenti. Les faveurs accordées sous divers prétextes à l'accusation anéantissent les brillants préceptes ou conseils dont se pare obligatoirement la justice : ne peut-on soumettre à la question que les accusés contre lesquels pèse une charge « plus claire que le jour » ? On ne s'en prive surtout pas dans les cas où subsistent la pénombre, voire les épaisses ténèbres qu'une demi-preuve laborieusement construite, prétend dissiper. On retrouve en France, mieux dessinées qu'ailleurs parce que les notices explicatives des questions de l'Ordonnance (6) n'ont pas déguisé l'argument d'utilité publique, les raisons de cette quête forcenée de l'aveu. Indices matériels dont on ne sait pas dégager l'évidence physique (Voltaire tient bien la bride à son Zadig intime dans le mystère de l'Affaire Calas), témoignages retenus, timides ou bien vénaux ou illusoires, reste la prise sur le corps torturé de possibles coupables cueillis avec libéralité selon le tarif généreux des indices prochains ou éloignés.

C'est parce que la prise de corps conclut par avance, au moins à titre de péril, cette exposition à la « gêne » et, à titre de certitude, mise au secret dans les cas graves, la paralysie des mouvements de l'accusé ignorant même des charges élevées contre lui, l'absence de conseil, le moment unique de contestation et de choix des faits justificatifs à opposer si la cour y consent, que des objections sérieuses se déclarent alors contre cette détention provisoire, aisée à décréter et fermant à l'accusé tout moyen de connaissance et de recours. Pariset a judicieusement remarqué, à la fin de la période, la naissance de cette anxiété dans une classe moyenne ou aisée qui s'était naïvement crue à l'abri de l'engrenage et à laquelle les campagnes de Voltaire ont signalé le danger de l'innocence opprimée à tous les étages sociaux, le sien compris malgré sa modestie et sa dignité. Déjà la fin « miraculeuse » de Tartuffe n'avait-elle pas été prémonitoire ?

Pourtant, mais c'est peut-être ce qui accélère le glissement d'opinion, les rigueurs de l'Ordonnance s'étaient détendues au cours d'un siècle d'exercice : moins de champ à la procédure expéditive des prévôts, une compétence minée pour les juges ignorants des seigneurs et surtout la défaite du secret de l'instruction. Tan-

---

(5) Ferrière (1779) souvent réédité dans la deuxième moitié du XVIIIe siècle.
(6) *Procès-verbal des conférences tenues par ordre du roi*, Paris, 1740.

dis que les conseils étaient de plus en plus autorisés en mettant à profit quelques exceptions de l'Ordonnance, le secret du greffe s'effondrait. Il suffit de lire les nombreux factums (7), alors amplement diffusés dans le public, pour y trouver des citations précises des dépositions de témoins et des auditions de l'accusé. Casuistes instruits dès l'école, les avocats font seulement précéder ces citations du rituel « S'il est vrai que X. a déposé, que Y. a avoué... », le renseignement peut venir des indiscrétions des témoins, de la mémoire de l'accusé, mais le juge qui lit le factum et qui dispose des pièces « secrètes », voit l'exacte correspondance et mesure, s'il ne la favorise pas lui-même, la ruine de cette instruction secrète, clef du système inquisitoire. Mais si le délabrement est visible, il ne tient qu'à des accidents trop hasardeux pour rassurer le justiciable éventuel.

Celui-ci, si on le place, comme dans la jubilante exploitation des affaires et erreurs judiciaires, en position d'accusé innocent, peut-il souhaiter que disparaisse entièrement cette prise de corps sur simple soupçon ? On ne voit pas que ce parti recueille l'assentiment car la préoccupation de sécurité, malgré l'appel discret au subjectif des campagnes d'opinion, est plus réceptive à l'abondance des faits divers des attentats qu'à la montée en épingle d'une erreur judiciaire. Voltaire sous-entend : « Calas, c'est vous », mais on s'en défend, le mystère de la chambre jaune se pose rarement, le bon pratiquant catholique ne peut être accusé d'aucun « fanatisme » et le suicide de l'héritier est paradoxal. Tandis que le voisin attaqué le soir dans la rue obscure, le cousin ou l'ami qui trouve en rentrant chez lui que son coffre est vide et son domestique disparu, c'est d'attestation immédiate et courante. A propos de rentes viagères ou de prédictions sinistres sur la dépopulation, on s'est fait à la probabilité conjecturale. L'attentat ou le vol, on a bien une chance sur dix d'en être victime au cours d'une vie, c'est substantiel, ça vaudrait l'assurance. Or ici l'assurance, imparfaite certes, c'est le service public de justice qui supprime, enferme, éreinte les malandrins et les empêche de pulluler. Tandis que l'erreur judiciaire, c'est l'exception ; de bonnes gens coincés quelque temps dans les affres de l'instruction criminelle, il arrive qu'on entende parler, mais, rapporté à un empire immense, qu'est ce petit nombre de malencontres ? Un pour dix mille, pour cent mille ? Chacun sait que, dans la pratique courante, qui prendrait garde à ces minuties serait paralysé. Mieux vaut n'y pas songer.

(7) Fréquentes occurrences dans les factums recueillis à Toulouse par Roucoule, avocat de la fin du XVIIIe siècle. Ce sont les fruits d'un « cheminement inconnu du code de procédure légale » comme on définit aujourd'hui les indiscrétions transmises à la presse.

Donc accord unanime sur la place de la détention provisoire dans le cadre d'une procédure inquisitoire qu'il conviendrait par contre d'amender. Les accusés ne seraient pris de corps et écroués que pour la sûreté de leur disposition, sens ancien de la prison qui ne détient que pour l'instruction et le jugement, à quoi ne peut s'opposer la conscience du citoyen. Mais le drame de l'accusé n'a pas à s'accommoder d'une imposition pathétique de secret, de silence, d'extorsion de la vérité par logique rusée et question suppliciante ; il y aurait confusion des genres. Pour un combat égal, auquel peut-être le seul hasard l'a convié, l'accusé doit conserver son honneur sauf afin que son image ne soit pas dégradée aux yeux des témoins. Le conseil, librement accordé voire procuré, compensera la réduction de ses moyens dans l'inévitable immobilité de la geôle. Par lui, il pourra imprimer tous les mouvements extérieurs nécessaires à sa défense et il proposera avec lui, en pleine connaissance de leur portée, les faits justificatifs que l'instruction devra recevoir pendant toute sa durée. Mis d'emblée au fait des charges, il pourra d'avance préparer objets et reproches à l'adresse des témoins. Toutes pièces utiles au procès seront aussi bien étudiées par la défense que par l'accusation.

Ces vœux résument les appels à l'équité du sens commun que des avocats pertinents ont fondé sur leur expérience des affaires criminelles. Ils n'ont pas déguisé à quel point ces revendications étendaient leur rôle, brillant et généreux, au-dessus de l'intrigue du procès. Du même propos, était ravalée à une facticité hypocrite la balance égale du juge instructeur telle que la présentait l'Ordonnance entre la cause publique et celle de l'accusé : sa fonction essentielle n'était-elle pas d'établir les charges et de leur donner, par des évaluations discutables, leur plus grand poids juridique ? L'intérêt, fût-il purement intellectuel dans le meilleur des cas, n'allait-il pas à la preuve de culpabilité, au désarmement de la défense ? Le développement de cette argumentation allait sans doute à l'encontre du désir concurrent d'une justice plus simple et rapide, d'une égalité des chances entre les accusés de diverses conditions, d'une aspiration à saisir tous les crimes dans une panoptique plus efficace que la fulmination exemplaire. Comment croire que les offices du meilleur avocat ne seraient pas plus payants et donc mieux payés, que la certitude dissuasive du châtiment de tout coupable avait, comme sous l'œil divin, vocation à se réaliser dans une société civile corrompue, sans vrais moyens d'investigation, que des témoins mus par leur pure sincérité oseraient affronter les menaces et les pièges d'une défense alerte dans tous ses libres mouvements ? Ces objections devaient être intenses chez ceux qui participaient à l'autorité et à l'activité judiciaires, même chez ceux qui, entraînés par l'idéologie des Lumières, pouvaient être retenus par une rationalité réaliste ou un souci de conservatisme social. Dans le langage public séduit par l'essai percutant de Beccaria, ce ne pouvait être qu'une petite minorité car la justice instituée portait un nom qui ne permettait pas l'esquive du pragmatisme. Pascal déjà avait trouvé plaisant le concept d'une vertu de « justice qu'une rivière borne ». Une haute institution, qui imposait durement sa révérence, devait s'efforcer de mériter son nom et d'afficher des procédés ouverts dignes de sa prétention. L'État monarchique, créateur d'un ordre constitué de manière logique et drastique, avait couvert son opération de signes et de valeurs empruntés à une morale religieuse en masquant le visage, peu amène pour ses sujets, de la raison d'État. Pour ses adversaires, l'exigence de justice était, de ce fait, la première arme à manier puisque son principe restait le consentement obligatoire, ne demandait aucune conversion décisive, comme l'eût fait en France le refus des hiérarchies ou la résistance à la souveraineté. En somme, cette « main de justice » qui avait le prestige de la royauté capétienne, était la plus facile à prendre.

Depuis les *Lettres anglaises* de Voltaire un sérieux atout demeurait à portée des esprits libres qui contestaient l'ordre magnifique et onéreux de la monarchie administrative. Ils n'étaient plus à projeter leurs desseins dans un décor arbitraire d'Utopie. A moins d'une centaine de lieues de Paris, Londres offrait un modèle concurrent dont les vertus pratiques étaient éprouvées chaque jour dans la course à la prépondérance et, plus paisiblement, par les relations des voyageurs et l'active communication d'idées. Dans le domaine judiciaire en particulier la comparaison était piquante : l'Angleterre avait, après quelques tentations malsaines des Tudor et des Stuart, résisté à l'attrait de la procédure inquisitoire, inspiré par l'étude des droits romain et canonique, la commodité et la modernité des administrations nouvelles, qui avaient entraîné les états continentaux de l'Europe. Elle avait conservé, en l'adaptant par modifications discrètes, la procédure accusatoire, essentiellement orale, qui, généreusement ignorante du ministère public, gardait les mesures d'un affrontement équitable des deux parties sous l'arbitrage de la loi. Une tradition, vigilante pendant cinq siècles, faisait apprécier les garanties de *l'habeas corpus* dont on exagérait d'ailleurs en France la portée effective. La persuasion était forte qu'aucun sujet anglais ne pouvait être écroué et détenu au delà d'un court délai, sans vérification des charges suffisantes et sans être présenté dans le comté de sa résidence à un juge du roi, arbitre impartial entre accusateur et accusé débattant à armes égales.

Que d'avantages sur la procédure française ! Moins de « papessards », de réquisitions impérieuses, de prises insolentes par sergents et records. Point d'interrogatoires captieux, ni de mises au secret, ni d'ignobles tortures puisque l'instruction n'était pas poursuivie pendant la détention. Enfin un jugement simple sur consultation de jurys non spécialisés qui disaient d'abord s'il y avait matière à jugement, puis, si le cas requérait bien l'application de la peine prévue par la loi. Et le pardon du souverain était encore possible par effet de sa grâce. Nul doute qu'un tel schéma n'ait éveillé des réminiscences d'âge d'or de la justice, humaine et faillible dans ses jurys comme dans ses juges, mais d'une belle probité de procédés, d'une claire condescendance au sens commun, d'une stricte économie de temps et de juridictions. Cette représentation optimiste, quoique nullement frauduleuse dans ses principales articulations, a soutenu l'espoir des réformateurs et largement inspiré en fin de compte la réorganisation judiciaire de la Révolution française.

Un regard mieux instruit sur les réelles pratiques du XVIIIe siècle anglais, telles que les a décrites J.M. Beattie (8) dans un ouvrage récent fondé sur les documents relatifs à deux comtés proches de Londres, mais référé à une large information générale, nous fait connaître à la fois que le contraste était moins net que les contemporains ne le pensaient et que les effets répressifs n'étaient pas moindres en Angleterre. Les juges de paix anglais qui recevaient la plainte de l'accusateur, avaient pour mission première de mener une enquête préliminaire très sommaire qui vérifiait le corps du délit, prenait acte de la responsabilité de l'accusation et de sa plausibilité. Or on n'en demandait ni plus ni moins en France au juge du lieu pour décerner son décret tel qu'il lui semblait indiqué. Pour décider de l'utilité de la détention jusqu'à la première session de la Cour compétente, le juge anglais tenait compte aussi de la situation sociale de l'accusé (admis ou non à caution) et de la gravité du cas, l'incarcération étant nécessaire, s'il était passible de peine capitale. Comme celle-ci frappait en principe toute une gamme de crimes, plus étendue encore qu'en France, l'occurrence était aussi fréquente. Donc sur ce point rien qui puisse être plus rassurant, ni sur le sort des humbles ni sur celui d'un accusé de félonie, quelle que soit la force ou la faiblesse de la présomption.

Mais l'emprisonnement n'était pas de même conséquence. Certes, l'état des lieux n'était pas plus favorable, malgré de méritoires efforts à la fin du siècle, et la mortalité dans les prisons par suite de l'entassement maximal à la veille des sessions, effrayait la population qui redoutait une diffusion des épidémies. Insalubrité des locaux, nourriture insuffisante ou non gratuite pour ceux

(8) Beattie, 1986.

qui pouvaient la payer, étroite dépendance à l'égard des geôliers. Comme si l'autorité, sollicitée par l'accusateur, pouvait dans une plus large mesure, négliger le sort du prisonnier. Par contre ceux-ci ne subissaient pas les affres de l'instruction. Libre à eux de consulter qui ils voulaient, de se renseigner grâce aux allées et venues fréquentes de visiteurs, bref de préparer au mieux leur défense. Point d'angoisse devant des interrogatoires répétés, ni de hantise de la « question ». Si dans son roman sur William Caleb (9), Godwin a tracé au noir les souvenirs de prison de son héros, s'il l'a montré accablé par la faim, le froid, les fers et les mauvais traitements, soupçonneux parfois envers ses compagnons de geôle, il n'attribue sa solitude qu'au délaissement dont il est victime et lui fait méditer avec tout loisir et persévérance son plan de défense pour le jour du procès. Liberté d'esprit et de comportement qu'auraient enviée les détenus français sur qui pesait le choix de la docilité aux interrogatoires ou de la probable mise à la question. Si J.M. Beattie établit que les garanties de la procédure anglaise étaient peu efficaces, que le conseil n'était accessible qu'à un petit nombre, que la défense individuelle se réduisait à de médiocres tentatives, que le débat était d'ailleurs bref (trop de causes à trancher à la session) et que le juge gardait sur le jury le prestige décisif de la compétence, il n'en relève pas moins le caractère plus ouvert, plus souple en face de l'opinion et de la conjoncture, d'une organisation judiciaire ignorant le secret et l'obsession des preuves légales, inclinant le royal pardon au complet changement des perspectives pénales.

Si l'opinion philosophique avait connu la vérité du tableau, peut-on penser que son attrait eût été moindre ? Elle ne contestait pas l'utilité de la détention provisoire qui assurait la prise, mais l'usage, pernicieux pour la liberté de défense, qui instituait le secret, la sourde menace, la paralysie des moyens. Le détenu anglais était peut-être aussi inerte dans l'attente d'un jugement hâtif et désinvolte. Il était moins manipulé, hors d'un système juridique et logique trop artificieux pour ne pas aboutir à la culpabilité désirée. S'il reste vrai que la répression était moins précautionneuse et plus étendue qu'en France, nul ne pouvait en accuser les conditions anglaises de la prise de corps. Le temps de prison, pénible au détenu, restait indifférent dans la procédure, qu'il fut long ou court selon la proximité des sessions, de quelques jours à quelques mois. Ce n'est pas non plus la durée moyenne qui fait la différence avec le cas français, ni l'éventuelle prise en compte de cette durée pour l'atténuation de la peine, admissible à la fin de l'Ancien Régime. C'est l'emploi de ce temps,

(9) Godwin, trad. fr., 1979 (1re édition, 1794).

sa corrélation étroite avec les vicissitudes de l'instruction qui aboutit pour les « plus amplement enquis » à cette fiction de l'enquête prolongée pour constituer, de ce temps long de la détention, une peine inédite, compensatrice des doutes dans l'échec de l'instruction.

En regard, un trait différentiel que nos réformistes n'auraient pas porté sans doute au crédit de leurs voisins : l'accusateur n'étant pas un simple plaignant mais la partie véritable dans le procès criminel anglais, il en portait tout le poids. A lui de pourvoir à tous les moyens de l'accusation jusqu'à l'acte final exclu. Ce qui creuse la différence de niveau entre accusateur et accusé. En France, il serait léger de se porter « partie civile » contre une partie opposée insolvable, mais le ministère public offre sa ressource pour éviter les frais. En Angleterre, il faut avoir soi-même une bonne aisance pour engager le procès et c'est souvent sans espoir de rien récupérer, pour faire cesser le dommage d'une activité délictueuse ou par vindicte. Mais alors le citoyen accomplit à ses frais une tâche imputable au public. C'est en gros, charger une classe fortunée d'une sorte de mécénat négatif destiné à épurer la société. Il est vrai qu'on lui confiait aussi, à titre gratuit et honorable, les fonctions de juge. Le risque était de faire assez ouvertement de la justice un instrument de classe. Il fut assumé car on signale parmi les détenus beaucoup moins de gens appartenant aux conditions moyennes des campagnes. Une telle situation aurait choqué des Français habitués à voir des offices publics gérer les fonctions d'intérêt public, et nos philosophes étaient à cet égard aussi bons « républicains » que les juristes qui avaient conçu l'administration royale. Mais faut-il prolonger de quelques années la perspective pour noter que les citoyens actifs furent préférés aux passifs, moins imposés, pour la participation aux activités judiciaires ? Reste que l'accusation, et donc l'initiative d'engager sa responsabilité pour faire emprisonner un impécunieux (prison pour dette mise à part), n'apparut jamais comme un privilège du riche dans cette fin d'Ancien Régime. La monarchie était trop soucieuse de se réserver le monopole de justice pour ne pas poser le principe d'un accueil à la plainte d'où qu'elle vint. Et aux temps de l'Ordonnance, il était clair que les petites gens surtout auraient à se plaindre, qu'il fallait rendre l'accès facile à une demande qui serait à la fois de sanction et de protection.

L'extrême originalité anglaise exceptée, les pays voisins de la France n'offraient pas de reliefs assez saillants par rapport à la procédure inquisitoire pour déprécier nos usages en matière de détention provisoire. Celle-ci coïncidait avec le temps de l'instruction mais on pouvait noter dans certains États allemands l'absence de ministère public, en Hollande une plus grande libéralité de communication de l'enquête à l'accusé ou à ses défenseurs, en Espagne même, où les témoins étaient engagés par serment au secret de leurs dépositions, une copie des charges remise à l'accusé assez tôt pour qu'il puisse méditer sa défense, si le juge le permettait. Modèles peu attrayants, mais dont le parcours attestait l'obstination française à verrouiller l'information pour en interdire l'accès à l'accusé aussi bien qu'au public extérieur.

Que pouvaient objecter dans les dernières années de l'Ancien Régime, les défenseurs de l'Ordonnance à la forte pression d'une opinion favorable aux réformes ? D'abord sans doute que, pour les petites affaires, tout domicilié, pauvre ou riche, ne dépendait pas de la discrétion d'un juge pour garder sa liberté, alors que la voie de la plainte était plus ouverte à tous que nulle part ailleurs, que le juge ne se fondait point sur la seule affirmation responsable de l'accusateur pour décider de la qualité de son décret. Mais en Angleterre, progressait aussi, depuis les années 1750, l'usage du *judicial hearing* qui permettait à des juges, de plus en plus professionnels, de fortifier par une audience ouverte une sorte d'enquête préliminaire qui éliminait les accusations fantaisistes ou partiales. Développement peu connu alors dans notre pays, où l'on allait en justice comme en confession.

L'objection la plus forte était de représenter que le caractère toujours très local de l'instance subalterne, auquel pour la commodité des plaintes et des témoignages les justiciables étaient très attachés, exigeait les précautions du secret. Sans lui point de sécurité pour des témoins qui déjà devaient s'affranchir des pesantes habitudes de solidarité inconditionnelle, et par contre un foisonnement de montages spécieux que la parenté et les amis de l'accusé édifieraient à l'aise pour le disculper. Pour toute affaire sérieuse, on pouvait imaginer de violentes prises de parti, une concurrence de pressions urgentes qui s'exerceraient sur tout détenteur d'information, sur le juge, sur l'accusé lui-même car les complices restés libres ne manqueraient pas de le menacer pour assurer son mutisme. Déjà la relative perméabilité du secret développait ici ou là de telles situations qui faisaient trembler les juges inférieurs sur leurs sièges. Et l'exemple anglais n'était pas sans défaut quand « l'évidence » était procurée par le plus habile des complices, officieusement payé en retour par une large indulgence, souvent plénière.

Quant aux preuves légales, laborieusement rassemblées par un juge expérimenté, travaillant dans l'indispensable liberté d'esprit sur des corps d'écritures antérieures et sur les transcriptions exactes d'auditions enregistrées sous serment, qui ne les croirait préférables à de prétendues évidences imposées à la persuasion d'un jury incompétent au cours d'un débat d'un ou deux quarts d'heure ?

Ces objections n'avaient rien de méprisable pour qui tenait en révérence la compétence et la droiture des juges, leur souci de tenir la balance égale entre l'accusation et la défense, leur soin exclusif de dégager la vérité d'un fait *de re priusquam de reo.* Toutes les habitudes mentales de la civilisation classique, tout ce qui avait permis dans d'autres domaines l'effort d'administrations exactes et réglées, l'éradication efficace des principales causes de troubles, pesait dans ce sens. Retourner à la spontanéité autonome des moyens de l'accusation, renoncer à l'office minutieux et impartial d'un service public d'élaboration de la preuve pour s'en remettre à l'impression d'évidence qu'un jury d'amateurs recevrait en fruit de roueries innommables, c'était engager une régression inadmissible aux yeux de gens aussi défiants du jugement populaire que l'intime conviction de qui que ce soit.

Dans ce débat d'idées sur la justice qui se nouait autour des modalités d'instruction solidaires de la détention provisoire, on pouvait pressentir que les réformes attendues, quelle que fût l'obsession de la pratique anglaise, ne rompraient pas le lien entre la mainmise réelle sur l'accusé et le travail judiciaire d'instruction. Nul signe ne peut faire alors augurer de la conversion de la prison en type banal de peine modulable, ni les conceptions pénales ni les crédits disponibles (qui songerait à investir pour un négatif ?) ne sauraient l'autoriser. Elle ne peut être non plus le simple intervalle entre la prise et le jugement puisque, en France, les cours ne tiennent pas des assises saisonnières, mais siègent en permanence. La prison n'est pas un lieu de stockage qui s'emplit et se vide au rythme égal ou inégal des *circuits.* Pas plus que la détention provisoire n'est un préambule à d'autres formes d'incarcération, comme celle que prépare en Angleterre un empirisme tâtonnant. La notion d'épreuve est encore préservée en France par le test de fidélité à l'assignation que démontrent beaucoup de prisonniers à qui l'opportunité de fuite a été offerte soit par des efforts amicaux de délivrance, soit par la débilité des obstacles à leur évasion : pour le domicilié de la condition la plus médiocre, l'exil et la perte des biens en seraient la rançon insupportable. Le gage est donc perçu subjectivement et répond en miroir à la précaution de sûreté de l'institution. Catherine Estines, accusée de parricide, convaincue de la partialité impitoyable et intéressée de ses juges, résiste ainsi, en 1785, à la tentation de fuir en Espagne dont la frontière est toute proche de son village natal. Le monument que ses avocats victorieux mais inespérés, dressent avec emphase à la gloire de son innocence déclarée et de son honneur recouvré, ne manque pas d'inscrire parmi ses mérites cette confiance héroïque dans la justice, maintenue dans l'abîme de sa détresse.

Il est possible que, par des actes aussi éclatants de fière justice, une cour souveraine illustre, mais sévèrement frappée par les suites de l'affaire Calas, ait beaucoup fait pour rétablir son prestige. Mais ne conduisait-elle pas ainsi l'opinion prochaine, plus sûrement que par une affaire mal éclaircie et détrempée de religion, à mettre en doute la justice ordinaire, celle qui précisément instruisait le procès et en transmettait les pièces pour appel à un tribunal, plus distant et plus exigeant sans doute, mais qui recourait bien rarement à un supplément d'enquête.

Le public banal, sous les yeux de qui on étalait ainsi les preuves de basse cupidité et d'allègre entrain à la condamnation de juges subalternes faiblement instruits, cautionnés par des experts ignares sur des indices essentiels, ne prenait-il pas une plus exacte mesure de la valeur courante des procédures que dans une affaire célèbre mais dont le mystère n'avait pas été dissipé ? Quelle chance aurait-on pu accorder à une pauvre paysanne, travaillant à la journée, de susciter gratuitement l'attention de juristes éclairés, capables de repérer une minable intrigue de village là où les juges du lieu avaient eu tout loisir d'accumuler les apparences d'un crime sordide ? Si, dans les rares « normes » (10), que l'on retrouve égarées par le rapporteur dans les feuillets d'un procès, transparaissent la ferme lucidité et la décision rigoureuse qui en censurent tous les défauts, ne faut-il pas consentir qu'en définitive le procès a été jugé sur ces pièces, qu'on n'a rien cherché au-delà, que les sentences réformées ont été seulement adoucies parce que la cour supérieure seule disposait de l'arbitraire de la peine ? C'était donc là, pour la majeure partie de la population rurale, le fruit qui lui revenait de sa patience à subir la détention pour un examen « compétent » de ses causes, à partir d'expertises et de témoignages de sincérités douteuses sinon dérisoires. Le hiatus entre la prétention de l'appareil et les prestations de ses piètres desservants résultait, en part majeure, du paradoxe d'une justice royale absorbant ou subordonnant les justices seigneuriales. Non sans complaisance des sujets qui évitaient ainsi d'être dépaysés et qui gardaient l'espoir de régler leurs affaires selon leurs habitudes, sachant que le poids du témoignage, astucieusement distribué dans un cadre familier, gouvernait le sort des procès. La réforme de 1771, plus conditionnelle que décisive en proposant l'alternative d'une instruction au sénéchal, promettait le bienfait d'une meilleure compétence d'exercice. Comme l'intendance ne suivait pas, les juges des seigneurs gardèrent le choix qui leur réservait les affaires qu'ils jugeaient plus intéressantes, quelle que fût leur com-

(10) Normes : critiques du dossier de la première instance par le rapporteur du procès en parlement, fort rares car laissées par oubli dans les sacs.

plexité ; les sénéchaux ne furent pas tentés d'abuser de la prévention offerte pour tout retard.

Le besoin d'une réforme plus claire était pressant et l'accord sur ses termes ne faisait point question : deux degrés de justice pour le grand criminel, premier degré réservé aux baillis ou sénéchaux ou du moins aux juges royaux, appel en parlement. Mais le problème de la finance était plus ardu à trancher, hérissé d'interrogations diverses : vénalité des offices à respecter, délimitations des seuils du civil à revoir, ressorts géographiques à élargir. Tout se passe comme si, pour une fonction de dignité primordiale mais sans profit positif d'exercice, la monarchie hésitait à créer la première administration interne dispendieuse. Laissant aux seigneurs et aux communautés le soin de petit criminel, la réforme est confiée à des juges, peut-être recrutés hors de la vénalité, l'instruction des affaires graves exigeant détention. Le scandale de la justice subalterne, à qui on refusait le discernement pour des enjeux d'une centaine de livres au civil, mais à qui on l'accordait pour celui de la vie d'un homme, aurait pris fin. Le pays aurait pu accorder une confiance mieux fondée à des juges qui, pour la plupart membres de la classe éclairée, étaient prêts à revoir d'un œil critique les conditions de validité de la preuve légale qu'en aucune manière du reste l'Ordonnance criminelle ne les contraignait à édifier contre leur jugement logique. Comme en Angleterre sans doute, l'introduction du conseil dans la défense et l'extension de ses démarches aurait suivi. Les aspects les plus contestés de l'Ordonnance pouvaient être gommés sans que l'on parût toucher au monument vénérable, fondateur d'un ordre civil paisible. Au même temps, Malesherbes n'offrait-il pas son Edit de tolérance aux protestants, en affirmant que Louis XIV n'avait pas eu d'autre dessein ni les ministres de Louis XV dans leurs plus sévères déclarations. Ce n'était point par pur jeu d'esprit ni simple révérence envers le passé : pourrait-on dire que la conception solidaire de la détention provisoire et de l'instruction judiciaire n'a point survécu aux destructions et reconstructions majestueuses de l'époque révolutionnaire ?

QUATRE-VINGT-NEUF OU L'AMBIGUITÉ APERÇU SUR LA LIBERTÉ PERSONNELLE ET LA DÉTENTION AVANT JUGEMENT SOUS LA CONSTITUANTE (1789-1791)

Roberto MARTUCCI

I — LES PRINCIPES PÉNAUX DE LA DÉCLARATION DES DROITS DE L'HOMME ET DU CITOYEN

Quatre-vingt-neuf c'est d'abord l'ambiguïté. Cette date charmante nous frappe par les indications contradictoires qu'elle nous envoie dans des domaines apparemment envisagés comme homogènes. L'exemple le plus frappant est celui de la sauvegarde de la liberté personnelle en matière pénale, dans la phase très délicate qui précède le jugement. Pendant l'information, la détention avant jugement peut être motivée par un ensemble d'exigences (la fuite du prévenu, la falsification des preuves, etc.). Le système procédural (pénal) d'Ancien Régime (Ordonnance criminelle colbertienne du mois d'août 1670) répondait à ces exigences en faisant du juge criminel le maître de l'information, surtout en lui laissant la décision relative à la délivrance du décret de prise de corps, qui plaçait l'inculpé en état de détention préventive.

La Déclaration des droits de l'homme et du citoyen avait répondu aux exigences réformatrices, dont les Cahiers étaient une expression, en arrêtant le principe constitutionnel de stricte légalité et de non-rétroactivité des délits et des peines. L'exemple avait été donné par les Américains, dont les textes constitutionnels étaient très connus à l'époque d'après les traductions de La Rochefoucauld et de Desmeuniers.

Le législateur du Massachussetts (pour n'en citer qu'un) avait décrété péremptoirement que « l'on ne doit décerner de *warrants* que dans les cas et avec les formalités prescrites par la loi » (1).

Employant presque les mêmes termes, la Constituante française avait établi « que nul homme ne peut être accusé, arrêté, ni détenu que dans les cas déterminés par la loi, et sous les formes qu'elle a prescrites » (2).

Mais les exigences de l'instruction criminelle pouvaient appeler des formes de limitation de la liberté personnelle du prévenu, avant que le jugement définitif tranchât de la culpabilité de l'inculpé. C'était le problème de la délivrance du décret de prise de corps. Sur ce point le résumé des Cahiers établi par la Chancellerie, en rappelant le vœu de plusieurs Cahiers (mais non de la majorité), avait demandé « qu'aucun juge ne puisse seul décerner un décret de prise de corps contre un domicilié » (3).

A la Constituante, Adrien du Port posa la question dans la séance du 22 août 1789, pendant la discussion du projet de Déclaration rédigé par le VIe bureau de l'Assemblée nationale, d'après le compte rendu « M. du Port (...) expose qu'il existe en France un usage barbare de punir les coupables, lors même qu'ils ne le sont pas encore déclarés ; qu'il a vu deux fois les cachots de la Bastille ; qu'il a vu ceux de la prison du Châtelet, et qu'ils sont mille fois plus horribles ; que cependant c'est une vérité que les précautions que l'on prend pour s'assurer des coupables ne font pas partie des peines » (4).

La discussion qui suivit ne fut pas exempte de quelque confusion. Les députés qui intervenaient confondaient les arrestations arbitraires, les détentions par lettre de cachet et les détentions avant jugement. Les solutions législatives proposées pouvaient se ressentir d'un débat aussi approximatif.

A propos des arrestations arbitraires, Mirabeau se réfère de manière théâtrale à la « responsabilité de toute la hiérarchie des mandataires », sans envisager de perspectives législatives concrètes (5) ; le duc du Châtelet propose d'adopter la forme usitée en Angleterre, celle du *warrant* puisque « cet ordre est une garantie que contracte le secrétaire d'État envers celui contre qui il est donné » (6). Desmeuniers qui connaît le problème (il a rédigé les

(1) Article XIX, Déclaration des droits du Massachussetts, publié par Desmeuniers, *Encyclopédie Méthodique. Economie Politique,* III, p. 272. L'article IX de la Déclaration de la Pennsylvanie avait employé les mêmes expressions à peu près, cfr. *Méthodique*, cit., *III*, p. 570.

(2) Article VII de la Déclaration des droits de l'homme et du citoyen.

(3) Article 74 du *Résumé* publié par Séligman, 1901, I, p. 503.

(4) *Moniteur*, réimpression, Paris, Plon, 1858, I, p. 370.

(5) *Ibidem*, p. 370.

(6) *Ibidem*, p. 370.

articles « américains » de la *Méthodique*) souligne, au contraire, « les abus du *warrant* en Angleterre » (7).

Le texte final adopté par l'Assemblée nationale est emprunté à l'amendement présenté par Adrien du Port : c'est l'article IX de la *Déclaration des droits*. Cet article joint le thème de la détention avant jugement à celui de la présomption de non-culpabilité de tout prévenu. Le résultat est obtenu par l'abandon de termes dont la signification juridique aurait été restrictive (tels que « citoyen » ou « domicilié »), donnant la préférence au terme « homme », dont la valeur universelle est évidente :

> « Tout homme étant présumé innocent jusqu'à ce qu'il ait été déclaré coupable ; s'il est jugé indispensable de l'arrêter, toute rigueur qui ne serait pas nécessaire pour s'assurer de sa personne doit être sévèrement réprimée par la loi. »

Dans un climat politique en effervescence en raison des souvenirs de la Bastille et de la nuit du 4 août, la Constituante semble donc résoudre les contradictions du système pénal d'Ancien Régime, en proposant un texte libéral qui répond aux exigences des *Cahiers* par une version française de *l'habeas corpus* britannique.

II — « CE SANG ÉTAIT-IL DONC SI PUR ? » LE *LEADERSHIP* CONSTITUANT ET LE PROBLÈME DE LA JUSTICE SOMMAIRE

En réalité, le vote du 22 août 1789 n'avait pas tranché les tensions de juillet, lorsque les bruits d'un imminent coup de force militaire avaient marqué le destin de quelques notables atrocement trucidés. Mis au courant du meurtre, le constituant Barnave avait jugé prioritaire de seconder le mouvement révolutionnaire, en admettant qu'une violence pût être nécessaire et probablement utile ; par conséquent il avait prononcé une phrase célèbre qui marquait, en même temps, son ascension dans le « gotha » de l'Assemblée nationale et le divorce, désormais inévitable, entre lui et le monarchien Mounier.

Cependant cette terrible phrase « ce sang était-il donc si pur ? », ne servait pas, à mon avis, à se débarrasser du lourd souvenir de Foulon et de cette tranche du notabilat parisien qui, après avoir maîtrisé les élections aux états généraux, ne partageait

(7) *Ibidem*, p. 371.

plus les nouveaux objectifs politiques de la Révolution. La phrase de Barnave cherchait plutôt à mettre en place un rapport dialectique entre l'Assemblée nationale et le nouveau *leadership* populaire, pour éviter la perspective impolitique d'une interruption du dialogue entre la représentation nationale et le mouvement insurrectionnel. L'opposition immédiate, rêvée par Mounier et les monarchiens de l'Assemblée nationale aux agitations aurait épuisé au contraire toute perspective politique de la Constituante et cette assemblée, délégitimée face à l'opinion patriote, aurait anticipé le languissant scénario de la Législative.

Pour ne pas perdre toute initiative politique, le « parti patriote » à l'Assemblée nationale devait compter avec l'inévitable violence révolutionnaire. La disette et les faux bruits produisaient un mélange explosif que l'on ne pouvait pas contrôler par des simples moyens de police. L'approbation de la loi martiale devenait le simple accessoire d'une complexe manœuvre institutionnelle qui prévoyait en même temps la canalisation de la violence en vigilance révolutionnaire et la répression des excès. Mais, dans ce dernier cas, il fallait offrir la perspective d'un procès public et impartial à tous ceux qui étaient en train d'être jugés : les accusés patriotes (tels celui qui avait coupé la tête de Foulon, ou le pamphlétaire Marat) bien sûr ; mais aussi les contre-révolutionnaires (le marquis de Favras) ou, plus simplement, les officiers supérieurs qui pouvaient avoir la malchance de payer de leur tête des choix politiques confus en matière d'ordre public. C'était la situation du baron de Bezenval, arrêté après le 14 juillet.

Néanmoins le baron de Bezenval n'était pas le seul détenu avant jugement à cette époque-là, les prisons semblaient se remplir avec une facilité croissante, suivant une tendance qui, dans le semestre juillet-décembre 1789, marquait une montée de la courbe des arrestations. Quoique fragmentaires, les données publiées par le *Moniteur* sont indicatives d'une situation dynamique dont le clivage se situe le 14 juillet. Jusqu'à ce moment-là, l'opinion éclairée adresse ses protestations à l'ennemi éternel, le despotisme royal : l'élargissement des détenus est demandé avec impatience par les patriotes. Le 1er juillet, la violation de l'abbaye Saint-Germain est suivie par la libération des prisonniers (8) ; le 13 juillet le député « au mouchoir », Trophime-Gérard de Lally-Tolendal, déclare à l'Assemblée nationale que « les prisons se sont ouvertes et ont rendu à la société les victimes » (9).

Bientôt la situation se modifie : renvoi de Necker d'abord, organisation de la garde bourgeoise après, la prise de la Bastille

---

(8) *Ibidem*, p. 136.
(9) *Ibidem*, p. 151.

ensuite. Le larmoyant Lally s'aperçoit que la montée des arrestations, ordonnées par les nouveaux dépositaires de l'autorité publique, peut préjuger la nouvelle légalité ; mais son projet de proclamation arrêtant « que tout homme soupçonné, accusé, arrêté, doit être remis dans les mains du juge naturel qui doit le réclamer » (10), ne reçoit pas un accueil favorable de la majorité de l'Assemblée nationale.

Puis, dans l'espace de peu de jours, les prisons vidées après la Bastille, se remplissent encore une fois ; mais, cette fois, les incriminations changent et la *lèse-Nation* commence à naître à l'intérieur de l'univers pénal. Ce mystérieux fétiche doit son existence légale aux autorités nouvelles. Les Electeurs parisiens, constitués en municipalité provisoire, sous l'appellation emblématique de « Comité permanent de la sûreté publique » (11), ordonnent, par arrêté du 22 juillet « que toutes personnes arrêtées sur le soupçon du crime de *lèse-Nation* seront conduites à la prison de l'abbaye Saint-Germain » (12). Lorsqu'on commence à penser que les suspects de *lèse-Nation* sont beaucoup et que, malgré cela, ils doivent encore augmenter, la crainte d'une « liste de proscription » pousse quelques députés à demander « une justice légale pour les crimes d'État » (13) et « un tribunal qui ramène tout à l'ordre » (14). Deux semaines ont été suffisantes à changer le contexte politique et la Constituante, dans son cul-de-sac institutionnel, paraît en train de recourir au périlleux moyen de la justice criminelle extraordinaire. Par l'organe du notaire Dufresnoy, délégué de la municipalité, les districts de la capitale demandent un tribunal de *lèse-Nation* ; tout de suite « l'Assemblée, consultée par assis et levé » déclare « qu'elle va s'occuper de la recherche des agents de l'autorité coupables du crime de lèse-Majesté, et d'établir un comité pour recevoir les dénonciations contre les auteurs des malheurs publics » (15). Même si la Révolution a eu une âme légalitaire et libérale avec ses symboles (du serment du Jeu de paume jusqu'à Sieyès) il faut avouer que le « dérapage » commença avant 1792 et il constitua une des âmes du bourgeois. Quatre-vingt-neuf, peut-être la moins connue, sûrement la moins étudiée.

Le tabou du secret de la correspondance privée tomba le premier. Le légalitaire Camus rappela aux collègues de l'Assemblée

(10) *Ibidem*, p. 181.
(11) Le 14 juillet 1789, cf. *Moniteur*, cit., p. 159.
(12) *Ibidem*, p. 197.
(13) Barnave, séance du 23 juillet 1789, *Moniteur*, cit., p. 197.
(14) Chassebœuf de Volney, 23 juillet 1789, *eodem loco*.
(15) *Moniteur*, cit., I, p. 197.

nationale l'existence d'un « vœu formel des Cahiers pour l'inviolabilité des lettres » (16) ; mais quelqu'un pensa que l'on devait « admettre une exception dans le cas où les lettres seraient soupçonnées d'être écrites par des ennemis à des ennemis de la liberté nationale » (17). Seules les interventions énergétiques d'Adrien du Port et de Mirabeau — qui avaient souligné combien « les émotions d'une colère mal fondée (...) pouvaient être transformées en dépositions contre des tiers » — permirent de garder la situation sous contrôle (18).

L'arrêté du 23 juin 1789 avait proclamé solennellement l'inviolabilité des députés : cet acte législatif, dont la nature constitutionnelle est évidente, devait empêcher qu'un coup de force monarchique anéantisse la représentation nationale. Mais, lorsque les mesures restrictives contre la liberté personnelle des « députés suspects » sont décernées par des patriotes enthousiastes (19), ou par la Garde nationale (20), ou lorsque les gens du Palais Royal demandent la déchéance suivie d'un procès pour les députés favorables au *veto*, que doit-on penser ?

III — LE COMITÉ DES RECHERCHES DE LA CONSTITUANTE

Dans la seconde moitié du mois de juillet 1789 la rédaction d'un *projet de Déclaration des droits* est confiée au *Comité de Constitution* dominé par les monarchiens ; dans le même temps, en séance publique, l'Assemblée nationale se pose le problème de l'adoption des premières mesures de sûreté. C'est à ce moment qu'apparaît un organisme impalpable et évanescent, auquel la *table des matières du Moniteur* ne réserve que quelques épisodiques références. Sa dénomination officielle peut-être envisagée comme un indicateur du climat de soupçon montant.

Si le contre-révolutionnaire graphomane et accapareur de blé trame dans l'obscurité en attendant de frapper les libertés publiques, il faut le dénicher : voilà légitimé le *Comité des recherches de l'Assemblée nationale* (21). Ce nom est bien choisi ; comme

(16) *Ibidem*, p. 206.
(17) *Ibidem*, p. 205.
(18) *Ibidem*, pp. 206-207, intervention de Mirabeau.
(19) Arrestation de l'abbé Maury à la fin de juillet et de Cazalès le 9 août 1789.
(20) Arrestation de l'abbé Calonne.
(21) *Moniteur*, cit., I, p. 230.

l'émulation patriotique est une vertu (à l'époque, bien entendu), bientôt la municipalité parisienne, malgré ses pulsions libérales pense à un organisme pareil et donne le jour au redoutable *Comité des recherches de la Commune de Paris* (22).

Cependant une dénomination apparemment semblable cache deux réalités institutionnelles tout à fait différentes. Un pessimisme anthropologique inné semble avoir dirigé les choix des constituants : lorsque l'Assemblée nationale met en place un organisme d'inquisition extraordinaire, elle prévoit de changer les commissaires tous les mois (23). La conséquence est fort importante : le tour de rôle des commissaires empêche la consolidation de situations de suprématie et de pouvoir confiées à un monopole de connaissances policières articulé sur deux niveaux :

a. Les relations systématiques avec les organismes de surveillance patriotique, établis par les municipalités révolutionnaires provisoires ;
b. La centralisation des documents manuscrits et imprimés, séquestrés par soupçon contre-révolutionnaire.

Tous les mois (la chose est sûre jusqu'au mois d'avril 1790) les nouveaux commissaires élus par les bureaux de l'Assemblée nationale examinent le microcosme bigarré de la « lèse-Nation » ; après ils présentent leurs rapports officiels, quelquefois ils recommandent aux municipalités le respect de la légalité constitutionnelle, quelquefois ils se bornent à renvoyer le dossier d'une affaire au juge naturel.

IV — LE COMITÉ DES RECHERCHES DE LA COMMUNE DE PARIS : DES HOMMES NOUVEAUX À LA RECHERCHE DE LA LÉGITIMATION POLITIQUE

Toute différente est la situation parisienne. Le dépouillement systématique du *Moniteur* pour la période du 22 octobre 1789 au 31 juillet 1790 atteste un organigramme immuable pour une structure inquisitoire qui garde d'importants pouvoirs dans le domaine policier. D'après les sources imprimées, le *Comité de recherches*

(22) Arrêté municipal des 21-22 octobre 1789.

(23) Les *Archives Parlementaires*, vol. 32, pp. 564-565 registrent les suivants scrutins : 28 juillet 1789, 2 septembre 1789, 20 octobre 1789, 24 novembre 1789, 24 décembre 1789, 26 avril 1790 ; d'après une note des A.P. il n'y a pas eu de renouvellement ultérieur du Comité. Le contrôle des procès-verbaux de la Constituante est en cours.

de la Commune de Paris paraît monopoliser les enquêtes et les informations concernant les activités contre-révolutionnaires dans la capitale, donnant le jour à une structure policière légitimée par une grille d'investigation élastique, édifiée sur l'évanescente catégorie de la *lèse-Nation*.

Le Comité parisien exprime trois niveaux d'intervention manifeste :

a. Il ordonne les perquisitions et la saisie de tous les documents et de tous les objets envisagés comme contre-révolutionnaires ;
b. Il décerne les *décrets de prise de corps* pour crimes de *lèse-Nation* ;
c. Il est « partie publique » (c'est-à-dire qu'il fonctionne comme bureau d'information criminelle) dans les procès de *lèse-Nation* jugés par le Châtelet.

Ceci suffit pour faire de cet organisme, ambigu et jusqu'à aujourd'hui peu connu, la clef de voûte du système de contrôle révolutionnaire parisien, le véritable centre moteur des activités policières municipales.

La Garde nationale fayettiste fait ses parades, garantit le service des patrouilles dans les rues, est de garnison près des établissements publics et, lorsqu'elle le peut, empêche les troubles ou les calme. Dans la mesure du possible, cette structure défectueuse s'efforce de garantir la paix publique et l'ordre dans la rue. Ce n'est pas la tâche du *Comité des recherches* de la ville qui, au contraire, semble poursuivre le but de maintenir l'effervescence parisienne.

Si la Garde nationale a des pouvoirs visibles au service d'un ordre public, désavoué quelquefois par les patriotes les plus engagés, le *Comité des recherches* a une présence moins visible mais plus concrète, et les citoyens s'en aperçoivent surtout la nuit, pendant les visites domiciliaires, ou encore lorsqu'un dossier ultérieur de « lèse-Nation » est transmis aux juges du Châtelet. Voilà la différence entre ces nouvelles structures répressives : elle n'est pas sans importance.

Il faut ajouter que les six commissaires nommés par l'assemblée générale des Représentants de la Commune restent inamovibles ; les documents, qui font toujours référence aux mêmes noms, montrent qu'au niveau municipal le tour de rôle est un faux problème. Est-ce que leur patriotisme rend moins suspecte la permanence et improposables les bornes mensuelles fixées par la Constituante pour l'action des Comités policiers ?

Ou plutôt, faudrait-il formuler l'hypothèse que cette permanence patriotique dans une structure policière puisse construire une hiérarchie inquisitoire qui permet l'heureux développement de carrières politiques nouvelles ? Et sur quoi s'appuient ces carrières ? Sur une juste récompense du patriotisme, ou bien, sur une gestion intelligente des dossiers d'investigation ? Pour l'instant, en l'état de la recherche, je ne peux répondre en termes péremptoires.

Cependant, je remarque quelques coïncidences qui peuvent devenir l'objet d'une réflexion. Il suffit d'arrêter l'attention sur trois commissaires. Le journaliste Jacques-Pierre Brissot, après la prise de la Bastille, s'empare de son dossier et le fait disparaître, au lieu de s'en servir pour jouer le rôle de victime de l'arbitraire d'Ancien Régime (24) ; ensuite, figure indispensable du développement du processus révolutionnaire, il siègera à la Commune, à la Législative et à la Convention.

Pierre-Jean Agier, avocat, président du *Comité des recherches* de la Commune, est élu en 1790 juge à la place de Le Peletier de Saint-Fargeau démissionnaire, suppléant du tribunal de cassation en 1791 (à la place de Garran de Coulon), président du tribunal civil du IIe arrondissement en 1792, commissaire national près le tribunal du Ve arrondissement en l'an II, président du tribunal révolutionnaire (19 nivôse an III) ; « refuse le poste de juré suppléant à la Haute Cour de justice (3 ventôse an V, affaire Babeuf), juge à la Cour d'appel de la Seine sous le Consulat (et vice-président après 1802), il sera chargé en 1816 sous la Restauration, d'installer la Cour prévôtale du département de la Seine. Sept régimes politiques différents tout le long de vingt-huit ans, ont estimé indispensables les services judiciaires du président Agier. Services judiciaires, peut-être : lesquels ?

Jean-Philippe Garran de Coulon commence sa profession de juriste dans le cabinet de Henrion de Pansey ; la Révolution l'appelle au *Comité des recherches* de la ville et ses rapports imprimés, faute de procès-verbaux du comité, donnent les bases juridiques à la poursuite du crime de « lèse-Nation » ; la réforme judiciaire de 1790 lui permet d'être président du Tribunal de cassation ; « grand procurateur » *(sic)* à la Haute Cour nationale, il siègera à la Législative, à la Convention et aux Cinq-Cents ; rallié à Bonaparte (mais après tout, c'était le sabre aimé par Sieyès) il est sénateur en 1799 et, après, comte d'empire ; seule la mort, en 1816 sous la Restauration l'empêche, hélas, d'atteindre à la Pairie. Pourquoi cette carrière brillante n'a-t-elle pas été frappée par la Terreur ou par Thermidor ? Ici on ne peut trancher la question.

En plus, ces hommes nouveaux du *Comité des recherches* prennent leur tâche terriblement au sérieux. Je ne me réfère pas seu-

(24) Cf. Darnton, 1983, pp. 58-59.

lement aux perquisitions inutiles ordonnées sur des présomptions fausses, qui font l'objet de remarques critiques du *Moniteur* (25) : pendant la Révolution, des fautes pareilles sont monnaie courante. Je m'arrête, au contraire, sur les éléments essentiels du rapport présenté par le président Agier à l'Assemblée générale des représentants de la Commune à la séance publique du 30 novembre 1789. D'abord le Comité déplore l'absence d'informateurs déguisés ; ensuite il stigmatise la « fausse pudeur » qui empêche les Parisiens de dénoncer les complots. D'après Agier, ce scrupule ne se justifierait pas lorsque l'enjeu est la sûreté de la Patrie. Je me borne, ici, à une seule citation textuelle du long rapport, parce qu'il me semble que cette phrase peut exprimer la nouvelle culture du soupçon :

> « Le silence en matière de délation, est une vertu sous le despotisme ; c'est un crime, oui, c'en est un, sous l'empire de la liberté » (26).

Pendant les audiences publiques du procès Bezenval le zèle suggère au président Agier une gaffe stigmatisée par le *Moniteur* qui me semble désavouer ces effervescences persécutoires :

> « Tout s'est passé dans la plus grande décence et le silence le plus parfait. Une seule chose a paru déplacée : on a vu avec impatience M. Agier, député du Comité des recherches de la ville, copier à quatre pas de l'accusé, les questions et les réponses. Est-ce défiance ? Elle serait injurieuse au tribunal. Est-ce curiosité ou particulière utilité ? Il eût été possible d'y mettre moins d'évidence (27). »

D'ailleurs, dans ce domaine, une périlleuse émulation patriotique peut compromettre le droit fondamental à la sauvegarde de la vie et de l'honneur du citoyen détenu. A ce propos, le *département de police* de la Commune est obligé de défendre qu'un particulier imprime périodiquement un *Journal de la Sûreté*, contenant la liste des détenus Parisiens avec leurs noms et le détail des incriminations (28). Statistique d'une grande utilité pour les historiens, je l'avoue ; mais sans aucun doute, envisageable à l'instar d'une liste de proscription dans une période de troubles : c'est la position du district des Mathurins (29). Le nombre global des Parisiens détenus à l'époque constitue le véritable chiffre noir de

---

(25) *Moniteur*, cit., III, p. 47.
(26) *Ibidem*, II, p. 348.
(27) *Ibidem*, p. 309.
(28) *Ibidem*, p. 331.
(29) *Ibidem*, pp. 331-332.

cette recherche mais, d'après les sources consultées, je peux hasarder que le microcosme des prisons a eu une consistance incontestable.

En effet le département municipal de police par son *Instruction sur les fonctions de police* recommande aux districts d'éviter tout recours à la détention dans les cas où il eût été souhaitable d'employer le moyen souple de la caution. Pour le *Moniteur*, d'ailleurs, « si un emprisonnement, même passager, est quelquefois une précaution indispensable pour l'intérêt de la société, c'est toujours un acte de sévérité qui doit être exercé avec d'autant plus de prudence et de modération, qu'il peut compromettre l'honneur d'un citoyen » (30). Un autre indicateur précieux de la gravité de la situation des prisons provient à mon avis de la violation du tabou constitué par la notion de « domicile ». C'est dans le but d'éviter l'emprisonnement de beaucoup de monde que le *département de police* recommande le recours à la liberté provisoire sous caution « même lorsque ce n'est point un domicilié » (31).

V — TENDANCES CONTRADICTOIRES À L'INTÉRIEUR DE LA MUNICIPALITÉ PARISIENNE : LES SOINS POUR LA SÛRETÉ DES PRISONNIERS

La municipalité parisienne exprimait donc plusieurs tendances. Les préoccupations manifestées par le *département* de police au sujet de l'emploi excessif de la détention avant jugement, sans doute en contradiction avec le zèle informateur du *Comité des recherches* proviennent des représentants de la commune de Paris. Ce fait motive de toute évidence le vote de l'arrêté municipal du 8 septembre 1789 (32), par le moyen duquel le pouvoir local s'adresse à la Constituante, obligeant cette assemblée à réserver, dans son ordre des travaux, une place pour l'enjeu pénal. La notoriété du document me permet d'envisager la question dans ses aspects essentiels : l'autorité municipale craint la rupture d'un équilibre précaire sur lequel s'appuie le maintien de l'ordre public. Si l'on a des doutes sur la sûreté des prisonniers, cela signifie donc, que la Garde nationale n'a pas la possibilité de sauver les

(30) *Ibidem*, p. 324.
(31) *Ibidem, eodem loco.*
(32) Cf. *Le Point du Jour*, n° LXXVIII, pp. 359-360.

personnes. D'ailleurs la montée de la vague d'arrestations, dénoncée par La Fayette, rend la situation fort délicate (33).

Il fallait donc, prévenir les malintentionnés pour empêcher que l'on pensât à des solutions extra judiciaires, telles la purge des prisons. Mais atteindre ce but signifiait réduire le nombre global des détenus avant jugement, au moyen d'une mise en fonction de la justice criminelle de droit commun. Cependant cette démarche ne devait pas réveiller les soupçons du milieu patriote, si l'on soupçonnait que l'entrée en scène du juge criminel pourrait neutraliser la vigilance révolutionnaire exercée par les pouvoirs locaux. Faisant abstraction des exigences de publicité de toute procédure, avancées timidement par les *Cahiers* (34) mais ignorées par la *Déclaration des droits*, l'on espérait qu'un procès public, permettant le contrôle populaire de la légalité de l'information et du jugement, tranquilliserait les esprits en cas d'acquittement des prévenus de *lèse-Nation*.

C'était néanmoins la situation du baron de Bezenval. Si son procès avait été réglé d'après les dispositions de *l'Ordonnance criminelle* de 1670 (qui prévoyait l'information secrète), personne n'aurait pu persuader les patriotes qu'un acquittement, loin d'être le résultat obligé faute de preuves n'était pas, en réalité, le produit judiciaire d'un complot contre les libertés publiques. En plus, bien que tous les projets de réforme constitutionnelle eussent prévu une refonte globale des juridictions et le recours systématique à l'élection des juges, à l'automne 1789, les procès de « lèse-Nation » à Paris, étaient confiés au Châtelet. Dans ce tribunal, siégeait Boucher d'Argis qui, quoique personnage éclairé et juriste réformateur, fut l'objet de la haine verbeuse et systématique de Marat : il y avait de quoi accroître la défiance des patriotes.

La sortie des prisons, pour ceux qui avaient été arrêtés à cause d'une simple méfiance, ne pouvait être organisée sans accident que si l'opinion publique considérait l'acquittement comme légal. Si le juge qui prononçait la sentence était considéré d'une confiance patriotique douteuse, ce préjugé se serait répercuté sur le prévenu, corrompant son affaire. Cependant si la procédure avait prévu une publicité, les portes de la chambre étant ouvertes, le contradictoire procédural entre l'accusation et la défense aurait éliminé tout soupçon concernant une quelconque *favor rei* antipatriotique.

Comme *l'Ordonnance criminelle* en vigueur ne permettait pas une procédure judiciaire au modèle inquisitoire, il fallait modi-

(33) Extrait du procès-verbal des représentants de la commune de Paris du mardi 8 septembre 1789, cité par le *Point du Jour*, LXXVIII, p. 359.

(34) Cf. art. 77 du *Résumé des Cahiers*.

fier la loi. Seulement un décret de réforme arrêté par la Constituante pouvait rendre transparente la justice criminelle en l'assujettissant à un contrôle extérieur par l'opinion patriotique. Mais, jusqu'à la nouvelle législation pénale, les détenus avant jugement vivaient dans la crainte continuelle de payer de leur tête un état d'emprisonnement provisoire dont le prétendu fondement juridique était le soupçon.

VI — LA CONSTITUANTE ET LA DÉTENTION AVANT JUGEMENT : HYPOTHÈSE SUR L'ABSENCE D'UN DÉBAT

La parole était donc à l'Assemblée nationale constituante. Il appartenait à cette assemblée, qui, en rédigeant la *Déclaration des droits*, avait posé les principes fondamentaux de légalité des délits et des peines, d'intervenir encore une fois dans ce domaine, en proposant une solution légale qui tranchât les tensions qui agitaient la municipalité parisienne au sujet de la sûreté des détenus.

Les bornes fixées à cet écrit m'empêchent d'entrer dans les détails de la politique criminelle de la Constituante ; je dirai seulement qu'elle fut l'inévitable corollaire de la rédaction choisie pour les articles VII, VIII et IX de la *Déclaration des droits*, en poursuivant la refonte globale du système criminel français dans une perspective accusatoire. D'ailleurs, cette politique criminelle n'accorda rien aux meneurs qui demandaient sans cesse une justice extraordinaire pour les crimes politiques ; elle fut l'expression, victorieuse pour l'instant, d'une contre-tendance minoritaire, « garantiste », opiniâtrement liée aux exigences de *l'habeas corpus*.

La question pénale, clef de voûte de tout discours réformateur pendant la législature constituante, sut conquérir son espace législatif grâce aux initiatives des juristes réunis dans le comité pour la réforme de quelques points de la jurisprudence criminelle. Si le thème général occupe onze sessions de travail, il y a un thème fort spécifique que l'on chercherait en vain dans les deux tomes de la *Table des matières du Moniteur* : celui de la détention avant jugement. Mais cette absence, incompréhensible si l'on considère que la réalité du problème avait conduit les représentants municipaux à l'arrêté du 8 septembre 1789, marque une donnée incontestable : l'Assemblée nationale n'a jamais traité ce sujet. Néanmoins, il est toujours possible d'attribuer une opinion aux Constituants dans ce domaine, à partir d'un collage érudit qui démembre les phrases d'un député et les recompose hors séance dans un contexte fictif. Mais cette démarche, tendant à proposer *a posteriori* une référence qui serait unitaire et artificielle en même temps, serait dénuée d'intérêt historique. Il faudrait plutôt se poser une autre question. Si aucune séance a été consacrée à ce thème, ce fait, par rapport à la sensibilité juridique de l'époque, ouvre deux hypothèses antinomiques :

a. La détention avant jugement était un objet insignifiant au point de vue de la perspective d'une révision globale de la procédure criminelle ;

ou, plutôt

b. La détention avant jugement, quoique mesure fondamentale pour gêner l'accusé avant le jugement définitif (en le frappant malgré le principe de non-culpabilité arrêté par la *Déclaration des droits*), relevait de l'ambiguïté politique d'une période de troubles et de révolutions.

Certes, l'on aurait pu mettre formellement la question à l'ordre du jour, établir un terme péremptoire pour la durée des arrestations provisoires, lier ce grand problème à celui du recensement (et de la libération) des détenus par lettre de cachet. Le procès-verbal des séances atteste qu'une démarche souple dans cette direction fut, au moins, tentée. Mais quelles conséquences d'ordre constitutionnel aurait eu une démarche pareille si, par hasard, les comités locaux, les municipalités révolutionnaires, les geôliers soupçonneux avaient refusé l'obéissance aux mesures légalistes de la Constituante ? Ce refus aurait produit d'un coup la délégitimation immédiate de l'Assemblée nationale (et *l'Ami du Peuple* en aurait profité).

Et le réalisme politique, joint à une grande capacité de raisonner en hommes d'État, a poussé les membres des comités réunis de Constitution et de jurisprudence criminelle à dissoudre le problème brûlant du sort judiciaire des soupçonnés de « lèse-Nation » (car c'étaient eux les véritables détenus avant jugement entre 1789 et 1791), à l'intérieur d'une grande perspective réformatrice qui garantit ensemble soit *l'habeas corpus* à la française, soit la procédure publique et le jugement immédiat. Marat et Brissot, qui jadis s'étaient présentés aux Académies en criminalistes doctrinaires, pouvaient-ils désavouer la Constituante, lorsque cette assemblée traduisait en décrets les ouvrages de Beccaria et de Bentham ? Peut-être le soupçonneux Marat sut-il éviter le piège. Le journaliste Brissot, au contraire, toujours benthamien et naïf, fit de son *Patriote François* la caisse de résonance des réformes votées par l'Assemblée nationale, tandis que le Brissot membre du

Comité des recherches continuait à jouer le juge d'instruction, toujours en train de polémiquer avec Clermont-Tonnerre (35).

VII — LA MISE AU POINT D'ADRIEN DU PORT

Les juristes de la Constituante donc, quoiqu'ils eussent publié des mémoires fort intéressants en matière criminelle, se désintéressèrent de l'emprisonnement préventif. Le meilleur exemple est Adrien du Port qui avait souligné l'importance de la question en août, lorsque la *Déclaration des droits* était à l'ordre du jour. Il est vraiment singulier qu'un juriste toujours sensible aux grands thèmes du pénal et de la sûreté des citoyens, ait consacré à ce sujet seulement quelques réflexions marginales dans son célèbre rapport sur la réforme de la justice criminelle (27 novembre 1790). Mais cet important discours avait été précédé par un autre texte, probablement paru entre la fin de l'été et le début de l'automne 1790.

L'on sait en effet que la première année de la législature avait été caractérisée par un apprentissage cahotique des députés qui s'essayaient au parlementarisme sans connaître les usages de Westminster. Par conséquent, le problème à l'ordre du jour était souvent connu d'une manière approximative par ceux qui intervenaient dans les débats. Pour éviter ce scénario (qui en mars avait mis en péril l'adoption du jury au criminel), le soigneux du Port a présenté au nom des comités les Principes fondamentaux de la police et de la justice, rédigés en articles descriptifs et non prescriptifs, mais qui ont néanmoins le mérite de présenter à l'attention générale les bases de la nouvelle procédure.

L'emprisonnement provisoire y est subordonné à trois règles :

1. La caution, toutes les fois qu'il se peut ;
2. A la perte provisoire de la liberté, l'on ne doit adjoindre aucune autre privation ;
3. La mise au secret oblige « de veiller plus soigneusement à son sort et à son existence et de le protéger plus spécialement, puisqu'il n'est plus sous les yeux de ses concitoyens et qu'il est privé des moyens de pourvoir par lui-même à sa conservation (36). »

---

(35) Pour ce qui concerne la polémique entre Brissot et Clermont-Tonnerre sur le rôle du Comité des recherches, je suis obligé de renvoyer à mon volume à paraître : *Politique criminelle et crise de la légalité en France de la Bastille à Varennes,* chap. II : De la vigilance révolutionnaire à la culture du soupçon.

(36) Article XXII.

Néanmoins dans le rapport officiel présenté à la fin de novembre, les réflexions marginales suffisent à éclairer le point de vue des comités et les raisons de l'absence d'un développement sur le sujet. La détention avant jugement y est présentée par Adrien du Port à l'instar d'une nécessité douloureuse mais quand même inévitable :

« La société sans doute ne voudra pas qu'un homme puisse être condamné sans les preuves les plus fortes ; mais si l'on attendait qu'elles fussent réunies pour saisir et arrêter un coupable, tous échapperaient à la justice. Il faut donc de toute nécessité qu'un individu puisse être arrêté avant la preuve complète, c'est-à-dire, lorsqu'il n'existe encore contre lui que de simples, mais fortes présomptions ; c'est un sacrifice qu'il doit faire à la société, puisque ce n'est que par là que la tranquillité, la sûreté, la liberté de tous sont assurées : et chacun retrouve avec usure, dans cette jouissance de tous ses droits, le sacrifice léger et possible d'un moment de sa liberté.

Mais ce n'est que provisoirement que la société peut agir ainsi ; une condition essentielle et inséparable de ce droit qu'elle exerce d'arrêter un citoyen sur des présomptions, est d'examiner promptement s'il y a lieu à le laisser privé de sa liberté ; c'est à ce prix seul qu'un homme peut consentir que l'on suspende l'exercice de ses droits naturels. Ainsi ne séparons jamais le droit de la société d'arrêter provisoirement un citoyen, du droit de chaque citoyen d'être promptement jugé (...) (37). »

Dans l'économie de ma démonstration, ce texte de du Port joue un rôle fondamental ; malheureusement je suis obligé à désagréger ce grand morceau d'éloquence parlementaire du XVIIIe pour le recomposer en cinq propositions séquentielles :

a. Le péril de la fuite autorise l'arrestation « avant la preuve complète » ;
b. Le recours à cette mesure de précaution équivaut à une suspension des « droits naturels » du citoyen ;
c. Cette suspension des droits naturels du prévenu configure le « sacrifice (...) d'un moment de sa liberté » ;
d. Cependant les comités n'exagèrent point l'intensité de la souffrance, le « sacrifice » est défini comme « léger et possible » ;
e. Le rapport enfin, reconnaît au citoyen en état de détention provisoire deux garanties lui assurant que le temps de la procédure s'écoulera vite :
    1. d'abord, il faut « examiner promptement s'il y a lieu à le laisser privé de sa liberté »,
    2. ensuite, lui est reconnu le droit à « être promptement jugé ».

(37) *Rapport du 27 novembre 1790*, à Paris, de l'Imprimerie Nationale, (s.d.), pp. 13-14.

VIII — L'*HABEAS CORPUS* À LA FRANÇAISE

Si les comités réunis de Constitution et de jurisprudence criminelle ont exprimé l'exigence de garantir un procès immédiat qui laisse le moindre intervalle possible entre l'infraction et le châtiment, il s'ensuit que la durée de la détention avant jugement (dans sa souhaitable brièveté) ne peut être l'objet d'une véritable réflexion. Puisque c'est la délivrance du décret de prise de corps qui place quelqu'un en état de détention provisoire, l'on s'aperçoit que c'est justement cette mesure que l'on doit décider dans le respect le plus soucieux de la légalité.

Les Cahiers avaient posé la question en demandant que ce décret ne soit plus décerné par un seul juge (... « qu'aucun juge ne puisse seul »...) et que, au moins, cette mesure fort délicate requît l'intervention d'un organisme collégial.

Le décret Beaumetz des 8-9 octobre 1789 (38), ne se borne point à cet aspect du problème ; il envisage un compromis intelligent entre rite inquisitoire et perspective accusatoire. Le clivage, bien sûr, est toujours représenté par la délivrance du décret de prise de corps (confiée à une structure collégiale de trois juges, article IX) : tous les actes d'information préalables demeurent secrets, mais ils sont subordonnés au contrôle de deux commissaires municipaux (les adjoints à l'information), lesquels font leurs observations à charge et à décharge, visant page par page, à peine de nullité de la procédure, tous les procès-verbaux et l'information.

« Dans les vingt-quatre heures de l'emprisonnement de l'accusé, le juge le fera paraître devant lui, lui fera lire la plainte, la déclaration du nom du dénonciateur, s'il y en a, les procès-verbaux ou rapports de l'information ; (...) ; il lui demandera s'il a choisi ou s'il entend choisir un conseil, ou s'il veut qu'il lui en soit nommé un d'office » (article XII). Les temps judiciaires semblent devenir agiles, le procès est désormais public (article XV), les droits de la défense sont assurés par la possibilité d'instaurer un débat contradictoire effectif entre l'accusation et la défense, reconnaissant toujours à l'accusé le « droit de proposer, en tout état de cause, ses défenses et faits justificatifs ou d'atténuation » (article XIX).

Le décret des 16-29 septembre 1791 concernant la police de sûreté, la justice criminelle et l'établissement des jurés introduit des dispositions encore plus soigneuses pour les droits de la défense et la nécessité d'assurer un déroulement immédiat à la

(38) Sur le décret Beaumetz, cf. Martucci, 1984.

procédure. Dans la réforme de 1791 la prévision d'un procès pénal public, fondamentalement accusatoire dans ses noyaux essentiels, se joint aux formalités minutieuses, prévues pour la constatation de la responsabilité du prévenu (39).

D'ailleurs il faut ajouter qu'entre 1789 et 1791 beaucoup de choses ont changé dans le domaine judiciaire. Tandis que le décret Beaumetz faisait référence aux juges d'Ancien Régime et, en les jugeant délégitimés, les subordonnait au contrôle municipal dans la phase secrète de l'information, la réforme du Port, au contraire, se réfère à une nouvelle réalité judiciaire, mise en place par élection à tous les niveaux. La loi de 1790 a introduit trois mille cent cinquante-trois juges de paix cantonaux (élus pour deux ans, aidés par douze mille six cent douze prud'hommes-assesseurs bénévoles), deux mille sept cent quinze juges de districts, quatre-vingt-trois présidents de tribunal criminel.

Ce scénario permet aux législateurs de supposer que l'opinion publique fera confiance aux jugements rendus par des élus du peuple. En plus la nouvelle procédure introduit à côté des professionnels du droit les deux jurys d'accusation et de jugement. Ceci signifiait une masse imposante de seize mille trois cent cinquante jurés d'accusation et de seize mille huit cents jurés de jugement associée à l'administration de la justice criminelle ; et comme la loi prévoyait que la liste des jurés serait arrêtée tous les trois mois, l'on peut imaginer que les comités réunis de Constitution et de jurisprudence criminelle avaient prévu l'implication de cent vingt huit mille citoyens par an, à peu près, trente citoyens jurés d'accusation par district et deux cents citoyens jurés de jugement par département. On préparait ainsi l'opinion locale à garder une certaine confiance dans l'éventualité d'un acquittement décidé au début de la procédure.

Il peut sembler une gageure de résumer en si peu de pages cette pierre angulaire de la législation intermédiaire. Sa valeur « paradigmatique » peut être mesurée au fait que Thouret a défini le jury criminel comme « un des points fondamentaux de la Constitution française ». Je me borne alors à quelques considérations essentielles. La loi de réforme charge le juge de paix des fonctions de la police de sûreté (article I/t. I) ; il décerne deux espèces d'ordres : le mandat d'amener (article I/t. II) et le mandat d'arrêt (ce dernier dans le seul cas où il considère que le citoyen amené peut être poursuivi criminellement : article V/t. II). L'arrestation du citoyen provoque, dans un délai maximum de vingt-quatre heures, l'intervention presque immédiate d'un nouveau personnage, le directeur du jury, choisi à tour de rôle parmi

(39) A ce propos, il faut voir Padoa Schioppa, 1987.

les membres du tribunal de district, le président excepté (p. IIe, article II/t. I). Ce directeur a des fonctions très importantes :

a. Il délivre les visas sur les pièces concernant les arrestations (IIe, article III,IV/t. I) ;
b. Il dresse l'acte d'accusation (p. II, article VII/t. I) ou, le cas échéant, propose l'acquittement au tribunal de district ;
c. Il réunit le jury d'accusation, et, si sa déclaration est affirmative (« oui, il y a lieu à l'accusation »), il dresse sur le champ une ordonnance de prise de corps (p. IIe, article XXIX/t. I).

La rapidité semble caractériser cette procédure : dans les vingt-quatre heures de la signification au prévenu de l'ordonnance de prise de corps, « le procès et l'accusé » seront envoyés au tribunal criminel du département (p. IIe, article II/t. VI). Après son arrivée, dans les vingt-quatre heures au plus tard, il sera entendu par le président du tribunal criminel, en présence de l'accusateur public et d'un greffier qui tiendra note de ses réponses (p. IIe, article X/t. VI). Le jury de jugement, enfin, s'assemble le 15 de chaque mois (p. IIe, article XVIII/t. VI), donnant au prévenu la possibilité « d'être jugé à la première assemblée du jury qui suivra son arrivée » (p. IIe, article XIX/t. VI).

Sans même penser à envisager le sujet dans sa globalité, il faudrait examiner au moins les différences les plus remarquables entre le projet du Port et le texte définitif arrêté par la Constituante. Notamment, le problème de la concurrence des fonctions de police de sûreté entre les juges de paix et les officiers de la Gendarmerie nationale, qui fit éclater un orageux débat à l'Assemblée nationale, à la suite duquel les Comités réunis furent obligés de modifier le texte législatif. Ou, encore, la dichotomie d'une « partie publique » partagée entre le redoutable accusateur public élu qui portait la parole à l'audience, et le commissaire du roi qui, par voie de réquisition, se bornait à contrôler l'application de la loi. Enfin, le scrupule légaliste (filiation directe des liaisons entre Adrien du Port, Condorcet et, peut-être, Borda) qui pousse à la règlementation de l'évaluation des moyens de preuve, fait passer le discours sur la probabilité du domaine des sciences mathématiques à celui de la grande législation.

Développer tout ceci, conjugant le sérieux scientifique (donc, la nécessité d'argumenter sans qu'aucun des points essentiels du raisonnement soit écarté), avec la nécessité d'une synthèse, est impossible.

J'ajouterai simplement que les juristes des Comités, expression de la contre-tendance minoritaire à laquelle je me suis référé au début de mon essai, voulurent souligner la nature constitutionnelle de l'enjeu pénal, donnant un contenu très concret au chapitre V du titre III de la Constitution du 3 septembre 1791. Ce chapitre V *(du pouvoir judiciaire)* comprend vingt-sept articles qui soulignent continuellement la subordination de la justice civile et criminelle au principe de stricte légalité. Qu'il me soit permis d'envisager ces articles à l'instar d'un résumé constitutionnel de la politique judiciaire suivie par la Constituante entre 1789 et 1791.

Beaucoup de ces principes (juge naturel, responsabilité de tout agent public pour les arrestations arbitraires, liberté pour la presse) sont encore, aujourd'hui comme jadis en 1789, les points fondamentaux d'un ordre juridique fondé sur la sauvegarde continuelle et minutieuse des libertés publiques et privées.

Mais si l'on songe que cette construction théorique a été critiquée comme aristocratique et liberticide, et annulée en pratique après le 10 août 1792, on est obligé de penser que le génie inventif des meneurs, élevés à la culture du soupçon, ne connaissait aucune borne.

DÉTENTION PRÉVENTIVE ET LIBERTÉ PROVISOIRE DE LA CONSTITUANTE À L'EMPIRE

ESSAI D'HISTOIRE POLITICO-JURIDIQUE

Bernard SCHNAPPER

On justifie d'ordinaire la détention préventive par le souci de faciliter la recherche des preuves, d'éviter la fuite de l'inculpé et de répondre à l'attente d'une opinion publique exaspérée. Ces arguments, on le sait, n'ont qu'une mince valeur (1). La détention préventive, ses modalités, sa durée, son atténuation par la liberté provisoire sont mieux éclairées par l'organisation de l'instruction, les pouvoirs des juges et des parquets ou la place de la justice dans la société. C'est une affaire judiciaire et politique comme le montre à l'évidence l'époque qui va de la Constituante au Premier Empire.

Les constituants et leurs successeurs avaient le souvenir très frais des reproches qu'on faisait à l'Ancien Régime : les arrestations arbitraires ordonnées sans contrôle par l'administration sous la forme des lettres de cachet comme les pouvoirs excessifs des juges qui incarcéraient sans limitation de durée les grands criminels supposés, à une époque où le « grand crime » et le « crime atroce » étaient des notions floues. La bourgeoisie était particulièrement sensible à ces dangers ; la réglementation de la détention préventive s'inscrivait dans le cadre plus large de la lutte contre l'arbitraire.

Cette détention se distingue aussi bien de l'emprisonnement pénal que des incarcérations par mesure de sûreté générale, tellement pratiquées sous la Terreur, mais il y eut alors contamination de l'une par les autres du fait de la cohabitation, illégale mais

(1) Carbonnier, 1938, p. 5.

fréquente dans les petites prisons, des différentes catégories de détenus, et de la dureté commune de l'emprisonnement due à l'afflux des prisonniers et à l'utilisation de bâtiments non conçus pour cet usage. Ajoutons qu'il n'y avait pas toujours, dans l'esprit des révolutionnaires, une distinction nette entre l'emprisonnement préventif des suspects et l'incarcération des mêmes personnes contre qui on pouvait formuler une incrimination précise. A l'époque détention préventive et répression générale étaient politiquement liées, c'est pourquoi les changements rapides du système politique n'ont pas été sans influence sur la détention préventive et la liberté provisoire. Dans quelle mesure les hommes politiques voulaient-ils faciliter la tâche des juges chargés de l'instruction pénale ? Jusqu'à quel point étaient-ils prêts à accorder à la police, à la gendarmerie ou au gouvernement le droit d'entraver la liberté des citoyens même dans l'intérêt de la justice et de la vérité ? Les textes qui jalonnent la période de 1791 jusqu'au code d'instruction criminelle, ceux de 1793, le code des délits et des peines du 3 brumaire an IV, ou les projets de l'an IX, permettent de répondre à ces questions à travers des oscillations significatives.

I — LE LIBÉRALISME DE LA CONSTITUANTE

Les constituants ont bâti un système qui devait interdire définitivement les abus d'hier en faisant de la liberté individuelle, celle des inculpés comme des autres citoyens, un droit naturel et inaliénable. Le résultat, en tout point remarquable, est un mécanisme libéral, diligent et entièrement judiciaire.

Il s'agissait avant tout de mettre en œuvre les principes formulés dans les articles 7 et 9 de la Déclaration des droits de l'homme. L'arrestation et la détention ne peuvent avoir lieu qu'en vertu d'un texte législatif et selon des formes prévues par la loi. Toute rigueur superflue est énergiquement condamnée.

Le libéralisme implique la restriction sévère du champ de la détention préventive. La Constitution de 1791 le dit clairement : « Un homme arrêté ne peut être retenu s'il donne caution suffisante dans tous les cas où la loi permet de rester libre sous cautionnement (2). » La Constitution, comme d'autres textes de l'époque, préfère parler de rétention plutôt que de détention pour éviter tout rapprochement avec l'emprisonnement pénal. Il en résulte que la détention préventive est impossible en police muni-

(2) Ch. 5, t. III, article 12.

cipale (peines jusqu'à trois jours d'emprisonnement) ce qui va de soi, et surtout en matière correctionnelle. Beau contraste par rapport à l'Ancien Régime et au XIXe siècle. L'Assemblée avait hésité : la loi des 19/22 juillet 1791 disposait que les prévenus seraient retenus « pour être jugés par le tribunal correctionnel ou admis sous caution (de trois mille à vingt mille livres) de se représenter » (3). Mais deux mois plus tard, elle décidait qu'ils seraient laissés libres jusqu'à leur jugement (4). Cela touchait des milliers de personnes par an.

La détention préventive n'existait qu'en cas de poursuite criminelle. Et encore : l'inculpé passible d'une peine seulement infamante pouvait-il demander ordinairement au juge de paix, sa mise en liberté sous caution (5). Le décret en forme d'instruction pour appliquer le code pénal du 29 septembre/21 octobre 1791 faisait remarquer que la loi ne fixait aucun chiffre pour la caution. Il était laissé à l'arbitrage de l'officier de police judiciaire, mais l'instruction conseillait qu'il soit « d'une assez grande importance pour n'être jamais donné que par des personnes bien convaincues que le prévenu est incapable de rompre son engagement ». C'est un « contrat sacré entre eux et la plus haute preuve de leur confiance et de leur estime » (6). Rien à voir avec un achat de liberté provisoire. En principe, sinon peut-être en fait, elle était accessible à un citoyen pauvre, inculpé d'un crime passible d'une peine simplement infamante (7).

Dans ce système, la détention préventive frappait seulement, mais sans adoucissement possible, les inculpés et accusés passibles d'une peine afflictive ; ils étaient l'objet d'abord d'un mandat d'arrêt, normalement lancé par un juge de paix, puis, après mise en accusation par le jury compétent au district, d'une ordonnance de prise de corps décernée par le directeur du jury avant transfert dans la maison de justice installée au chef-lieu de département près du tribunal criminel.

La loi réglait la procédure d'arrestation et fixait le sort des détenus. La comparution du suspect devant le juge de paix, ou éventuellement le directeur du jury, était assurée par un mandat d'amener valable dans tout le pays et qui permettait d'utiliser la

---

(3) T. II, article 43. Ce tribunal était alors tenu par les juges de paix.

(4) Loi du 16/29 septembre 1791, t. V, article 18.

(5) Les peines étaient la dégradation civique et le carcan. Code pénal 25 septembre/6 octobre 1791, t. I, articles 31-33. Sur la mise en liberté dans ce cas, loi 16/29 septembre 1791, I, t. V, article 18 et II, t. I, articles 30-31.

(6) Duvergier, t. III, p. 429.

(7) Même décret en forme d'instruction : Merlin, répertoire 1812, élargissement n° 4. En cas de refus de mise en liberté sous caution par le juge de paix ou le directeur du jury d'accusation, l'appel était possible devant le tribunal criminel.

force publique contre lui. C'était normalement le juge de paix du lieu du délit qui le lançait si le suspect n'avait pas été arrêté en flagrant délit ; c'était lui qui décernait après interrogatoire un mandat d'arrêt valant prévention de crime et ordonnant l'incarcération à la maison d'arrêt. Il était si grave qu'il devait être motivé et indiquer la loi en vertu de quoi il était donné. On ne connaissait que ces deux mandats d'amener et d'arrêt. Lorsque le suspect n'était pas arrêté en flagrant délit ni domicilié dans le canton, le mandat d'amener était envoyé là où l'on pensait le trouver. Cela supposait correspondance et collaboration entre les autorités policières, judiciaires et administratives, entre juges de paix, officiers de gendarmerie et officiers municipaux, une collaboration dont quelques affaires plus tardives (8) montrent l'efficacité. Comme le mandat d'amener impliquait l'usage de la force, le suspect avait droit à quelques précautions.

Il y aurait trop d'inconvénients pensait-on alors, qu'en vertu d'un mandat de cette sorte, un prévenu puisse être conduit d'une extrémité à l'autre du pays sur de simples soupçons ou arrêté longtemps après les faits ; aussi, au delà de dix lieues ou après deux jours d'intervalle, « on se contenterait de retenir le prévenu et d'en donner avis à l'officier de police judiciaire qui avait décerné le mandat », à charge pour ce dernier de faire saisir le jury d'accusation. La loi ne précisait pas les modalités de cette rétention, laissée, disait l'instruction du 29 septembre/21 octobre 1791, à la prudence des officiers municipaux (9). Ils avaient le choix « de le garder à vue, de le consigner dans quelque lieu sûr ou, s'il faudra, le déposer dans la maison d'arrêt ».

Ainsi était pour la première fois mentionnée la garde à vue, la consignation en lieu sûr, une salle de la mairie ou de la gendarmerie qu'on appellera plus tard une salle de sûreté ou « le violon ». C'était une situation toute provisoire, mais aussi dans une certaine mesure une faveur : les hommes trouvés en possession d'effets volés ou d'instruments propres à les faire présumer coupables devaient être conduits quelle que fut la distance devant le juge de paix qui avait donné le mandat. La garde à vue était le moyen d'empêcher le suspect de s'échapper avant d'être présenté au juge de paix ou au directeur du jury, nullement celui de faciliter les investigations policières.

La personne objet d'un mandat d'amener ou d'un mandat d'arrêt était par définition un prévenu, non un coupable. L'instruction de septembre/octobre 1791 insistait fortement sur cette différence et sur celle qui séparait les prisons « établies pour lieu

(8) L'affaire d'Orgères (1798-1800), voir Zysberg, 1985.

(9) Duvergier, t. III, p. 428.

de peine » des maisons d'arrêt ou de justice. La loi interdisait de mettre un homme arrêté dans une prison, de faire cohabiter prévenus et condamnés. Cela supposait des locaux adaptés qui manquaient à ce point que les bonnes intentions de la Constituante demeurèrent souvent sans effet et que les maisons de détention servaient ici et là de maison d'arrêt. Celles-ci dépendaient des communes et étaient surveillées par un officier municipal auquel les constituants donnaient un rôle tutélaire : « Il ne doit paraître aux yeux des détenus que comme un consolateur toujours disposé à entendre leurs plaintes, à satisfaire leurs besoins, à arranger les querelles s'il s'en élevait parmi eux ; enfin à leur procurer tous les moyens possibles et convenables d'adoucir le désagrément de leur détention (10) ».

Les constituants tenaient à ce que ces désagréments soient aussi brefs que possible. Toute la procédure pénale était placée sous le signe de la célérité. C'est comme cela que pouvait être accepté le maintien en liberté quand la peine encourue était un emprisonnement correctionnel (plus de huit jours) (11). D'après le décret sur la police municipale et correctionnelle des 19/22 juillet 1791, un prévenu surpris en flagrant délit devait être immédiatement conduit devant le juge de paix qui entendrait les témoins, l'interrogerait et le renverrait en police correctionnelle. Même chose en cas de plainte ou dénonciation : le juge décernait un mandat d'amener, interrogeait le prévenu et le déférait au tribunal. La loi précisait, sans cependant fixer de sanction, que l'audience serait tenue sur chaque fait trois jours au plus tard après le renvoi (12).

Contrairement à ce décret qui permettait au juge de paix de « retenir » l'inculpé pendant ce court délai, celui du 16/29 septembre 1791, sur la police de sûreté, la justice criminelle et l'établissement des jurés, prescrivait clairement que l'inculpé devait être laissé en liberté. Il n'est pas sûr cependant qu'il ait été parfaitement observé et que certains juges n'aient pas abusivement étendu la garde à vue, avec la complicité tacite de leurs supérieurs, les directeurs des jurys et les accusateurs publics (13). C'est ce que dira en l'an XII le tribunal de la Manche, comme s'il s'agissait d'un fait d'évidence (14). Mais ce n'était

---

(10) Instruction, 29 septembre/21 octobre 1791, Duvergier, pp. 430-431.

(11) La limite supérieure de la peine de simple police n'était pas définie par la loi des 19/22 juillet 1791 ; en fait elle ne dépassait pas huit jours de prison. Pour le « correctionnel », cette loi indique le maximum mais non le minimum de l'emprisonnement.

(12) Article 57.

(13) Ces derniers chargés de la surveillance de tous les officiers de police du département D. 16/29 septembre 1791, II, t. IV, article 3.

(14) Observation du président du tribunal criminel de la Manche Le Follet sur le projet de code criminel de l'an IX/XI, p. 5 : « A la vue de tant de forma-

pas sans risque comme le montre une affaire poitevine de l'an VII (15).

La célérité des procédures criminelles d'alors devrait stupéfier nos contemporains. La loi prescrivait au juge de paix d'entendre dans les vingt-quatre heures le prévenu arrêté en flagrant délit ou par exécution d'un mandat d'amener. A l'issue de cet interrogatoire, il devait soit mettre en liberté, soit, si les charges subsistaient, décerner un mandat d'arrêt qui impliquait le transfert immédiat du dossier et du prévenu au chef-lieu de district devant le directeur du jury : celui-ci avait vingt-quatre heures maximum pour interroger le prévenu et vérifier le dossier, deux jours au moins s'il y avait un plaignant, pour dresser l'acte d'accusation (ou saisir le tribunal correctionnel) et il complétait l'instruction pendant le délai de convocation du jury (16). Si le prévenu était mis en accusation, l'ordonnance de prise de corps impliquait son transfert sans délai à la maison de justice du tribunal criminel où le président devait l'interroger dans les vingt-quatre heures de son arrivée. C'est alors que l'accusateur public prenait les choses en main et faisait diligence pour que l'accusé soit jugé à la première assemblée du jury et du tribunal criminel, c'est-à-dire autour du quinze de chaque mois. Si l'accusé ou l'accusateur public avait des motifs pour que l'affaire ne soit pas portée à cette session, le plus souvent la difficulté de convoquer des témoins éloignés, il pouvait demander qu'elle soit renvoyée au mois suivant, mais jamais au-delà (17). Dans la Vienne, ces prorogations étaient tout à fait exceptionnelles (18).

Dans la pratique, les tribunaux ont réussi à respecter ces délais. Dans les trente-trois premières affaires portées en 1792 devant le tribunal criminel de la Vienne, 15 % des accusés restèrent moins d'un mois détenus entre leur arrestation et le jugement définitif, et 45 % entre un et deux mois. Autrement dit, 60 % des accusés

---

lités protectrices du crime on serait étonné que les juges de paix aient autrefois arrêté et arrêtent encore des coupables si l'on ne savait pas qu'ils n'y parviennent qu'en les violant fréquemment et que les supérieurs sont obligés de fermer les yeux sur des infractions pour ne pas paralyser leur zèle. »

(15) AD Vienne, L sup. 422, reg. 5, f° 103, 13 vendémiaire an VII. L'agent municipal de l'Isle-Jourdain a cru bien faire de mettre en prison pour la nuit un inculpé arrêté à sept heures du soir par les gendarmes sur mandat d'arrêt du juge de paix de Montmorillon au lieu de le conduire immédiatement devant ce juge à deux lieues et demi (dix kilomètres). Plainte de l'inculpé pour séquestration arbitraire. L'agent municipal est déféré devant le tribunal criminel de la Vienne et acquitté par le jury unanime.

(16) D. 16/29 septembre 1791, II, t. I, articles 4, 8, 16.

(17) Décret du 29 septembre/21 octobre 1791 et instructions même date, Duvergier, t. III, p. 440.

(18) AD Vienne L. sup. 422 (deux cas seulement).

furent jugés dans les deux mois de leur arrestation et 84 % dans les trois mois (19). A Angers, sur quatre-vingt-quatre affaires de droit commun (non compris les affaires « révolutionnaires ») entre février 1792 et septembre 1794, il se passa moins d'un mois entre l'arrestation et le jugement dans 3,6 % des cas, de un à deux mois dans 47,6 %, de deux à trois dans 35,7 % ; 87 % des accusés étaient au total jugés dans les trois mois qui suivaient leur arrestation (20).

Ainsi dans la phase judiciaire, l'intervention successive du juge de paix, du directeur du jury, du président du tribunal, de l'accusateur public, la réunion du jury d'accusation puis du jury de jugement s'inscrivaient dans un délai extraordinairement bref. C'était certes une lourde machine mais qui tournait bien et offrait un maximum de garanties aux accusés. Les observateurs les plus critiques ne purent porter sous le Consulat qu'un jugement à demi défavorable sur elle. Ils se félicitaient d'un côté de sa rapidité (21), regrettant de l'autre l'excès de formalisme et de précaution qui tournait en faveur du crime, à croire qu'ils lui auraient préféré une justice plus expéditive et moins prudente.

Conformément à la Déclaration des droits de l'homme et à la séparation des pouvoirs, l'inculpation et par conséquent la détention d'un prévenu de crime étaient sous le contrôle exclusif des autorités judiciaires. Il n'en allait pas de même de l'arrestation. A cet égard, il faut remarquer le rôle très important, surtout dans les campagnes, des officiers municipaux. Ils étaient souvent les premiers à connaître une infraction et à pouvoir arrêter un coupable pris sur le fait, c'est eux aussi qui prévenaient la gendarmerie et surtout le juge de paix du canton. Les papiers des tribunaux criminels et notamment les actes d'accusation qui relatent avec précision les circonstances des arrestations prouvent leur activité. Rappelons aussi qu'ils faisaient souvent les premières constatations, qu'ils prenaient en charge la garde à vue, en accord avec la gendarmerie et que les maisons d'arrêt des districts fonctionnaient aux frais et sous la surveillance des municipalités. Le réseau policier dans les campagnes peut paraître moins bien organisé qu'au XXe siècle, mais les juges de paix au canton, appuyés par les officiers municipaux dans les communes furent souvent d'une remarquable efficacité.

Lorsque le coupable n'était pas pris sur le fait, il convenait de décerner contre lui un mandat d'amener. C'était une préroga-

(19) Schnapper, 1986, pp. 627, 636.

(20) Landron, 1986, p. 56.

(21) Elle était plus grande qu'en Angleterre où les *assizes* ne se tenaient que deux fois par an et les *quarter sessions* quatre fois.

tive des officiers de police de sûreté, de police judiciaire dirions-nous, c'est-à-dire, outre le directeur du jury au district, le président du tribunal criminel ou l'accusateur public au département, surtout les juges de paix et les officiers de gendarmerie, lieutenants et capitaines (22). En revanche, le mandat d'arrêt ne pouvait être donné que par le juge de paix et ses supérieurs, notamment le directeur du jury, parce qu'il entraînait l'incarcération du prévenu à la maison d'arrêt du district. En général, il était décerné après que le suspect ait été arrêté sur mandat d'amener et interrogé par le juge de paix. Mais il n'en allait pas toujours ainsi, soit que le suspect ait été pris par la gendarmerie, la Garde nationale, de simples citoyens, conduit devant le juge qui décernait immédiatement un mandat d'arrêt, soit que les témoignages recueillis aient été assez précis, l'identité du suspect assez certaine pour que le juge lance directement un tel mandat qui valait inculpation. Dans la Vienne et en Maine-et-Loire, ce cas semble fréquent.

Il y avait en pratique une certaine confusion entre les mandats d'amener et d'arrêt, bien que ces derniers fussent soumis, à cause de leur gravité, à des formes très précises et en particulier à l'obligation d'énoncer formellement le sujet de l'arrestation (23). Faute de quoi le mandat était nul, mais il pouvait être refait dans les règles par le directeur du jury (24).

Presque tous les mandats étaient émis par les juges de paix (25). Les officiers de gendarmerie, s'ils étaient habilités à lancer des mandats d'amener ne semblent pas utiliser cette faculté. Géographiquement ils n'étaient pas plus proches des justiciables. Il était plus simple pour la gendarmerie de dresser les procès-verbaux nécessaires, de s'emparer si possible du suspect et de le conduire immédiatement devant le juge de paix. L'auteur de l'étude précitée sur le Maine-et-Loire, G. Landron, a trouvé cinq mandats d'arrêt émis par des municipalités à partir de mai et surtout de septembre 1792. S'il s'agit de vrais mandats d'arrêt, acceptés par le gardien-chef de la prison et non de mandats d'amener, ils étaient incontestablement illégaux. L'initiative de ces très rares municipalités s'explique peut-être par une extension abusive de la loi du 11 août 1792, le lendemain de la chute de la monarchie, qui donnait aux municipalités la police de sûreté générale pour

(22) Loi 16/29 septembre 1791, t. I, articles 1 à 3 ; t. II, articles 1, 2, et t. V, article 14. Dans les villes où se trouvent plus d'un juge de paix, les gendarmes ne sont pas officiers de sûreté. Ils n'arrêtent qu'en flagrant délit, même texte t. I, article 3.

(23) 16/29 septembre 1791, t. II, articles 6, 7.

(24) Un exemple : AD Vienne L. sup. 422, reg. 4, f° 159, 16 vendémiaire an V.

(25) D'après l'étude de Landron sur le Maine-et-Loire dans 87 affaires sur 97.

rechercher les crimes contre la sûreté extérieure et intérieure de l'État avec le droit de délivrer des mandats d'arrêt dans ces cas seulement, non dans les autres (26).

Si la gendarmerie ne lançait guère de mandats, elle était en général chargée de les exécuter. Sur quatre-vingt-six affaires analysables de février 1792 à septembre 1794 dans le Maine-et-Loire, tel fut le cas pour quarante-quatre d'entre elles. Il arrivait assez souvent que l'arrestation fût confiée à des officiers de la garde nationale (surtout à l'époque où la gendarmerie avait été réquisitionnée par l'armée régulière), à des huissiers agissant seuls ou appuyés par des gendarmes ou exceptionnellement à de simples citoyens agissant « à la clameur publique » (27).

La détention en revanche ne pouvait être ordonnée que par une autorité judiciaire à l'exclusion de toute administration ou même du gouvernement. L'Assemblée législative pouvait seule mettre en accusation devant la Haute Cour un prévenu d'attentat ou de complot contre la sûreté générale de l'État (28). Les règles ainsi posées par la Constituante demeurèrent intactes jusqu'au Directoire. Elles furent régulièrement appliquées pour les crimes de droit commun même à l'époque de la Terreur où les magistrats conservèrent le contrôle des arrestations, des détentions et des mises en liberté sous caution, à la différence des crimes politiques. Grâce à la Constituante, la détention préventive avait cessé d'être un problème social : son domaine était trop étroit et sa durée trop courte pour être l'objet de contestation. Il y a peu d'époques dans l'histoire de France dont on puisse en dire autant.

II — L'ESPRIT POLICIER : DU 10 AOÛT AU 18 BRUMAIRE

La Convention pour sauver la République et le pays pourchassa avec rigueur les crimes politiques, et porta sous la Terreur et au-delà, de graves atteintes aux règles de 1791. Comme la Constituante contre les pratiques de l'Ancien Régime, de même les thermidoriens et les directoriaux réagirent contre les égarements

(26) Duvergier, t. IV, p. 298, article 4.

(27) Dans la Vienne, un cas dans une affaire de recel jugée le 17 germinal an VI, AD, L. sup. 422, reg. 5, f° 70.

(28) Constitution 3 septembre 1791, Duvergier, t. III, 239, ch. 3, article 1er, paragraphe 10.

de la Terreur. Cependant des raisons idéologiques, la crise économique et l'insécurité qui dominaient alors le pays, les déterminèrent, malgré leurs prétentions à rejeter un système aussi libéral que celui de 1791 (29). Les pouvoirs de police et la liberté individuelle s'organisèrent dans un équilibre nouveau, comme marqué, dirait-on, par l'héritage de la Terreur.

1) Terreur

La Terreur était avant tout l'incarcération de quantité de personnes pour des actes censés contre-révolutionnaires. Elles étaient ensuite déférées à des tribunaux d'exception ou à des tribunaux ordinaires qui jugeaient selon une procédure d'exception. Les précédents remontaient au 10 août 1792 et à la chute de la monarchie. Sur la demande de la commune de Paris, la Législative avait créé un tribunal extraordinaire pour juger les personnes, notamment les Suisses, arrêtées au moment de la prise des Tuileries (30). Ce tribunal eut somme toute une activité assez modeste et par décret du 23 novembre (31), l'Assemblée ordonnait de mettre en liberté les citoyens détenus dans les prisons, contre qui il n'y avait ni mandat d'arrêt, ni décret d'accusation. Simultanément, pour renforcer le contrôle de la population et l'armature policière, elle confiait aux municipalités la police de sûreté générale pour la recherche des crimes contre la sûreté intérieure ou extérieure de l'État à charge de rendre compte au district, puis au département et enfin à l'Assemblée elle-même. Ces autorités devaient respecter les formes de la loi des 16/29 septembre 1791. Ainsi tout dépositaire de la force publique et même tout citoyen actif, précisait le décret, pouvait arrêter, sous sa responsabilité personnelle les personnes « fortement soupçonnées » d'être coupables d'un délit de cette sorte (32). Tel était le précédent de 1792. La Terreur proprement dite fut, elle, déclenchée au printemps de 1793, au moment de la levée des trois cent mille hommes et du soulèvement de la Vendée, principalement par trois décrets : celui du 10 mars 1793 instituant un tribunal criminel extraordinaire appelé plus tard le tribunal révolutionnaire, celui du 19/20 mars mettant hors-la-loi ceux qui auraient participé aux révoltes ou émeutes contre-révolutionnaires au moment du recrutement ou arboré une cocarde blanche et enfin celui du 18/22 mars 1793 obligeant

(29) Schnapper, 1989, pp. 191-219.
(30) Décret du 17 août 1792, Duvergier, t. IV, 317.
(31) Décret du 23 novembre 1792, Duvergier, t. V, p. 53.
(32) Décret du 11 août 1792, Duvergier, t. IV, p. 298.

tout citoyen à « dénoncer, arrêter ou faire arrêter les émigrés et les prêtres » susceptibles d'être déportés (33). Ces textes renvoyaient les détenus devant le tribunal révolutionnaire, les commissions militaires ou les tribunaux criminels, ces derniers jugeant sans jury (34). Il convient ici, sinon de rappeler les effets politiques de ces mesures ou leurs particularités juridiques (35), au moins de marquer en quoi elles ont pu influencer par la suite la détention préventive et la mise en liberté provisoire.

En principe cette législation qualifiée à juste titre de révolutionnaire par ses auteurs (36), c'est-à-dire exorbitante du droit commun, ne concernait que les attentats contre la sûreté de l'État, mais elle en donnait une définition souple, plus large que celle du code pénal de 1791. La loi du 11 août 1792 sur la police de sûreté visait « les machinateurs et les traîtres », auteurs de crimes contre la sûreté intérieure et extérieure de l'État, dont d'ailleurs l'accusation était réservée à l'Assemblée nationale par la Constitution de 1791 (37). Mais le décret du 10 mars 1793 confiait en plus au tribunal révolutionnaire qu'il créait la connaissance « des entreprises contre-révolutionnaires, des attentats contre la liberté, l'égalité, l'unité, l'indivisibilité de la République et les complots tendant à rétablir la royauté ou à établir toute autre autorité attentatoire à la liberté, à l'égalité et à la souveraineté du peuple ». En ventôse an II (mars 1794) étaient déclarés traîtres à la patrie « ceux qui seront convaincus d'avoir de quelque manière que ce soit favorisé dans la République le plan de corruption des citoyens, de subversions des pouvoirs et de l'esprit public... » (38). Au lieu d'une définition objective du crime, une définition subjective : les autorités dirigées par le comité de sûreté générale pouvaient arrêter toute personne qui, par ses actes manifestait une intention contre-révolutionnaire.

Les prêtres réfractaires, les émigrés rentrés et leurs complices étaient les premiers visés, mais la répression allait beaucoup plus loin. En période de tension extrême, on prêtait aisément aux délinquants des motifs contre-révolutionnaires pour peu qu'ils causassent un tort direct à la République : tels étaient les fabricants ou les utilisateurs de faux assignats, ceux qui stockaient des vivres et refusaient de les déclarer, et les fonctionnaires coupables de prévarication. Voilà autant de gens qui pouvaient être arrêtés sans

(33) Duvergier, t. V, pp. 190, 201 et 202.

(34) Monnier, 1989, pp. 171-190.

(35) Schnapper, 1986, p. 627.

(36) Le gouvernement provisoire est « révolutionnaire jusqu'à la paix » d'après le décret du 10 octobre 1793.

(37) Ch. 3, article 1, n° 10.

(38) 23 Ventôse an II, 13 mars 1794, coll. Baudouin, t. 40, p. 238.

respecter les règles de 1791 et jugés selon une procédure d'exception (39). Le droit commun lui-même était contaminé par ces méthodes de contrainte comme en témoigne le sort de certains marginaux.

La législation très dure du XVIIIe siècle avait été abrogée mais, d'après la loi du 19/22 juillet 1791 sur la police municipale et correctionnelle, les mendiants valides pouvaient être conduits devant les juges de paix et punis d'un emprisonnement jusqu'à un an, si on trouvait dans leur cas une circonstance aggravante : mendier avec menace ou violence, à deux ou plusieurs ; avec de faux certificats d'infirmité ou encore en dehors du canton de leur domicile (40). La mendicité et le vagabondage simples n'étaient pas réprimés. Un décret du 24 vendémiaire an II (16 octobre 1793) qui organisait des « maisons de répression » destinées à remplacer les dépôts de mendicité, ordonnait d'arrêter tout homme convaincu d'avoir demandé de l'argent ou du pain sur la voie publique. S'il était domicilié, il serait renvoyé à son domicile. Mais si la municipalité ne le reconnaissait pas, ou ne répondait pas à l'enquête, il serait détenu « provisoirement », un provisoire qui pouvait durer un an. Au bout de ce délai et faute de justifier d'un domicile, il serait condamné à la transportation jusqu'à huit ans (41). Heureusement pour eux, les moyens d'une telle politique manquèrent.

La législation d'exception avait pour effet de multiplier de façon impressionnante les autorités capables de lancer des mandats. Sans même parler des décrets d'accusation de la Convention elle-même, on peut énumérer les comités de salut public et de sûreté générale, les directoires de districts, les agents nationaux, les commissaires de police, les municipalités, les comités de surveillance, les officiers de gendarmerie, à côté des magistrats, juges de paix, directeurs de jury et accusateurs publics. Cette extension ne concernait que les catégories d'affaires considérées par la Convention comme ayant un caractère politique, mais elle entraînait de tels risques de désordre et de détention arbitraire que l'Assemblée se décida à y mettre fin : selon le décret du 14/19 germinal an II (3/8 avril 1794) (42) en cas de malversation dans l'administration et la vente des biens nationaux « embauchage », complicité d'émigration, fabrication et distribution de faux assignats,

---

(39) Décret du 30 septembre 1793, Duvergier, t. VI, p. 197 (embaucheurs), 26/28 juillet 1793 (accapareurs), *ibid* 58, 7 et 30 frimaire an II, (malversation embauchage, et fabricants de faux assignats), 27 novembre et 20 décembre 1793 (*ibid.*, pp. 304 et 351).

(40) Titre 2, articles 22-24.

(41) Décret du 24 vendémiaire an II, titres 2 et 3, Duvergier, t. VI, p. 229.

(42) Duvergier, t. VII, p. 131.

les comités de surveillance et la plupart des autorités administratives ne pouvaient lancer que des mandats d'amener. L'incarcération serait décidée par les directeurs de jury. Quelques jours après, le 27 germinal (16 avril 1794), les affaires de conspiration de tous les points de la République étaient centralisées au tribunal révolutionnaire de Paris (43).

La Terreur, c'est aussi l'arrestation préventive des suspects, ceux qu'on pensait être des ennemis de la Révolution. Un peu comme les mendiants, on arrêtait non pas à cause d'un acte précis, mais en vertu d'une situation plus globale. Ces incarcérations n'aboutissaient pas en général, à une inculpation. Elles n'étaient pas des détentions préventives au sens juridique, mais elles eurent une telle importance sociale et de telles conséquences historiques qu'il convient d'en dire un mot.

Les arrestations avaient commencé, avant le 10 août 1792 et la loi du lendemain peut aussi être comprise comme une légitimation de ce que faisaient les sections parisiennes. Mais jusqu'au printemps de 1793, elles demeurèrent fort peu nombreuses, en tout cas à Paris qui a fait l'objet d'études très précises (44). Un décret du 21 mars 1793, créa dans les communes des comités de surveillance appelés aussi comités révolutionnaires à qui la Convention confia le soin de dresser la liste des étrangers. C'était généraliser une création spontanée de la commune et des sections de Paris qui cherchaient après le 10 août à remplacer les commissaires de police. Toutes les mesures prises contre les étrangers, contre les émigrés rentrés, contre les prêtres réfractaires se rattachent à cette idée de suspicion et le 9 Thermidor n'y mettra pas fin. Ce sont les décrets du 12 août et surtout du 17 septembre 1793 (rapportés par Merlin de Douai) qui définirent les suspects et ordonnèrent leur arrestation (45). La loi de septembre, votée sans aucune critique exprimait la volonté commune des révolutionnaires. Elle plaçait aussi les comités de surveillance et les municipalités chargés de la besogne sous l'autorité du comité de sûreté générale.

La Convention donnait des suspects une définition qui ne correspondait pas exactement au sentiment des sans-culottes plus sensibles qu'elle à la crise économique : les partisans de la tyrannie ou du fédéralisme et ennemis de la liberté, ceux à qui on avait refusé un certificat de civisme, les fonctionnaires suspendus ou destitués par la Convention et surtout les ci-devant nobles et les

(43) Duvergier, t. VII, p. 131.

(44) Matharan, 1985 et son article *suspects*, 1989.

(45) 12 août 1793, coll. Baudouin, t. 33, p. 120 ; 17 septembre 1793, Duvergier, t. VI, p. 173, article 1. L'arrestation pouvait avoir lieu à domicile et ne pas entraîner d'incarcération.

parents d'émigrés qui n'avaient pas constamment « manifesté leur attachement à la Révolution », enfin les gens qui avaient quitté la France entre 1789 et avril 1792 mais qui, rentrés dans les délais légaux, n'étaient pas des émigrés. Une définition très large, parfois vague, mais toujours plus politique qu'économique.

Ces gens devaient être arrêtés surtout par les comités de surveillance chargés de dresser leur liste, de lancer les mandats d'arrêt nécessaires et de faire apposer les scellés sur leurs papiers (46). Les tribunaux civils et criminels pouvaient également faire retenir dans cet état et envoyer en maison de détention les prévenus de crimes bénéficiant d'un non-lieu ou d'un acquittement ; ils étaient évidemment suspects puisqu'ils avaient été poursuivis... Mais garder en prison des personnes acquittées a de quoi surprendre (47).

Quant à leur sort, les suspects pouvaient soit être maintenus en arrestation chez eux où ils seraient « gardés à vue » par des gens de confiance, des pères de famille ou des parents des défenseurs de la patrie, soit être provisoirement enfermés dans les maisons d'arrêt avant d'être transférés dans de nouvelles maisons de détention ouvertes pour eux, dans des bâtiments nationaux où ils pouvaient faire transporter leurs meubles. Cette situation devait durer jusqu'à la paix et bien entendu, tous les frais étaient à leur charge.

Les arrestations s'inscrivaient dans un cadre juridique, leur légalité était surveillée par le comité de sûreté générale ce qui permettait à des suspects d'obtenir leur liberté s'ils prouvaient ne pas entrer dans une des catégories prévues : les arrestations provoquaient un mouvement de mises en liberté qui suivait les mêmes étapes. Elles furent nombreuses entre août 1793 et thermidor an II ; dès messidor, un mois avant la chute des montagnards, elles dépassaient à Paris les incarcérations.

Le climat d'anxiété, la peur de l'invasion, la crainte des complots intérieurs, les pouvoirs élargis des autorités, le zèle des comités révolutionnaires, tout cela provoquait un flot d'arrestations qui encombrait dangereusement les prisons. La Convention avait affecté à cet usage de nombreux bâtiments publics, surtout des couvents. Le sort des détenus y était très variable, pire semble-t-il à Paris dans les maisons de force surtout si elles étaient anciennes que les maisons d'arrêt ou de police, et surtout dans les nouvelles maisons de détention. C'est ce que rapporte, au nom du comité des secours, un député en vendémiaire an III, mais il y

(46) Article 3.

(47) Article 10. Les comités de surveillance devaient décider l'arrestation à la majorité de sept membres au moins présents et rendre compte immédiatement.

avait un intérêt politique à noircir la situation qu'on mettait au débit des montagnards (48). Le pire danger était d'y être oublié : « Là beaucoup de malheureux ont cessé d'attendre un jugement qui devait être prononcé dans l'intervalle de vingt-quatre heures. Leur sort est décidé, c'est d'être oubliés de la nation entière. » Les maisons parisiennes sont en général malsaines, l'air extérieur y circule avec une extrême difficulté « presque toutes reçoivent ou retiennent plus ou moins les vapeurs méphitiques qu'exhalent des fosses intérieures, étroites et mal soignées ».

En province, la situation n'était pas meilleure, et il arrivait ici ou là que, contrairement à la loi, des prévenus fussent mêlés à des condamnés, voire même, comme à Porrentruy avec des détenus militaires (49). Ailleurs, certains prévenus se réunissaient dans le logement du gardien-chef et il leur arrivait d'en profiter pour s'échapper (50).

Tenant compte des méthodes des montagnards, mais obligés aussi de prendre en considération l'état du pays, les thermidoriens et leurs successeurs abrogèrent la législation d'exception sans revenir entièrement aux solutions de la Constituante. La période qui suit le 9 Thermidor jusqu'au coup d'État du 18 Brumaire (1794-1800) présente à l'observateur un contraste entre les principes affichés et la politique réelle ; elle baigne dans une atmosphère de cynisme et d'hypocrisie qui a peu fait pour sa popularité.

2) La Convention thermidorienne et le Directoire

Le 9 Thermidor an II (27 juillet 1794), la chute de la Montagne, ouvrit une phase nouvelle dans l'histoire de la détention préventive comme dans celle de la France en général. Mais il est impossible de séparer la Convention thermidorienne du Directoire qui lui succéda : c'étaient les mêmes hommes et le même projet ; les mêmes hommes puisque les deux-tiers du nouveau corps législatif furent élus parmi les membres de la Convention, le même projet puisque les thermidoriens votèrent une constitution proche de celle de 1791, précédée d'une déclaration des droits de l'homme conforme à celle de 1789 mais assortie d'une déclaration de ses devoirs fort moralisante.

La Convention ne se hâta guère d'abroger les mesures d'exception qui pouvaient servir contre les amis de Robespierre, ni de

---

(48) Paganel, désigné le 3 fructidor an II avec Merlino pour inspecter les prisons et maisons d'arrêt. Rapport de vendémiaire III (septembre/octobre 1794) (BN Le 38 1004, pp. 3, 4).

(49) Surrateau, 1965, p. 94.

(50) Sangnier, 1946, p. 234.

revenir à la légalité d'où elle s'était écartée par la force des choses. Elle ordonna le 18 thermidor an II de mettre en liberté les suspects arrêtés pour d'autres raisons que celle du décret du 17 septembre 1793 ; cela signifiait que restaient détenus ceux qui tombaient sous le coup de la loi des suspects ou qui avaient été condamnés pour crime contre-révolutionnaire. Les comités de salut public et de sûreté générale, chargés de délivrer « les mandats de liberté » nécessaires, furent assaillis de demandes. Barère, dès le 22, saluait leur zèle « à réparer les erreurs ou les injustices particulières ». Il ne s'agissait, ajoutait-il, ni d'amnistie ni de clémence mais d'une justice égale pour tous. Il s'agissait surtout de mesures individuelles (51). Le problème fut repris à partir du début thermidor de l'an III et on songea à faire examiner le sort des détenus par mesure de sûreté générale par les tribunaux de district en province et une commission de police extraordinaire à Paris, ce qui fut voté mais souleva de vives protestations (52) au nom de la séparation des pouvoirs. Le 28, la Convention prononçait la nullité des jugements rendus révolutionnairement contre des personnes encore vivantes (15 août 1795) et enfin le 12 fructidor (29 août) elle ordonnait que toutes personnes détenues sur l'ordre d'autres que les officiers de police de sûreté seraient conduites devant l'officier compétent qui statuera sur leur sort selon les lois de 1791 et pourra les mettre immédiatement en liberté (53). Mais les mauvaises habitudes étaient assez tenaces pour que la Convention se sente obligée de répéter aux gardiens des maisons d'arrêt ou de justice l'interdiction de recevoir qui que ce soit sans mandat régulier d'un magistrat (54). Il ne restait plus guère de besogne pour le Directoire, sinon d'abolir tous les décrets et arrêtés de mise hors-la-loi (55).

Les thermidoriens affichaient d'excellentes intentions : restaurer la liberté, respecter les droits de l'homme, revenir à un régime constitutionnel donc à une séparation des pouvoirs. Il y fallait une nouvelle constitution car la majorité ne songea pas un instant à appliquer celle de 1793, trop démocratique et trop montagnarde. La Constitution du 5 fructidor an III, précédée d'une déclaration des droits et des devoirs de l'homme, contient par con-

(51) BN Le 38 889.

(52) Rapport de Delahaye au nom des comités de sûreté générale et de législation, 3 thermidor (BN Le 38 1596), voté le 6. Protestation d'Henry-Larivière, 19 thermidor au nom du comité de salut public et des deux autres (BN Le 38 1597).

(53) Duvergier, t. VIII, pp. 216 et 249.

(54) 4 vendémiaire an IV, 26 septembre 1795, *ibid.*, p. 291. Voir aussi le décret du 22 du même mois (14 octobre) sur l'interdiction des mandats non motivés, *ibid.*, p. 320.

(55) 14 fructidor an V, 31 août 1797, Duvergier, t. X, p. 32.

séquent de nombreux articles garantissant les libertés individuelles, celles de la presse et des cultes, l'inviolabilité du domicile (56). Nous intéressent spécialement les articles 222 à 227 : « Nul ne peut être saisi que pour être conduit devant l'officier de police et nul ne peut être mis en arrestation ou détenu qu'en vertu d'un mandat d'arrêt... ou d'une ordonnance de prise de corps... ou d'un décret d'accusation du corps législatif... ou d'un jugement de condamnation à la prison ou détention correctionnelle » et de préciser ensuite la forme des mandats obligatoirement motivés avec indication de la loi et notifiés à la personne. La Constitution imposait l'obligation de conduire sur le champ ou dans le jour au plus tard la personne arrêtée devant l'officier de police (ordinairement le juge de paix), qui devait soit la libérer, soit l'envoyer à la maison d'arrêt dans un délai qui ne saurait excéder trois jours. Personne ne pouvait être détenu ailleurs que dans les maisons d'arrêt, de justice ou de détention officiellement désignées. C'était interdire les détentions policières et limiter la garde à vue aux délais de transfert devant le magistrat et à la maison d'arrêt. C'était excellent : l'histoire montrera bientôt que le Directoire sera, là comme ailleurs, infidèle aux principes qui l'avaient fondé.

La nouvelle constitution pour des raisons politiques et d'économie modifiait considérablement la carte administrative et judiciaire du pays (57). Elle supprimait les districts et leurs tribunaux qui avaient été les dispensateurs de la justice civile et les régulateurs de la justice pénale. La Convention pensa que c'était l'occasion de promulguer un nouveau code de procédure pénale qui fondrait en un tout les lois de la Constituante toujours en vigueur, surtout celles des 19/22 juillet et 16/29 septembre 1791. Merlin de Douai, juriste laborieux et « terroriste » chanceux, le rapporteur de la loi des suspects du 17 septembre 1793, fut chargé de préparer ce qui devint le code des délits et des peines (CDP) du 3 brumaire an IV (25 septembre 1795), voté la veille de la dissolution de la Convention. Le code pénal de 1791 qui contenait le droit criminel demeurait en vigueur.

Dans ses grandes lignes, le code répétait, en plus minutieux, les textes de 1791 ; c'était le cas pour la procédure devant les tribunaux criminels, beaucoup moins pour la détention préventive et la liberté provisoire. Là, se décelait comme dans le régime politique un esprit nouveau. Un penchant policier et une orientation ploutocratique allaient directement à l'encontre de la liberté et de l'égalité solennellement affichées par la Constitution.

(56) Articles 353 à 359.

(57) Mise en œuvre du décret 19 vendémiaire an IV, 11 octobre 1795, Duvergier.

Le signe d'une promotion de la police fut le ministère de la Police générale créé en l'an IV dont le premier mais éphémère titulaire fut le même Merlin de Douai dans l'attente de charges plus importantes (58). Il prenait la tête d'un nouveau réseau articulé sur des commissaires de police dans les villes de cinq à dix mille habitants ou section de villes plus importantes, des bureaux centraux à Bordeaux, Lyon, Marseille et Paris, et dans les campagnes sur les brigades de gendarmerie réformées. Le Directoire fera le plus large usage de ces instruments de contrainte pour réprimer les menaces des jacobins, déjouer les complots, ou lutter contre les royalistes victorieux aux élections de l'an V (59).

L'action policière aboutissait à des arrestations suivies d'incarcération. Le Directoire recueillait précieusement certaines mesures de sûreté de la Convention. La répression de la mendicité et du vagabondage selon le décret du 24 ventôse pouvait s'appuyer maintenant sur une police des passeports et le redoutable décret conventionnel du 10 vendémiaire an IV, 2 octobre 1795, complété par plusieurs lois et arrêtés du Directoire et que Bonaparte recueillera lui aussi (60). Désormais personne ne pouvait quitter son canton sans un passeport délivré par les autorités municipales, valable un an et portant la signature de son titulaire comme son numéro d'inscription sur le registre civique communal. Toute personne trouvée sans passeport serait mise en état d'arrestation et détenue. Elle avait vingt jours pour justifier de son inscription civique. Faute de quoi, elle était inculpée de vagabondage, traduite devant le tribunal correctionnel et risquait une peine d'un an d'emprisonnement, voire en cas de récidive, la déportation. Ainsi les plus pauvres étaient-ils menacés d'une garde à vue ou d'une détention administrative.

Encore plus que les miséreux, le Directoire et les notables qui l'appuyaient craignaient à juste raison les opposants politiques de droite ou de gauche. Rarement la vie politique fut plus agitée et la tranquillité publique moins assurée que pendant les années 1795-1800. Pour essayer d'y remédier, la Constitution donnait des pouvoirs d'information au Directoire quand il soupçonnait des menées mettant en péril l'État, en réalité le régime. L'article 145 l'autorisait à lancer des mandats d'amener et d'arrêt contre ceux

---

(58) Loi nivôse an IV, 2 janvier 1796 (Duvergier, t. IX, p. 28). Voir Euloge, 1985, pp. 96-106. Nomination de Merlin le 14 nivôse. Il sera comme on sait, sous le Directoire, ministre de la Justice puis directeur.

(59) Woloch, 1970 ; Monnier, 1985, pp. 590-602. Il n'est pas possible de parler ici des mesures de sûreté générale prises lors du coup d'État du 18 fructidor an V.

(60) Sur la police intérieure des communes, t. III. Duvergier, t. VIII, p. 301. Application par les commissaires de police, arrêté du Directoire du 2 germinal an IV, 22 mars 1976, *ibid.*, t. IX, p. 66.

qu'il soupçonnait « de tramer quelque conspiration contre la sûreté extérieure ou intérieure de l'État » à charge de les renvoyer dans les deux jours devant l'officier de police pour procéder suivant les lois. Voilà une infraction à la séparation des pouvoirs bien pratique et souvent utilisée par le gouvernement contre des journalistes. C'est le précédent du célèbre article 10 du code d'instruction criminelle dont on connaît la fortune policière aux XIXe et XXe siècles.

Si on passe aux infractions de droit commun et au code des délits et des peines, on y retrouve le même parfum discret de police, bien que les règles libérales, protégeant les droits de la défense soient nombreuses et ostentatoires. Négligeons la création du mandat de comparution décerné par l'officier de police quand le délit n'est passible que d'une peine de simple police ou d'une amende supérieure à trois journées de travail (61) (correctionnelle). Il n'entraîne pas arrestation, sauf sa transformation en mandat d'amener en cas de désobéissance (62). La nouveauté capitale du code est la détention préventive en matière correctionnelle, c'est-à-dire pour toutes les infractions possibles de plus de trois jours d'emprisonnement. Les prévenus perdaient cette liberté qui dans le système de 1791 durait jusqu'à la condamnation (63). D'un seul coup, des milliers de prévenus allaient se trouver envoyés en prison, faisant naître par là un problème juridique, moral et social redoutable. Mieux encore, le code était impératif, ne laissant aucun choix, aucune faculté d'appréciation aux juges de paix et directeurs de jury. Le mandat d'arrêt était obligatoire. Certes, grâce à la rapidité de la justice du temps, cette détention était relativement courte, mais comme elle était infligée avant condamnation, ce n'était pas une peine, peut-être une simple « décision provisoire de justice » dont parlait l'article 67 à propos de la mise en liberté . Personne ne songeait alors à imputer sa durée sur la peine définitive (64). Il existait un correctif qui n'était pas ouvert à tout le monde, la mise en liberté sous caution. Il fallait la demander et surtout trouver une caution. Tous les prévenus d'un délit correctionnel (plus de trois jours d'emprisonnement) ou d'un crime d'une peine simplement infamante (en pratique, la forfaiture) avaient cette faculté (65).

---

(61) Code des délits et des peines, article 69.

(62) Le mandat de comparution qu'on retrouvera dans le code d'instruction criminelle était un renvoi devant le directeur du jury, à l'époque également président du tribunal correctionnel.

(63) Articles 48 et 70, code des délits et des peines du 3 brumaire an IV.

(64) Arrêt de cassation, 19 août 1808, cité dans Merlin, 1812, v° « Emprisonnement », p. 585. La cour en rejetant l'imputation sur la peine de la détention depuis arrestation l'appelle « une mesure administrative et de police ».

(65) Article 222 du code des délits et des peines.

Non seulement la détention préventive au sens juridique du terme prenait une ampleur qu'elle n'avait jamais eue depuis 1790, mais encore le code des délits et des peines faisait sans trop le dire une large place à la garde à vue (66). Il reproduisait les dispositions de 1791 selon lesquelles un prévenu, arrêté sur mandat d'amener en dehors de la circonscription du juge de paix, pouvait sous certaines conditions demander à être placé en garde à vue (à ses frais) en attendant que le jury d'accusation, ou maintenant le tribunal correctionnel, décide s'il y avait lieu ou non de le transférer (67).

Il y avait en outre d'autres hypothèses de garde à vue. Tel était le sort des mendiants et des gens arrêtés sans passeport dont il fallait vérifier l'identité. Les délais, on l'a vu, étaient calculés largement. Et que dire et que faire des innombrables personnes que la gendarmerie nationale arrêtait ? La longue loi du 28 germinal an VI (17 avril 1798), nouveau statut du corps, énumérait environ quinze catégories de personnes que les gendarmes pouvaient arrêter, y compris ceux surpris en flagrant délit ou poursuivis par la clameur publique (68). Ordre était donné aux gendarmes de conduire immédiatement ces gens devant le juge de paix qui pouvait décerner un mandat d'arrêt et leur faire continuer leur route vers la maison d'arrêt. C'est seulement dans le cas d'absence du juge de paix que le suspect arrêté en flagrant délit pouvait « être déposé dans l'une des salles de la maison commune où il sera gardé à vue », situation qui en aucun cas ne pouvait durer plus de vingt-quatre heures (69).

Tel était le sort, officiellement défini des gens arrêtés par la gendarmerie (et la police) avant d'être présentés à l'officier de police. Mais que devenaient-ils ensuite ? Il est impossible de croire, moins encore que sous le régime de 1791, que le code des délits et des peines pût s'appliquer à la lettre et les juges décider toujours de la mise en liberté ou de l'incarcération immédiatement après l'interrogatoire.

Les difficultés étaient sérieusement aggravées par la nouvelle organisation judiciaire et l'esprit regrettable d'économie qui l'inspirait. On avait supprimé des milliers de tribunaux répressifs et éloigné considérablement la justice pénale (et civile) du justiciable. Autrefois, la police correctionnelle était aux mains des juges de paix du canton qui ne jugeaient au surplus que des prévenus

(66) Sur garde à vue contemporaine, Merle et Vitu, 1979, p. 310, n° 257 ; Garraud, 1912, t. III, n° 835, p. 110 ; Lambert, 1959, p. 98 ; Vidal et Magnol, 1949, p. 1196 ; Merle, 1969.

(67) Article 74, code des délits et des peines.

(68) Article 125 (Titre IX), Duvergier, t. X, p. 256.

(69) *Ibid.*, p. 168.

libres. Maintenant, elle était transférée à des tribunaux correctionnels présidés par le directeur du jury, dans un arrondissement taillé pour lui, plus grand et donc plus éloigné que l'ancien district. Il n'y en avait que trois à cinq par département et les prévenus étaient souvent en détention. Même chose pour les crimes : un jury d'accusation par district, un par arrondissement correctionnel car le président du tribunal était aussi directeur du jury. Tout cela économisait de l'argent mais ne pouvait que retarder la procédure et allonger la détention préventive. Prenons l'exemple de la Sarthe : non compris le président du tribunal criminel, elle comptait quarante-cinq juges du temps des districts, vingt seulement sous le Directoire (70), quatre arrondissements correctionnels au lieu de neuf districts.

La réforme supprimait avec les tribunaux les maisons d'arrêt qui leur étaient attachées. Les juges de paix, obligés d'envoyer les détenus beaucoup plus loin de leur résidence, étaient tentés de les garder à leur disposition et de retarder l'émission du mandat d'arrêt pour achever leur information d'où l'existence d'une garde à vue occulte ignorée par le code des délits et des peines mais probablement tolérée et que mentionne dans l'enquête de l'an XII, le président du tribunal de la Manche.

Alors se posait la question des locaux destinés à cette garde, d'autant plus que les salles de mairie n'étaient qu'une solution de fortune. Peut-être en existait-il déjà dans les gendarmeries ou les commissariats de police bien qu'ils ne soient pas évoqués dans les lois et décrets consultés. On essaya ici ou là de faire mieux. Le II ventôse an IV (1er mars 1796), l'administration centrale de la Meurthe (Nancy) en supprimant toutes les maisons d'arrêt « situées hors du siège des tribunaux », prescrivait aux administrations municipales de canton de se procurer un local convenable pour y établir un « dépôt de sûreté ». En vain : presqu'aucun canton, sauf quatre ou cinq, n'en disposait à la fin du Directoire et tout laisse penser qu'ailleurs on continuait les pratiques anciennes (71).

Qu'il s'agisse du réseau policier, de la détention préventive ou de la garde à vue, les gouvernements du Directoire disposaient de plus de moyens que la monarchie constitutionnelle pour assurer le maintien de l'ordre et le respect de la loi. Cela pouvait avoir des conséquences regrettables pour les citoyens injustement inculpés. On ne sait malheureusement à peu près rien de l'activité des tribunaux correctionnels, pas plus qu'à l'époque précédente. En matière criminelle, la durée réelle des procédures et des détentions

(70) Reinhard, 1936, pp. 206-234.
(71) Clemendot, 1966, p. 333.

préventives n'a pas été systématiquement étudiée. On peut seulement dire, mais c'est une information ponctuelle, qu'elle était dans le département de la Vienne, sensiblement plus longue sous le Directoire que sous la Législative. Sur les quarante-trois dernières affaires jugées du 17 fructidor an VI au 15 floréal an VIII (3 septembre 1798 au 5 mai 1800), douze accusés soit 27,6 % restèrent moins de deux mois en détention préventive ou garde à vue contre 60 % en 1792, treize de deux à trois mois (30,2 % au lieu de 24 %) et dix-huit (41,8 % contre 15 %) plus de trois mois (72).

Les prévenus d'un crime passible d'une peine afflictive et infamante ne pouvaient en aucun cas échapper à la détention préventive. Tous les autres, ceux qui encouraient une peine correctionnelle ou criminelle seulement infamante, pouvaient demander leur mise en liberté sous caution au directeur du jury, mais non au juge de paix. Les juges n'avaient pas le droit de les libérer gratuitement, si on peut dire, mais exigeaient d'eux de sérieuses garanties de représentation. Le fait d'être un citoyen connu et domicilié, même père de famille, n'était aucunement suffisant. Le prévenu devait trouver un ami, ou une relation capable de lui servir de caution et d'engager une somme importante : d'après le code des délits et des peines (article 222), trois mille livres sans distinction, mais une loi du 29 thermidor an IV (16 août 1796), permit au juge de tenir compte des circonstances et du niveau social du prévenu et de ses amis (73) : en cas de vol, le triple de la valeur des objets volés sans pouvoir jamais dépasser trente mille livres, pour les autres délits entre mille livres et le triple de l'amende encourue ; en cas de peine infamante, la caution devrait verser ou promettre entre deux mille et six mille livres. Les vagabonds et gens sans aveu étaient toujours exclus de cette faveur, même dans le cas peu probable où ils auraient eu un ami assez fortuné pour se porter caution.

Le système de l'an IV analogue dans son esprit à celui de 1791, en aggravait le caractère favorable aux riches. Précédemment, il n'y avait pas de détention préventive correctionnelle et pas de liberté sous caution : l'immense majorité des délinquants, riches ou pauvres, n'était pas concernée. Maintenant la détention préventive avait une large clientèle, mais seuls pouvaient espérer y échapper les gens fortunés. Certes, ils ne pouvaient pas se cautionner eux-mêmes (74), mais les textes contenaient le germe fla-

---

(72) AD Vienne L. sup. 422, reg. 5, dépouillement du f° 96 à 203 : calcul entre l'arrestation effective et le jugement du tribunal criminel. Parmi les derniers, huit soit 18,6 % du total sont restés en détention préventive plus de six mois.

(73) Duvergier, t. IX, p. 147.

(74) Le cautionnement par l'inculpé lui-même aurait encore aggravé l'orientation ploutocratique.

grant d'une inégalité qu'on pourrait trouver ailleurs dans la législation répressive de l'époque (75).

Encore une fois, on regrette de tout ignorer de la pratique correctionnelle mais on peut conjecturer que les mises en liberté sous caution ont été rares du fait de l'origine modeste des inculpés et du relâchement des liens de solidarité et de clientèle caractéristiques de l'ancienne société. En matière criminelle, le cas devait être exceptionnel, surtout parce que les crimes simplement infamants étaient peu nombreux. On ne connaît dans les archives du tribunal de la Vienne qu'une seule mise en liberté sous caution (76).

Tel était le mécanisme mis en place par Merlin et les thermidoriens. Il s'appliqua jusqu'à l'entrée en vigueur du code d'instruction criminelle (1er janvier 1811), mais dès le 18 brumaire il commença à être retouché pendant la difficile gestation des nouveaux codes.

III — UN COMPROMIS DIFFICILE : 1800-1810

La politique saccadée du Directoire, ses procédés vraiment terroristes comme l'arrestation de suspects ou la désignation d'otages pour protéger les fonctionnaires et les Républicains ruinèrent la popularité du gouvernement. Au surplus, ils étaient en général inefficaces : sauf quelques exceptions notables, le pouvoir ne réussit pas à détruire le brigandage, à faire disparaître dans le Sud-Est les bandes royalistes qui abritaient leurs méfaits sous la bannière blanche, ou à empêcher de nouveaux soulèvements dans l'Ouest ou le Sud-Ouest du pays. L'insécurité fut l'une des raisons majeures du coup d'État de brumaire et la population resta longtemps reconnaissante à Bonaparte d'avoir restauré la tranquillité intérieure. Il est hors de propos de rappeler ici ses méthodes de pacification essentiellement militaires : colonnes mobiles, loi martiale, suspension des jurys, cours criminelles spéciales avec participation d'officiers, mais il convient d'examiner la procédure qui, après arrestation, aboutissait à un jugement pénal.

A cet égard, le code des délits et des peines avait été une étape importante dans l'évolution policière de la justice, mais on lui

---

(75) Par exemple dans les conditions pour faire partie des jurys criminels.

(76) Et elle concernait une poursuite correctionnelle au départ, transformée en mise en accusation : AD Vienne L. sup. 422, reg. 4, Fe 89, v.e, 15 nivôse an IV.

reprochait d'être trop minutieux et « escorté de perpétuelles nullités » (77). Très vite, les consuls décidèrent de faire préparer un nouveau texte dont l'élaboration dura fort longtemps tandis qu'ils reprenaient en main la police et la justice.

1) La reprise en main

La constitution du 22 frimaire an VIII, outre qu'elle posait le principe d'une réorganisation complète de l'administration et de la justice (78), prétendait naturellement garantir la liberté individuelle, comme l'avait fait avec moins de laconisme celle de l'an III : la maison de toute personne habitant le territoire français est un asile inviolable. Tout acte ordonnant une arrestation doit en indiquer le motif et la loi sur laquelle il est fondé. Il doit être notifié à la personne intéressée qui en recevra copie (79). Excellents principes pour proscrire les lettres de cachet, mais qui ne peuvent lier aucun gouvernement autoritaire, comme le montreront surabondamment le Consulat et l'Empire.

Il était impensable qu'un tel régime se privât des droits d'arrestation en cas d'atteinte à la sûreté intérieure ou extérieure de l'État dont avait joui le Directoire. Ils étaient même élargis car le texte, l'article 46, était peu précis : le gouvernement pouvait lancer les mandats d'amener et d'arrêt, lorsqu'il était informé d'une conspiration contre l'État, terme vague ; il avait dix jours, au lieu de deux, pour libérer ou mettre en « justice réglée » le suspect. En cas d'infraction, le ministre signataire se rendait coupable du crime de détention arbitraire, menace qui n'était qu'un ornement constitutionnel.

Le gouvernement avait si peu l'intention de se plier à ses règles que quelques années plus tard, en 1804 (80), il faisait désigner par le Sénat une commission de sept membres pour prendre connaissance, sans plus, du sort des personnes arrêtées en vertu de l'article 46 et qui n'avaient pas été traduites dans les dix jours devant les tribunaux. On sait que Napoléon ne s'embarrassait guère de la liberté individuelle, qu'il faisait aisément bannir, arrêter ou incarcérer les opposants. Il fallait les loger. En 1810, l'Empereur rétablissait les prisons d'État pour des gens qu'on ne voulait pas, qu'on ne pouvait pas juger ou que les cours n'avaient

---

(77) Hélie, I, n° 384, (éd. 1866, p. 442).

(78) Duvergier, t. XII, p. 23. La réorganisation judiciaire par la loi du 27 ventôse an VIII, 17 mars 1800, t. IV, *ibid.*, p. 151.

(79) Articles 76 et 77.

(80) 28 floréal an XII, 18 mai 1804, article 60, Duvergier, t. XV, p. 6.

pu condamner bien qu'elles eussent la certitude de leur culpabilité. Les motifs du décret sont admirables. Pour rassurer ses sujets, l'Empereur réglementait minutieusement la détention et les nouvelles prisons (81).

La procédure pénale régulière contenait sans doute trop de précautions. Avant de la remplacer, on pouvait l'améliorer d'abord en concentrant la poursuite. C'est l'objet de l'importante loi du 7 pluviôse an IX, 27 janvier 1801, qui retire la police judiciaire et l'émission des mandats des mains du juge de paix et qui surtout organise un ministère public hiérarchisé (82). Sans analyser les vingt-six articles de la loi, il suffit de noter qu'elle installe un substitut du commissaire du gouvernement près le tribunal criminel dans chaque tribunal civil au chef-lieu d'arrondissement, que ce magistrat qu'on appellera bientôt le magistrat de sûreté (83), est « chargé de la recherche et de la poursuite de tous les délits dont la connaissance appartient soit aux tribunaux de police correctionnelle soit aux tribunaux criminels ». La loi met à sa disposition un nouveau mandat, le mandat de dépôt, grâce à quoi il fait incarcérer le prévenu dans la maison d'arrêt, à charge pour lui de prévenir le directeur du jury dans les vingt-quatre heures. C'est ce dernier qui complète l'instruction en étroite collaboration avec le substitut et qui continue à décerner les mandats d'arrêt.

Ces innovations étaient de taille. Les fonctions du ministère public et des juges, confondues par les lois de 1791 et de l'an IV en la personne du juge de paix et du directeur du jury, étaient maintenant bien distinguées au niveau des tribunaux (84), mais on confiait à un membre du parquet, le magistrat de sûreté, la police judiciaire et le droit d'incarcérer un suspect. Le mandat de dépôt entre ses mains était une mesure essentiellement provisoire pour combler le vide juridique qui suivait l'arrestation, et qui dans la procédure précédente, était occupé par la garde à vue. Son succès allait rompre l'équilibre entre les magistrats du siège et le parquet. A cause du magistrat de sûreté, la balance penchait nettement en faveur du parquet.

Les juges de paix et gendarmes, comme d'ailleurs tout citoyen, devaient arrêter une personne en flagrant délit et la conduire devant le magistrat de sûreté mais non pas directement à la mai-

(81) Décret du 3 mars 1810, Duvergier, t. XVII, p. 43.

(82) Duvergier, t. XII, p. 361.

(83) Le nom ne figure pas dans le texte.

(84) Hélie, 1866, p. 44, t. I, n° 385. Le texte de pluviôse marquait le déclin du jury d'accusation qui n'entendait plus les témoins mais jugeait sur dossier.

son d'arrêt. Entre temps, ils la gardaient à vue (85). Pour le reste, ils ne pouvaient rassembler de preuves que sur ordre du directeur du jury, qui lui-même ne pouvait plus se saisir d'aucune affaire criminelle sans une réquisition du substitut (86).

Il y avait quantité de gens dont il convenait de se méfier. Les mesures de sûreté qui avaient été inaugurées par la Convention et renforcées par le Directoire contre les mendiants et les vagabonds étaient reprises, élargies et généralisées. Les textes sont nombreux et prévoient l'arrestation par les commissaires généraux de police, et l'incarcération sans procès et sans durée limitée dans les maisons de détention, ou à partir de la fin de 1808 dans les dépôts de mendicité au moment où cette activité est solennellement interdite (87). Certes ce n'était pas exactement de la détention préventive, mais on retrouve ici les mêmes rapprochements que sous la Convention et le même usage de la détention comme mesure de sûreté.

Toutes ces dispositions préludaient à la révision de la procédure et du droit criminel. Une commission de cinq membres nommés le 7 germinal an IX (28 mars 1801), (88) rédigea en moins de trois mois un projet du code criminel, correctionnel et de police dans un esprit de rigueur extrême. Il introduisait en particulier de singulières mesures de sûreté qui ne nous concernent pas ici. La deuxième partie sur la procédure apportait quelques innovations en matière de détention préventive et de liberté provisoire mais surtout des confirmations (89). Ce n'était sûrement pas des questions que les autorités considéraient comme importantes : Oudart l'un des membres de la commission, ne leur consacrait pas un mot dans sa présentation de la deuxième partie. Elles pesaient peu à côté des modifications profondes qui étaient proposées dans l'organisation des tribunaux et le déroulement de la procédure. La substitution d'un propréteur, membre du tribunal civil au directeur du jury, chargé de l'instruction, la transformation du tribunal criminel composé des propréteurs du département et présidé par un très haut magistrat ambulant, le préteur, un peu, à la mode anglaise. Le magistrat de sûreté dans chaque arrondissement resterait maître de la police judiciaire, interrogerait le jour

(85) Circulaire floréal an IX, questions 4 et 8, Rondonneau, code criminel, t. II, pp. 206, 208.

(86) *Ibid.*, quest. 29, p. 218.

(87) Arrêté 5 brumaire an IX, répété décret 23 fructidor an XIII, 10 septembre 1805 et surtout décret du 5 juillet 1808 (Duvergier, t. XVI, p. 291) sur l'extirpation de la mendicité.

(88) Vieillard, Target, Oudart, Treilhard, et Blondel, voir Lascoumes, Poncela et Lenoël, 1989, p. 203.

(89) Hélie, 1866, p. 459, t. I, n° 396.

même les prévenus amenés devant lui et décernerait, s'il y avait lieu les mandats de dépôt (90). Il saisirait, selon les cas, le tribunal correctionnel, désormais une formation du tribunal civil ou en cas de présomption de crime, le propréteur qui complèterait l'instruction, mettrait le prévenu en liberté, le renvoyant devant le tribunal correctionnel ou le jury d'accusation (91).

Le projet conservait les quatre mandats en usage, mais avec une portée quelque peu modifiée : le mandat de dépôt était une mesure provisoire entre les mains du magistrat de sûreté ou du propréteur au début de l'instruction (92). Le mandat d'arrêt était utilisé seulement par ce dernier quand il saisissait le tribunal correctionnel ou instruisait une affaire criminelle. Beaucoup d'autorités auraient pu lancer des mandats d'amener, même hors cas de flagrant délit : les juges de paix, les officiers de gendarmerie, le préfet de police, les commissaires généraux de police auxquels il fallait ajouter, mais en cas de flagrant délit seulement, les maires et les commissaires ordinaires de police. Ainsi le projet confirmait-il la loi de pluviôse en laissant les magistrats de sûreté, membres du parquet, décerner des mandats de dépôt, avant même l'ouverture officielle de l'instruction. C'était l'un des signes les plus probants de la volonté du gouvernement et de la commission qu'il avait désignée de renforcer les poursuites et de les concentrer entre les mains du ministère public.

Quant à la liberté sous caution, peu de nouveauté (93) : elle resterait possible dans les affaires correctionnelles et dans les affaires criminelles quand la peine encourue était simplement infamante, c'est-à-dire passible « de la peine d'infamie » ou de la forfaiture. Mais elle devrait être demandée par le prévenu qui s'engagerait à fournir une caution et ne pourrait être accordée par le propréteur que sur réquisition écrite du magistrat de sûreté. Le prévenu serait admis à déposer lui-même son cautionnement. Les sommes exigées seraient plus modestes que celles du code des délits et des peines et des textes d'application : le triple du dommage causé en cas de vol ou délits assimilés, comprises entre cinq cents francs et le double de l'amende encourue pour les autres délits, entre mille et deux mille francs pour les crimes. Comme par le passé, les juges n'auraient pas le droit d'accorder la liberté provisoire sans caution, mais celle-ci serait relativement modique.

---

(90) Articles 533-541, il n'avait pas cette faculté si le délit n'était passible que d'une amende inférieure à cinquante francs (article 538).

(91) Articles 571-574.

(92) En attendant les réquisitions du magistrat de sûreté ; article 571 à comparer avec l'article 575.

(93) Article 595.

Cette faveur serait toujours refusée aux vagabonds et gens sans aveu (94).

La préparation de ce qui deviendra le code d'instruction criminelle fut étonnamment lente (95), comme si le gouvernement n'y attachait pas une importance extrême et estimait que le code des délits et des peines, corrigé par la loi du 7 pluviôse, l'armait assez bien. Le projet de l'an IX (1801) ne fut imprimé et envoyé aux tribunaux d'appel et aux tribunaux criminels qu'en l'an XI. Ils ne fournirent leur réponse qu'en l'an XII, à peu près au moment de la promulgation du code civil. Ces observations furent adressées à la section de législation du Conseil d'État qui, sur la demande de Napoléon, examina quatre cent dix articles du projet du 16 prairial an XII (5 juin 1804) au 29 frimaire an XIII (20 décembre de la même année). Puis les travaux s'interrompirent pendant plus de trois ans (jusqu'au 23 janvier 1808), on ne sait trop pourquoi (96).

Les observations des tribunaux d'appel et des tribunaux criminels (97) concernèrent rarement les problèmes qui nous intéressent ici, signe que les solutions proposées répondaient à l'attente de la majorité des magistrats. C'est ainsi que le tribunal criminel de l'Hérault, parmi d'autres, appréciait le principe d'une « justice préventive » et la mise sous surveillance des indésirables (98) ou celui de Seine-et-Oise approuvait la mise en liberté sous caution, non seulement des prévenus de délits mais aussi de ceux qui encouraient une peine infamante. Rarement s'exprimaient des préoccupations libérales, voire sociales comme en écho de 1791 ou 1793. Le tribunal de Seine-et-Oise, encore lui, se demandait s'il était « bien convenable » d'accorder aux magistrats le droit d'incarcérer les prévenus de délits légers, car la détention préventive risquait d'être plus longue que la peine encourue, il considérait comme « un grand malheur ces dépôts provisoires qui peuvent frapper et flétrir des innocents », allusion évidente aux mandats de dépôt décernés par les magistrats de sûreté (99). Même point de vue au tribunal du Bas-Rhin : il arrive « qu'un citoyen qui a eu le malheur de se faire suspecter gémisse des mois entiers dans les prisons et l'instruction le justifie... », les portes de la

(94) Articles 595-600 et 602.

(95) Lascoumes, Poncela et Lenoël, 1989, pp. 233-234, bons connaisseurs de ces travaux préparatoires, ne donnent pas d'explication sur cette lenteur qui concernait aussi le futur code pénal.

(96) Hélie, 1866, p. 459, t. I, n° 396 et Locré, 1827-1832, t. I, p. 124.

(97) La Constitution de l'an XII, celle de l'Empire, leur donne le nom de cours d'appel et de cours de justice criminelle (article 136).

(98) Hérault, p. 58.

(99) Observations sur l'article 595, 5e jour complémentaire an XII.

prison sont ouvertes à l'inculpé et il sort honteux souvent de se montrer devant ses concitoyens » (100). Le tribunal criminel du département de l'Escaut à Gand critiquait en général le durcissement de la répression, trouvait les peines en usage suffisantes et proposait même de les modérer en cas de circonstances atténuantes (101).

En particulier les pouvoirs des magistrats de sûreté étaient jugés excessifs. Tel était, on l'a vu, l'avis de Strasbourg qui reçut l'appui précieux de quelques tribunaux d'appel, ceux d'Aix, Amiens et Bordeaux. Ils déploraient que ces magistrats confondent entre leurs mains la poursuite et l'instruction, ce qui serait surtout malséant dans l'arrondissement central des départements, où, pour des raisons d'économie sans doute, cette double fonction serait exercée par le commissaire du gouvernement près le tribunal criminel. Amiens proposait avec clairvoyance de remplacer le magistrat de sûreté par un juge chargé de l'instruction près de chaque tribunal de première instance (102). Sur ce point, les tribunaux criminels eux n'étaient pas unanimes, subissant sans doute de façon plus directe l'influence du parquet.

Si celui du Bas-Rhin trouvait leurs pouvoirs démesurés depuis la loi du 7 pluviôse an IX, si ceux de Seine-et-Oise, du Nord et du Morbihan pensaient que les prévenus de délits légers, surtout quand ils étaient domiciliés, ne devraient jamais être mis en détention préventive, celui des Ardennes au contraire approuvait le droit des magistrats de sûreté de décerner des mandats de dépôt et celui de la Manche, plus énergique, souhaitait étoffer leur réseau ou confier plus de pouvoirs aux commissaires de police ou aux maires, ce qui permettrait de donner un statut à la garde à vue. C'était aussi, mais il ne le disait pas, faire une entorse à la séparation des pouvoirs que tous les régimes, surtout les plus autoritaires, affectent toujours de respecter (103).

Comme on le voit, le principe de la détention préventive en cas de délit correctionnel n'était pas discuté. En revanche et de façon significative, la mise en liberté sous caution fit l'objet de plus de remarques. Personne, sauf le tribunal du Nord, très clair sur ce point et plein de bon sens (104), ne plaida pour la liberté

(100) Observations... Bas-Rhin, p. 4, sur article 537 ; Aveyron, pp. 4-5.

(101) Observations... Escaut, p. 2, 26 floréal an XII.

(102) Observations... Tribunal appel Aix, pp. 14-15, de nouveau sur article 494, p. 21 ; articles 519 à 522, 525 à 532 ; Amiens, p. 3 ; Bordeaux, pp. 11-12.

(103) Observations des tribunaux criminels Seine-et-Oise (p. 41 sur article 595), Bas-Rhin (p. 4 sur l'article 537), Nord (p. 16), Morbihan (p. 17 sur article 595), Ardennes (p. 7), Manche (président Le Follet, p. 5).

(104) Nord, p. 16 : « En thèse générale, c'est une injustice que d'emprisonner celui qui pouvant être innocent ne peut être condamné qu'à un emprisonnement, et on ne peut pas présumer que celui qui n'est exposé qu'à cette peine puisse se déterminer ou réussir efficacement à s'y soustraire. »

pendant l'instruction et moins encore la mise en liberté gratuite par le directeur du jury. Tout au plus admettait-on que le magistrat de sûreté puisse choisir entre le maintien en liberté ou le mandat de dépôt, mais ce dernier, dans le projet était une mesure toute provisoire avant l'inculpation par le directeur du jury/juge d'instruction. Seule, donc, la liberté sous caution faisait problème.

Certains tribunaux criminels voulaient la faciliter par principe car l'inculpé peut être innocent (Hérault), soit pour la démocratiser, si on peut dire. Pour que des hommes du peuple puissent trouver une personne prête à les cautionner, surtout pour les délits légers, il fallait diminuer sensiblement le minimun du dépôt, déjà bien inférieur à ce qu'il était sous le Directoire (Seine-et-Oise), si on renonçait à supprimer pour eux le cautionnement ce qui serait pure justice (Morbihan) (105). Le tribunal criminel du Loir-et-Cher semblait vouloir réserver la liberté provisoire aux prévenus qui encouraient une détention inférieure à un an quitte à modérer le cautionnement (106).

Certains tribunaux dénonçaient d'autres points de faiblesse. L'un d'eux estimait peu convenable de laisser la partie civile critiquer les qualités de la caution et surtout de permettre à l'inculpé d'être sa propre caution, ce qui créerait une inégalité devant la loi pénale en faveur des riches. Ce sont les pauvres au contraire qui ont besoin de liberté pour assurer, par leur travail quotidien la vie de leur famille (107). Pour le tribunal criminel du Puy-de-Dôme, il ne faudrait jamais mettre en liberté provisoire un prévenu de vol ou de filouterie, quelle que soit la valeur du dommage « c'est la personne qui est dangereuse ; en lui laissant la liberté, vous lui laissez la possibilité de récupérer sur le public ce qu'elle verse ou consigne dans la caisse nationale » (108). A cet égard, d'assez nombreux tribunaux protestaient contre la mise en liberté provisoire en cas de crimes frappés d'infamie « car l'honneur est aussi cher que la vie chez celui que le crime n'a pas entièrement démoralisé » (Jemmapes). Tous les criminels soupçonnés devraient rester détenus jusqu'à leur jugement (109). Dans un domaine voisin de la détention préventive, on critiquait la mise en liberté immédiate d'un accusé acquitté par le jury, quand le

(105) Seine-et-Oise sur les articles 599-600 ; Morbihan, p. 17 sur 595 : « Doivent-ils être rigoureusement traités parce qu'ils sont pauvres et par là exposés à plus de fautes ? ».

(106) Observations... 14 messidor an XII, 3 juillet 1804, sur l'article 595.

(107) Observations... tribunal criminel, Seine-et-Oise, sur les articles 596-598 ; Loire-inférieure (article 595) sur l'auto-cautionnement.

(108) Observations... tribunal criminel, Puy-de-Dôme, p. 22, article 599 ; Ain, p. 5, p. 29 (articles 599-600).

(109) Observations... tribunaux criminels de l'Ain, p. 5, Jemmapes, p. 16, Sambre-et-Meuse (Namur), p. 35 sur les articles 595-610 ; Yonne, p. 28.

commissaire du gouvernement se pourvoit en cassation. C'était pourtant un respectable principe qui figurait dans les textes de 1791 (110).

Les remarques des tribunaux furent envoyées à la section de législation du Conseil d'État qui reprit la préparation du code entre le 16 prairial an XII et le 29 frimaire an XIII (26 mai 1803 au 20 décembre 1804). Après une interruption longue et inexpliquée jusqu'au 23 janvier 1808, la situation intérieure du pays avait sans doute à ce point changé que le projet définitif fut assez différent de celui de l'an IX. L'organisation judiciaire était bouleversée. Le tribunal correctionnel demeurait une formation du tribunal civil, ramené du chef-lieu du département à celui de l'arrondissement, le tribunal criminel départemental était remplacé par une cour d'assise présidée par un conseiller itinérant de la cour d'appel. Elle se réunissait normalement quatre fois par an dans chaque département au lieu des sessions mensuelles du tribunal criminel (111). On renonçait aux préteurs et propréteurs du projet de l'an IX. Le jury d'accusation était supprimé, ses fonctions transférées à une chambre de la cour d'appel, donc à des magistrats professionnels, son directeur devenait juge d'instruction ; le ministère public était consolidé et placé sous la surveillance du procureur général. Il fallait harmoniser les règles de l'arrestation et de la mise en liberté avec la nouvelle organisation.

A tout prendre, le système définitif, qui faisait la part belle aux autorités administratives, était moins autoritaire que le projet de l'an IX, probablement parce que la sécurité publique avait été à peu près rétablie. Sa philosophie est assez bien exprimée par le président de la commission de législation du Corps Législatif en novembre 1808 : « Il n'est pas nécessaire que la justice soit indulgente pourvu qu'elle soit impartiale (112). »

Bien entendu les droits du gouvernement et de ses agents inscrits dans les constitutions de l'an III et VIII étaient précieusement conservés et même élargis (113). Désormais les préfets pouvaient faire « tous les actes nécessaires à l'effet de constater les crimes, délits et contraventions et d'en livrer les auteurs aux tribunaux ». Leur pouvoir n'était plus borné, comme sous le Directoire et le Consulat, aux crimes contre la sûreté intérieure et extérieure de l'État. Il impliquait le droit d'arrestation, mais l'obligation de libérer le détenu ou de le mettre en « justice réglée » dans les dix jours disparaissait ; on sait qu'un sénatus-consulte

(110) Tribunaux criminels de l'Yonne, Doubs, Ain sur l'article 894.
(111) Appelé depuis 1804, cour de justice criminelle.
(112) Rapport Dhaubersart, Locré, 1827-1832, t. XXV, n° XIV, 7, p. 258.
(113) Futur article 10, code d'instruction criminelle.

de l'an XII l'avait déjà abrogée (114) en imposant aux ministres de soumettre les détentions prolongées à une commission sénatoriale qui ne se réunit sans doute jamais.

Les critiques contre les magistrats de sûreté portèrent fruit. Au Conseil d'État en l'an XIII, le ministre de la Justice Régnier prétendit que « tous les premiers présidents et tous les procureurs généraux se plaisaient à convenir qu'ils avaient beaucoup contribué au rétablissement de l'ordre » (115). Ils seront pourtant supprimés tellement le droit qu'ils avaient de décerner un mandat de dépôt paraissait « une arme dangereuse » capable d'infliger « une tâche presqu'ineffaçable à l'honneur » de gens arrêtés sur de vagues soupçons (116). Les représentants du parquet obtinrent cependant le droit de lancer des mandats d'amener quand le délit était flagrant et passible d'une peine afflictive et infamante, possibilité que la jurisprudence étendit aux délits correctionnels (117).

Le projet conservait les quatre mandats alors en usage, de comparution, d'amener, de dépôt et d'arrêt. Mais leur usage spécifique n'était pas clairement défini. Le mandat d'amener et la contrainte qu'ils impliquaient paraissaient avoir un domaine trop large. Le Corps Législatif obtint de laisser le juge d'instruction libre de ne décerner qu'un mandat de comparution quand le prévenu était domicilié et encourait une peine correctionnelle, quitte à le transformer ensuite en un autre mandat (118). Les mandats d'arrêt et de dépôt semblaient faire double emploi : ils avaient en commun d'entraîner l'incarcération indéfinie du prévenu, et de suivre l'interrogatoire du suspect mais leurs formes étaient différentes ; le mandat d'arrêt plus solennel devait être pris sur réquisition du parquet, énoncer l'infraction et la loi qui lui servait de base, ce qui n'était pas prescrit pour le mandat de dépôt (119). Historiquement, on l'a vu, ce dernier n'était qu'une mesure provisoire en attendant la comparution devant le directeur du jury, une manière de régulariser la garde à vue. Au Conseil d'État, Merlin dit que le projet semblait supprimer le mandat de dépôt mais Treilhard répondit que ce mandat était nécessaire parce qu'on ne

---

(114) Sénatus-consulte, du 28 floréal an XII, 18 mai 1804, article 60, Duvergier, t. XV, p. 6.

(115) 27 frimaire an XIII, 18 décembre 1804, Locré, t. XXIV, p. 547.

(116) Rapport Dhaubersart au Corps Législatif, 17 novembre 1808, Locré, 1827-1832, t. XXV, n° XIV, p. 248, n° 3.

(117) Code d'instruction criminelle article 40, Locré, 1827-1832, t. XXIV, n° VIII, n° 11, séance du 24 frimaire an XII, au Conseil d'État.

(118) Observation de la Commission de législation du Corps Législatif, 7-8 octobre 1808, Locré, 1827-1832, t. XXV, XI, n° 21, p. 228.

(119) Il semble également que le tarif des frais d'arrestation ait été plus faible pour le mandat de dépôt : Hélie, 1853, t. V, pp. 776-782 ; L. IV, n° 381 ; Dalloz, V[e] instruction criminelle, 1854, t. XXVIII, n° 625, pp. 173-174.

pouvait pas toujours régler immédiatement le sort de la personne arrêtée en connaissance de cause (120). Il avait certainement raison, mais la confusion entre les deux mandats fit naître des divergences entre tribunaux et une controverse entre juristes (121).

Le seul point qui souleva une discussion vraiment animée au Conseil d'État fut la mise en liberté sous caution. Tout le monde était d'accord pour l'autoriser en cas de délit correctionnel et la refuser en cas de crime passible d'une peine afflictive ou quand le prévenu était vagabond ou sans aveu. Restait le crime passible d'une peine infamante (122). Deux partis s'affrontèrent : Regnaud de Saint-Jean d'Angely, Defermont, et surtout Berlier voulaient maintenir ce droit au nom de la présomption d'innocence et en s'appuyant sur le souvenir de l'Assemblée constituante et l'exemple anglais. Berlier proposa même d'accorder de plein droit la liberté provisoire en cas de délit correctionnel, ce qui était à peu près la solution de la Constituante mais son amendement fut rejeté (123). Leurs adversaires, Cambacérès, Jaubert, Beugnot surtout, estimaient eux que le crime même simplement infamant était trop grave pour laisser le prévenu en liberté. Il fallait un exemple et l'empêcher de narguer la justice ou de s'enfuir (124). Ce serait « contraire à la morale et à la décence » (Jaubert). Ils ajoutaient que la liberté sous caution avantageait les riches, seuls capables soit de déposer le cautionnement requis, soit de trouver un ami complaisant pour le faire. L'un des membres, Louis, alors maître des requêtes et futur ministre des Finances de la Restauration, suggéra de n'accorder la liberté provisoire « qu'à ceux dont le travail nourrit la famille », une proposition généreuse mais peu réaliste, puisque c'était justement ceux-qui avaient le plus de mal à donner caution (125). Finalement le Conseil écarta la mise en liberté provisoire d'un prévenu encourant une peine infamante ; le projet fut modifié en conséquence, comme l'avaient demandé d'assez nombreux tribunaux criminels.

Voilà la liberté provisoire cantonnée dans le domaine du correctionnel. Au surplus, les auteurs du projet craignaient la fai-

---

(120) Séance du 24 juin 1808, Locré, 1827-1832, t. XXV, n° VIII, p. 182 (article 105 du projet 195 du code d'instruction criminelle).

(121) Analysées dans Dalloz, 1854, v° « instruction criminelle », t. XXVIII, n° 625 précité.

(122) Article 124 du projet (114 code d'instruction criminelle) ; les peines infamantes étaient la forfaiture et le carcan, entraînant l'incapacité d'exercer des fonctions publiques.

(123) Séance du 24 juin 1808, Locré, 1827-1832, t. XXV, VIII, n° 6, pp. 184-191. Amendement Berlier, n° 7, p. 191.

(124) « Il ne faut pas que pendant qu'on le condamne à l'audience il se promène tranquillement dans les salles voisines » (Cambacérès).

(125) *Ibidem*, p. 187.

blesse des juges d'instruction. S'ils pouvaient délivrer les mandats de dépôt et d'arrêt, ils n'avaient pas le pouvoir de mettre un prévenu en liberté provisoire, c'était la chambre du conseil du tribunal qui le faisait pour éviter, disait-on, l'arbitraire d'un juge unique (126). Ce point ne souleva aucune difficulté, non plus que le montant du cautionnement, que pouvait fournir l'inculpé lui-même, et qui serait du triple du dommage sans tomber en dessous de cinq cents francs.

L'histoire de la détention préventive et de la liberté provisoire sous la Révolution montre un certain nombre de faits qui, à mon sens, n'ont pas été jusqu'à présent assez soulignés. En premier lieu, le rôle considérable des municipalités, plus, probablement dans les campagnes que dans les villes où elles étaient concurrencées par les commissaires de police et, sous la Convention, par les comités de surveillance et révolutionnaires. Les officiers municipaux avaient un rôle dans la police judiciaire et ils étaient, le plus souvent, ceux à qui s'adressaient en premier les victimes. Ils avaient la charge des maisons d'arrêt là où elles étaient installées, en nommaient le gardien-chef, en assumaient les dépenses et les surveillaient. Partout, selon les textes de 1791, ils maintenaient les suspects en garde à vue, de préférence dans une « chambre » de la maison commune. Le maintien de l'ordre au niveau local dépendait sans doute davantage des officiers municipaux que des gendarmes et juges de paix, autorités déjà lointaines.

Précisément, sous la Révolution, la garde à vue était parfaitement institutionnalisée et ce n'est pas le décret du 20 mai 1903, comme on le dit parfois (127), qui en parla le premier. C'est probablement grâce à elle que les juges de paix ont pu assurer jusqu'en l'an IV la comparution dans les trois jours d'un prévenu en correctionnelle. Mais pour s'en assurer, il faudrait enfin savoir quelque chose de la vie au quotidien des justices de paix et tribunaux correctionnels. En tout cas, le suspect était officiellement placé en garde à vue entre son arrestation et sa comparution devant le juge de paix ou le directeur du jury, surtout quand il avait été arrêté en dehors de leur circonscription. Enfin, à cause de l'effet immédiat du mandat d'arrêt, il est possible que les juges de paix aient prolongé de quelques jours la garde à vue pour retarder le transfert du prévenu à la maison d'arrêt du district et compléter leur dossier pendant ce temps.

Un réseau policier dense mais aux mains de non-professionnels, assurant aux suspects de très fortes garanties, tel

---

(126) Rapport Dhaubersart au Corps Législatif, Locré, 1827-1832, t. XXV, n° XIV, 7, p. 258.

(127) Lambert, 1959, p. 98.

était le système de la Constituante. Mais, et c'est un troisième point qui ressort de notre histoire, à partir du Directoire la place de ces élus, tous des petits notables locaux, va se réduisant, d'abord avec la consolidation de la gendarmerie effectuée par le Directoire. Certes, à ce moment, l'efficacité du corps était réduite par la crise financière de l'État et la pénurie de moyens. Elle se redressera et la population s'habituera de nouveau aux chevauchées des gendarmes et à faire davantage appel à eux. Les juges de paix feront à leur tour les frais de l'évolution centralisatrice et policière du Directoire et du Consulat. Maîtres jusqu'alors de la police judiciaire et de la justice correctionnelle, ils perdront la première en l'an IX au profit des magistrats de sûreté, membres du parquet, et la seconde dès la Constitution de l'an III au profit du directeur du jury, président du tribunal correctionnel auquel ils serviront tout au plus d'assesseurs. Les voilà réduits par le Consulat à la condition de petits fonctionnaires, même pas de vrais magistrats, inamovibles. Leur fonction dans la police judiciaire, comme celle des maires, sera très subordonnée.

Sur le plan enfin de la détention préventive proprement dite, l'évolution historique est spectaculaire. Le système libéral de la Constituante resta intact jusqu'au Directoire. La Convention, même sous la Terreur, n'y toucha pas, car les mesures d'exception et de sûreté contre les suspects étaient uniquement politiques. A ce titre, elles étaient exhorbitantes du droit commun, officiellement « révolutionnaires » jusqu'à la paix comme le gouvernement lui-même. Il est facile de constater dans les archives que les tribunaux criminels ont continué à fonctionner et le droit commun à s'appliquer. Quant aux tribunaux correctionnels, on n'en sait toujours rien. Les seuls, outre les suspects, à faire l'objet de mesures de sûreté furent les mendiants et vagabonds, contre qui, la Convention et la bourgeoisie montagnarde renouaient avec la tradition d'Ancien Régime.

Le tournant répressif se fit, là comme dans bien d'autres domaines, au 9 thermidor et sous le Directoire. Le code des délits et des peines du 3 brumaire an IV marqua une importante étape sur cette voie en rétablissant la détention préventive au correctionnel, mais l'esprit de répression atteignit son sommet en l'an IX avec la loi du 7 pluviôse, la création des magistrats de sûreté et aussi le surprenant projet du code criminel, correctionnel et de police de la même année. Des dispositions plus modérées, élaborées entre 1804 et 1808, furent introduites dans le code d'instruction criminelle. On peut s'interroger sur les raisons d'un retour inattendu à plus de respect pour les droits de la défense, alléguer le rétablissement de la sécurité dans le pays, l'influence (douteuse) (128) des quelques tribunaux et magistrats qui ont protesté, avant que leur corps ne soit épuré en 1807, celle d'un groupe d'hommes au Conseil d'État, comme Berlier, fidèles peut-être à leur passé jacobin ou à l'idéal de la Constituante. La vraie raison, me semble être, est que Napoléon pouvait sans risque se montrer généreux : la détention préventive et surtout la mise en liberté sous caution, la seule qu'on envisageait, était entre les mains des magistrats qui n'étaient plus des élus mais des fonctionnaires, nommés, et en fait, déplaçables voire révocables. Tout dépendait de leur fidélité, de leur zèle, de leur souplesse politique, donc du choix des hommes, mais c'est une toute autre question plus large et plus décisive encore que celle qui nous a occupés.

(128) Les débats au Conseil d'État n'en font, à ma connaissance, jamais état.

« N'Y TOUCHEZ PAS, VOUS LE BRISERIEZ... » OU L'ÉCHEC DE 1843

Jean-Claude VIMONT, Philippe ROBERT
Martine KALUSZYNSKI

La doctrine juridique ne mentionne souvent pas d'avatar au régime de la détention préventive entre le code d'instruction criminelle et les réformes du Second Empire. De fait, le droit positif n'est guère modifié jusque-là, n'était un décret du gouvernement provisoire supprimant le minimum de la caution.

Presqu'oubliée maintenant, une réforme a pourtant bien failli advenir sous la monarchie de Juillet. De bout en bout, l'affaire est suffisamment énigmatique pour qu'on s'y arrête. A tenter de la débrouiller, on finira d'ailleurs par la trouver très caractéristique du temps, notamment du petit groupe de professionnels au sein duquel se confine le débat.

Enigmatique d'abord par le sort du projet : voté par la Chambre, il l'est aussi, article par article, par les pairs qui le rejetteront pourtant, sans autre explication, lors du vote final.

Enigmatique aussi par son cheminement : s'il s'agit, en 1842, d'un projet gouvernemental — qui divise d'ailleurs les ministériels —, il constitue, en fait, l'aboutissement paradoxal des efforts solitaires d'un opposant, Jacques François Roger, qui tente avec obstination, depuis le début du règne, d'amender le régime de la détention provisoire.

Et quel curieux personnage que ce Roger (1) ! Né à Longjumeau le 26 janvier 1797, il fait d'abord une brève carrière dans la marine et aux colonies : capitaine de vaisseau, il est nommé à vingt-quatre ans commandant et administrateur du Sénégal et des établissements français en Afrique. A cette occasion, on l'annoblit.

Il semble prendre à ses fonctions l'intérêt d'un ethnologue :

(1) Robert (A.) et *al.*, 1889-1895, t. V, V° Roger 1 F.

il traduit et publie des fables sénégalaises (2), étudie la culture des limoniers du lac Garda (3), s'intéresse à la langue Oualof (4)... Quoiqu'il en soit, à trente ans, le voici de retour en France. Une allusion d'Isambert lors d'un débat en 1835 (5) laisse supposer qu'il a acheté, au moins quelque temps, une charge d'avocat aux conseils. Mais, surtout, il entame une carrière politique, d'ailleurs discrète. Conseiller général du Loiret, où il est possessionné, ce légitimiste attend 1831 pour se faire élire député. Constamment réélu (6) jusqu'à sa mort, il siège à droite parmi les légitimistes, mais il lui arrive de mêler sa voix à celles de l'opposition à l'Assemblée constituante, il vote avec la droite et quelquefois avec la gauche. Réélu en 1849, il meurt à Paris le 20 mai avant de pouvoir siéger.

Parlementaire discret, mais assidu, pilier de commissions (7) plutôt que ténor des débats, le baron Roger explique lui-même sa position à la tribune en janvier 1835 :

> « Sans déserter mes opinions, mais aussi sans prendre une part active aux grands débats de la politique gouvernementale, dans une sphère plus modeste, je restreins ma tâche à vivifier nos institutions dans ce qu'elles doivent produire de positif, de pratique pour le pays (8). »

Peut-être pourrait-on le taxer de philanthrope (9). Et ce sont les débats sur les libertés où il s'active le plus. Traduire dans la législation des libertés politiques contenues dans la Charte de 1830, voilà ce qui le conduit, entre autres à proposer avec obstination, avec habileté, quoique finalement sans succès, de s'attaquer à la législation sur la détention préventive.

I — LA LONGUE MARCHE DU BARON ROGER

1) Dans la foulée des trois Glorieuses... étendre les libertés (1831-1832)

Le 3 septembre 1831, le nouveau député du Loiret propose

(2) Roger, 1882, 1828.
(3) Roger, 1844.
(4) Roger, 1829.
(5) AP, 1835.
(6) 1831 : 147 voix sur 189 ; 1834 : 102/187 ; 1838 : 127/216 ; 1842 : 171/222 ; 1846 : 139/241 ; 1848 : 68 344/73 249 ; 1849 : 36 700/65 037.
(7) Girard, 1976.
(8) AP 1835, 750.
(9) Roger, 1841.

une « loi sur la liberté individuelle ». Après la prise en considération, une commission est désignée. Elle fait rapport le 11 janvier 1832 et le débat est fixé après celui sur le budget. Il n'aura jamais lieu.

Il s'agit pourtant d'une proposition très mesurée. Eut-elle été votée qu'elle n'aurait sans doute pas bouleversé la pratique. Elle commence (10) par une déclaration de principe : en matière correctionnelle, on ne doit recourir à la détention préventive que si les présomptions sont graves. Puis on abaisse très fort le minimum de la caution ; on permet même de libérer sans caution... si la peine encourue n'excède pas trois mois, si le ministère public et la partie civile ne s'y opposent pas. Le juge d'instruction a-t-il décerné mandat de dépôt, il peut en donner mainlevée, d'office s'il a agi d'office, avec l'accord du parquet s'il a agi sur réquisitions. On organise un appel du refus de mise en liberté provisoire. Enfin, on règlemente les délais et la procédure de mise au secret avec des sanctions à la clef contre le juge d'instruction et les gardiens.

A l'appui de sa proposition, J.-F. Roger développe un argument qui mérite l'attention : repris par Faure dans son rapport de 1832, il disparaît ensuite définitivement des débats, mais probablement pas de l'esprit de leur promoteur. Le libéralisme politique consacré par la Charte de 1830 jure avec le despotisme impérial qui marque encore les lois ordinaires et le fonctionnement quotidien de l'État. Il faut développer les libertés concrètes, civiles, usuelles. Il ne s'agit pas d'entreprendre une réformation générale de l'instruction criminelle, mais d'atténuer ses traits les plus despotiques, ce cautionnement seulement accessible aux riches, cette mise au secret dont le fondement légal est faible, ces détentions imprudentes ou trop longues. Bref, il nous faut une loi d'*habeas corpus*. Habilement, le conseiller général du Loiret ajoute que les assemblées départementales en expriment souvent le vœu.

Voilà préfiguré l'argument de J. Ferrand (11) et les débats de la première Troisième République : il y a contradiction entre une constitution politique de liberté et un régime législatif et administratif autoritaire hérité de l'Empire, voire de l'Ancien Régime.

La tournure des débats est aussi prémonitoire. Deux avocats de l'opposition dynastique, Barrot et Salverte, appuient la prise en considération. Ils dénoncent les longues détentions du passé

(10) Pour le détail des dispositions prévues par les différents textes entre 1831 et 1842, voy. le tableau IV-2.

(11) Autre figure curieusement contradictoire : préfet du Second Empire, mais libéral et révoqué durant l'ordre moral ; voy. Ferrand, 1904.

et le supplice du secret. Le nouveau texte serait une sorte de loi organique, complétant la Charte. Mais le garde des Sceaux, Barthe, est hostile ainsi que les ministériels Dozon, président du tribunal de Châlons, et Robineau, élu du Maine-et-Loire. La réforme est inutile ; il n'y a pas ou plus d'abus de la détention préventive. Elle est prématurée ; mieux vaut attendre la réforme d'ensemble de la matière pénale. Elle outrage la magistrature ennemie, comme on sait, de l'arbitraire. Surtout elle tombe mal : pas question d'émasculer la répression avec les troubles légitimistes dans le midi et dans l'ouest.

Malgré tout, la proposition est prise en considération et renvoyée à une commission qui introduit l'arbitrage de la chambre du conseil en cas de dissentiment sur la mainlevée d'un mandat de dépôt, refuse l'appel d'un rejet de mise en liberté et règlemente plus souplement le secret.

Faure qui est proche de l'opposition dynastique, fait écho dans son rapport à l'exposé des motifs de Roger :

> « Messieurs, on dit souvent dans cette enceinte et en dehors, que notre dernière révolution avait été l'ouvrage du peuple et que c'était à nous de lui en faire obtenir, de lui en assurer les bienfaits. Vous acquitterez une partie de la dette que le pays a contractée envers ses libérateurs, en adoptant la proposition de loi qui vous est soumise. Votre sollicitude pour les droits du moindre citoyen, pour la personne et la sûreté du pauvre, restera dans nos annales législatives, comme un monument de la sincérité et de l'efficacité de votre philanthropie (12). »

Il insiste sur la sollicitude nécessaire envers les plus démunis déjà soumis cette année au choléra et tentés par la révolte contre leur misère. La réforme est un moyen sûr de contenir les menées démagogiques des légitimistes ; elle contribuera, réellement et non pas en promesses, à l'amélioration du bien-être populaire. Limiter les emprisonnements préventifs évitera également la fréquentation « des écoles de perversité où règne un choléra indigène et permanent qui atteint à la fois le corps et l'âme », les prisons.

Le projet s'inscrit donc parfaitement dans la démarche réformatrice des quatre premières années de la monarchie de Juillet : les libertés publiques s'étendent (13), la pénalité est débarrassée de certaines rigueurs. Est-ce l'une des dernières flambées du philanthropisme ? On peut le penser, les préoccupations sociales seront absentes des débats suivants. Le projet est également caractéristique de l'idéologie du « parti du mouvement » même si son promoteur est légitimiste.

---

(12) AP 1832, 1.
(13) Agulhon, 1980.

Toutefois, en jouant de l'incertitude de la conjoncture politique, en faisant miroiter aussi les futurs projets de réforme, le « parti de la résistance » réussit à éviter le débat ; rapport et proposition passent à la trappe.

2) A l'ombre des grands juristes... La proposition de 1835

Nullement découragé, Roger reprend sa proposition pendant la session de 1833-1835. Il rencontre l'hostilité du garde des Sceaux, Persil, dont nous allons reparler, et de Petit, conseiller à la cour de Paris. Cette fois, il n'obtient même pas la prise en considération. L'année suivante, cependant, sa fortune est meilleure : la proposition qu'il lit le 10 janvier 1835 est prise en considération et étudiée en commission. Faure dépose à nouveau un rapport favorable... et, une fois encore, on s'arrête là.

Pourtant, Roger fait des efforts pour amadouer la Chambre. Il abandonne sa déclaration de principe liminaire et intègre les suggestions contenues dans le rapport Faure de 1832.

Ainsi les conditions de levée du mandat de dépôt sont les mêmes que dans le projet de 1831 mais il prévoit l'intervention de la chambre du conseil en cas de dissentiment entre le juge d'instruction et le parquet. Il ne reprend pas la possibilité d'appel en cas de refus de mise en liberté. Le minimum des cautions est fixé à cinquante francs mais la liberté peut être accordée sans caution sous la garantie d'une personne domiciliée et solvable. Les articles sur la mise au secret ne contiennent que quelques modifications de détail par rapport à la première tentative : autorisations renouvelables tous les cinq jours (projet de 1831), pas de délai maximum (rapport de la commission en 1832). On envisage enfin une procédure pour éviter les transferts lorsqu'il risque d'y avoir erreur sur la personne lors d'une arrestation. Il n'est plus fait mention des exclusions concernant les vagabonds et les repris de justice.

Mais surtout le député du Loiret change complètement de registre. Les invocations de la Charte laissent la place aux longues citations de jurisconsultes éminents, Dupin, président de la Chambre, et Bérenger. Roger insiste sur le caractère apolitique de sa proposition se défendant de vouloir désarmer le pouvoir et la justice. Il proclame sa dévotion à la paix publique, à l'ordre et aux institutions. A plusieurs reprises, il invoque le soutien de philanthropes mais aussi de magistrats. En avril 1834, l'insurrection républicaine a menacé le régime et la défense de l'ordre est de nouveau au centre des préoccupations. Sans renoncer le moins du monde, Roger tient compte de l'air du temps et des leçons de l'expérience précédente.

Commencé le 10 janvier, continué le 17 et achevé le 19, le débat sur la prise en considération est monopolisé par des magistrats (14). A nouveau, Roger est soutenu par des membres de l'opposition dynastique et du centre gauche, attaqué par le garde des Sceaux et des ministériels. Parmi ceux-ci, deux cependant l'appuient, Bérenger qu'il avait abondamment cité, et Jobard, pourtant hostile à la baisse du minimum de la caution.

Les partisans de la proposition dénoncent les trop longues détentions, incriminent souvent le plancher excessif de caution. Isambert rappelle qu'en 1819, le garde des Sceaux de Serres prescrivait par circulaire un contrôle des mises au secret, par la chambre du conseil. Cette réforme compléterait celle du code pénal maintenant réalisée.

Mais les adversaires, notamment Persil, ancien procureur général, maintenant ministre, contestent l'utilité et l'urgence de la proposition. Ils dénoncent les « peintures exagérées » du secret et le qualificatif de « torture ». La statistique ne révèle pas d'abus, les lois sont « douces » et appliquées « avec douceur » par les magistrats. Un minimum de caution si faible n'offrirait pas de garanties suffisantes. Le ministère public ne serait pas assez consulté et les levées des mandats de dépôts gêneraient l'instruction et la répression. Le 17 janvier 1835, Persil s'indigne :

> « Le véritable, le seul défenseur de la société, c'est le ministère public ; et cependant lorsque le juge d'instruction aura d'office ordonné l'arrestation, le ministère public ne sera pas consulté ! Le juge d'instruction pourra tout seul mettre le prévenu en liberté ! Faites-y attention, Messieurs, c'est la destruction de notre législation criminelle. Aucune mise en liberté ne peut avoir lieu sans communication au ministère public qui est l'homme de la société et qui veille à ses intérêts (...). Il est bien de prendre les intérêts des prévenus ; nous le devons tous, c'est un devoir ; mais les intérêts de la société ne doivent pas être sacrifiés ; il faut aussi venir à son aide. Je crois vous avoir démontré que la prétendue amélioration ne s'applique qu'à un cas extrêmement rare et que, dans ce cas-là, il y aurait abandon des droits de la société ; c'est une raison suffisante à mes yeux pour que vous ne vous occupiez pas de la proposition de l'honorable M. Roger (15).»

---

(14) Sont intervenus :

— pour la proposition : Lejoindre, juge d'instruction, centre gauche ; Baude, conseiller d'État, centre gauche ; Golbery, conseiller à la cour de Colmar, centre gauche ; Isambert, conseiller à la Cour de cassation, centre gauche ; Bérenger, conseiller à la Cour de cassation, ministériel ; Jobard, substitut du procureur général de Besançon, ministériel.

— contre : Persil, ministre de la Justice ; Lachèze, président du tribunal de Montbrison ; Dozon, conseiller à la cour royale de Paris ; Daunant, premier président de la cour de Nîmes.

(15) AP, 1835, 756.

Le surlendemain cependant, le conseiller à la Cour de cassation Isambert le reprend rudement et Persil ne peut empêcher la prise en considération. Mais c'est pour Roger une victoire à la Pyrrhus ; le 19 janvier, il lui faut proposer la reprise pour éviter une nouvelle péremption. Qu'il l'obtienne n'empêche pas la proposition de se perdre à nouveau dans les sables.

3) La proposition de 1838 ou la récupération évitée

En 1838, il faut donc tout recommencer. Le baron Roger en profite pour réintroduire le principe général contenu dans ses premiers textes. A cela près, il ne s'écarte guère de la proposition de 1835, revenant toutefois à l'exclusion des vagabonds et repris de justice. Cette fois, il ne fixe plus de minimum à la caution.

Dans le discours d'exposé des motifs, l'argumentaire juridique s'est totalement substitué aux considérations politiques, constitutionnelles et philanthropiques. Roger ne cite pas moins de cinq jurisconsultes, la circulaire de Serres de 1819 et surtout la récente jurisprudence de cassation qui déclare la liberté sous caution de droit, au grand trouble des juges inférieurs. Il présente alors sa proposition comme une pure amélioration technique : elle n'a rien de politique, ne désarme pas la justice. Maintenant que le calme est revenu, rien ne lui fait plus obstacle. Présentation habile, mais qui le montre sur la défensive.

Le 29 janvier, il obtient la prise en considération et l'examen par une commission spéciale. Composée (16) de députés tous professionnels du droit et de la justice, elle s'avère surtout sensible à la défense de l'ordre et à la résistance de juges du fait du virage libéral de la cour souveraine. Sous couleur d'intégrer au code d'instruction criminelle, les dispositions de la proposition, on la dénature : suppression de la déclaration liminaire, condamnation de la jurisprudence de cassation, réduction des garanties de la mise au secret, rétablissement d'un plancher de caution mais accessible aux seuls domiciliés... Un mal certes que la détention préventive, mais un mal inévitable, ce leitmotiv constant des analyses juridiques scande le rapport présenté le 22 février par le ministériel Dessaigne, président du tribunal de Clermont.

Le 14 mars s'engage un débat confus qui traite tantôt des pro-

(16) Composition de la commission de 1838 : quatre présidents de tribunal : Debelleyme (Seine), Josson (Lille), Minaud (Ruffec) et le rapporteur Dessaigne (Clermont)... tous ministériels ; un juge à la Seine (Pérignon, centre gauche) ; un agrégé de droit aixois (Defougères, proche du ministère) ; un chef de division à la Chancellerie (Quenault, ministériel) ; un avocat légitimiste (Dubagé) ; enfin Roger.

positions initiales de Roger tantôt du système de la commission. A vrai dire, la majorité est hostile à tout changement quel que soit le proposant. En vain, des avocats de la gauche dynastique — Billault, Martin de Strasbourg — s'échinent à justifier une baisse du minimum de caution ; en vain Portalis, conseiller à la cour de Paris et membre de l'opposition dynastique, propose d'étendre la liberté sous caution même en matière criminelle... Peu de députés assistent à ce débat qui n'intéresse guère, et surtout le garde des Sceaux montre une hostilité sans faille, tout comme un grand nombre de ministériels. Barthe, encore lui, met en avant la défense de la société. Mimaud annonce les débats pénitentiaires en vantant les avantages de l'isolement. Surtout tous ceux-ci sont soucieux de ne pas énerver la justice, rempart de l'ordre social.

On s'achemine vers une caricature de réforme qui va servir seulement à briser la jurisprudence libérale de la Cour de cassation. Roger voit le piège et retire son projet le 16 mars :

> « La Chambre, constate-t-il, ne veut pas se montrer favorable à la liberté individuelle (17). »

Du coup, il devient impossible de voler au secours de la résistance des cours royales. Bien ennuyé, le président veut faire voter l'amendement du ministériel Debelleyme, président du tribunal de la Seine. Il s'efforce en vain de persuader la commission de reprendre à son compte la proposition retirée... la Chambre passe finalement à l'ordre du jour.

Depuis le début des entreprises de Roger, le climat a bien changé : l'esprit libéral et philanthropique inspiré de Juillet 1830 s'est complètement effacé ; la défense de l'ordre, jamais absente, est devenue hégémonique. Malgré les efforts de Roger pour dépolitiser les débats, les troubles civils, exploités par les ministériels ont sans cesse perturbé l'examen de ses propositions.

Ces débats sont d'ailleurs monopolisés par les professionnels de la justice, mais clivés entre eux selon qu'ils sont ministériels ou opposants. On ne trouve d'avocats que parmi ceux-ci. Pour les magistrats, c'est plus complexe : les orateurs ministériels sortent de leurs rangs, mais l'opposition modérée en compte aussi sur ses bancs.

Quoiqu'il en soit, bonne partie de ces députés-magistrats sont effarouchés par la moindre perspective de changement. Ils y voient un désaveu. Habilement, ils se posent en rempart du régime et de la société pour refuser toute réforme.

Ce n'est jamais le bon moment : non seulement l'ordre est

(17) AP, 1838, 724.

toujours menacé, mais encore il vaut mieux attendre une meilleure occasion législative, tantôt la réforme du code pénal, tantôt le projet de loi sur les prisons.

Tableau IV-1 : Les types d'arguments hostiles aux propositions Roger

	1831	1835	1838
a) Pas urgent ; attendre projet d'ensemble ; pas de réforme partielle ; fixité des lois	Dozon Barthe (GdS)	Lachèze	Pascalis Mimaud Barthe (GdS)
b) Pas d'abus inutile	Dozon	Lachèze Persil (GdS, ex PG) Dozon	Barthe (GdS) Parand (effet pervers)
c) Emascule répression ; outrage à la magistrature	Robineau (révoltes légitimistes)	Lachèze Persil (GdS, ex PG)	Mimaud Teste Lavielle Barthe (GdS)

GdS : garde des sceaux
PG : procureur général

Le débat a d'ailleurs tendance à devenir de plus en plus technique : la statistique criminelle y tient une place croissante, aussi la jurisprudence et les avis des jurisconsultes.

D'ailleurs, le contenu des réformes s'affadit au fil des années : un projet global sur la liberté civile se transforme en modification partielle de procédure. La commission Dessaigne indique la voie d'une récupération ministérielle.

Au reste, le conflit de jurisprudence entre Cour de cassation et cours royales incline le ministère à agir s'il ne veut pas voir celles-ci succomber devant le libéralisme de celle-là.

II — UN PROJET MINISTÉRIEL PEU AGRÉABLE AUX MINISTÉRIELS : LES DÉBATS DE 1842-1843

En 1841, le garde des Sceaux réunit une commission extraparlementaire composée notamment de Bérenger, Rossi, Barrot,

Boudet, Frank-Carré, Hébert. Le projet de loi dont elle accouche aurait reçu un avis défavorable du Conseil d'État ce qui n'empêche pas Martin du Nord de le déposer le 18 février 1842. Projet omnibus, il touche à quatre points de procédure : la répression des crimes commis par les Français à l'étranger, la réhabilitation, la citation par partie privée, enfin la détention préventive à laquelle nous allons nous attacher. Le 28 mars 1842, le premier président de Bourges, Mater, lit le rapport de la commission parlementaire. Le 19 avril, la Chambre adopte le projet en première lecture. La transmission aux pairs attendra février 1843. Le 5 mai, le rapport de Frank-Carré modifie notablement les dispositions envisagées. Le 22 mai, c'est l'échec final.

Situons d'abord ces débats avant de les analyser.

1) Le libéralisme sans les libertés

a) Un ministère fragile

Depuis le 29 octobre 1840 le gouvernement du maréchal Soult, — en fait dirigé par Guizot, ministre des Affaires étrangères —, pratique une politique de « juste milieu » soucieuse de renforcer la prépondérance des classes moyennes et hostile à tout élargissement du droit de suffrage. Il s'appuie sur une majorité instable issue de la fameuse lutte, lors des élections de 1838, entre les partisans du ministère Molé (défenseurs de la prérogative royale et des interventions du roi dans les affaires) à une coalition d'opposants (légitimistes, républicains, gauche dynastique d'Odilon Barrot, centre gauche de Thiers et les doctrinaires menés par Guizot) pour qui le roi règne mais ne gouverne pas. La coalition l'a emporté dans un climat de corruption et de pressions diverses sur les électeurs qui ont déconsidéré le suffrage censitaire. Républicains et opposants qui souhaitent un élargissement du corps électoral en sont confortés.

La majorité est donc fragile ; d'anciens soutiens de Molé ne pardonnent pas à Guizot ses alliances de 1839. La session ouverte le 27 décembre 1842 et qui s'achève le 13 juin 1842 est la dernière de la législature. En juillet 1842 doivent se tenir les élections. Le gouvernement souhaite se forger une majorité stable. On peut se demander si le projet sur la détention préventive n'est pas un moyen pour circonvenir des opposants libéraux qui en étaient les défenseurs dans les législatures précédentes.

Le 11 avril, Teste, ministre des Travaux Publics, affirme que la réforme a aussi pour objectif de faire mentir ceux qui prétendent que la session est frappée d'une « incurable nullité » (18). Faire quelque chose, peut-être pour séduire des électeurs que l'« enrichissez-vous » n'enthousiasme pas.

Le ministère remporte les élections de juillet avec une courte majorité. Cependant la mort du duc d'Orléans le 13 juillet 1842 provoque un regroupement des forces favorables à la dynastie autour du gouvernement. Consolidé, il n'est plus pressé de présenter le texte voté par les députés aux pairs. La *Gazette des tribunaux*, le pense même définitivement enterré : plusieurs membres de cette Chambre ont laissé pressentir une résistance. Le rejet par les pairs peut également être expliqué par ce changement de conjoncture politique. Le ministère Guizot est solidement installé ; il va durer jusqu'à la Révolution de février 1848.

b) Lendemains d'agitations et craintes de notables

Dans la mémoire des parlementaires, la difficile transition des années 1830 et 1840 occupe une large place. Depuis la fin de 1838, la cherté des grains, les difficultés du commerce ont provoqué une crise économique et des agitations rurales et urbaines, en particulier une agitation « communiste ». Pendant l'été et l'automne 1841, le recensement entraîne des émeutes à Lille, Toulouse, Clermont ; les populations ne se leurrent pas sur les finalités fiscales d'une telle opération. Le 13 septembre 1841, Quenisset tente d'assassiner le duc d'Aumale. Son procès chez les pairs dure jusqu'à la fin décembre ; des républicains et des communistes sont impliqués. Enfin, il y a les campagnes successives de la gauche dynastique et de la gauche républicaine pour l'extension du droit de suffrage. En février 1842, ils proposent à la Chambre d'étendre le droit de vote à tous les membres des jurys.

Les notables craignent la convergence de ces agitations. Certains y décèlent même une vaste conspiration qui menace la société et le régime. Ainsi, le juriste doctrinaire Rossi, dans la *Revue des Deux Mondes*, le premier octobre 1841 : « Le nombre et la coïncidence des faits qu'on a eu à déplorer ont jeté dans les esprits de vives alarmes. On se demande avec anxiété si toutes ces atteintes à la paix publique, ces luttes qui ont ensanglanté plus d'une ville et l'attentat du 13 septembre ne sont pas des manifestations de la même cause, des scènes du même drame, s'il ne faut pas y reconnaître une pensée unique, une vaste organisation, l'annonce de combats qu'on veut à tout prix livrer à la monarchie, à la propriété, à l'ordre social. »

La coupure entre le pays légal et le pays réel n'a jamais semblé aussi grande. Le socialisme se diffuse, classes laborieuses et

(18) *Moniteur*, 12 avril 1842.

dangereuses semblent de plus en plus menaçantes. Du fond de leurs prisons, les Blanqui, Bernard, Barbès, Louis-Napoléon Bonaparte rappellent qu'il existe des alternatives à la monarchie censitaire. L'heure semble plutôt à la consolidation de l'ordre qu'aux concessions libérales.

2) Questions pénales et pénitentiaires : une nouvelle donne

a) Martin du Nord, le « mal aimé »

Plusieurs « affaires » ont irrité les opposants, la presse et les salons parisiens. En 1841, des journaux légitimistes publient des lettres de Louis-Philippe. Le gouvernement les poursuit pour faux et l'on s'irrite contre la procédure. Une visite domiciliaire chez un rédacteur en son absence, des journalistes placés au dépôt de la préfecture de police — « au milieu des voleurs faisant parade de leurs crimes » —, les mêmes en préventive pendant un mois à Sainte-Pélagie ; ces vexations irritent et lors des débats de 1842 des parlementaires y font allusion.

Martin du Nord est également attaqué lors des discussions sur l'Adresse en février 1842. Isambert et Billault l'accusent de manœuvres lors de la composition des listes de jury. Le ministère a en effet été ridiculisé par des acquittements en matière politique pendant l'année 1841 ; celui de Ledru-Rollin ne passe pas inaperçu. Le garde des Sceaux s'est efforcé maladroitement d'obtenir des jugements en conformité avec les réquisitions du ministère public.

Le sort des républicains enfermés au Mont-Saint-Michel provoque une agitation jusque dans la Chambre. De 1840 à 1844, lors des discussions du budget de l'Intérieur ou sur la réforme des prisons, le gouvernement est interpellé par Ledru-Rollin, Carnot et La Rochefoucauld-Liancourt : pourquoi sont-ils enfermés dans les loges, pourquoi sont-ils isolés les uns des autres, pourquoi tant de barbarie ? Si c'est cela l'emprisonnement cellulaire, il est néfaste : des prisonniers républicains se sont suicidés ou ont sombré dans la folie.

On peut donc avancer une autre hypothèse sur le dépôt du projet : il peut donner une image moins répressive du ministère en général et du ministre de la Justice en particulier qui est la cible des attaques les plus nombreuses. Ne disait-on pas Martin du Nord accablé au sortir du débat de l'Adresse ?

b) La proximité des débats sur l'emprisonnement cellulaire

Les débats sur la détention préventive se situent entre deux projets de loi sur l'adoption du régime cellulaire dans les prisons : en 1840 un premier projet et le premier rapport de Tocqueville ; en 1843-1844, un second projet, un autre rapport de Tocqueville et le vote par les députés. Les principaux orateurs sur la détention préventive jouent également un rôle majeur dans les débats sur le cellulaire. Peyramont, Chegaray et Parès sont d'ailleurs membres de la commission de 1843 sur les prisons.

La mise au secret occupe une moindre place en 1842 : des voix de plus en plus nombreuses conseillent l'isolement lors des détentions préventives afin d'éviter les corruptions. La préoccupation de la défense sociale est commune aux partisans du tout cellulaire et aux membres du parquet hostiles à toute réforme de la détention avant jugement. Bien des pairs demandent d'attendre la réforme des prisons : elle aussi provoquera des modifications dans les codes. Bousculer trop souvent ces textes serait nuisible.

c) « Enfoncés » les philanthropes !

« Nous sommes loin assurément de nous laisser aller aux tendances philanthropiques qui semblent vouloir détruire au profit des coupables les garanties que réclame la société... » La *Gazette des tribunaux*, en mars 1842, résume le sentiment général. Les partisans du projet comme ses adversaires dénoncent le « sentiment d'indulgence » et accusent la philanthropie : rien n'est plus dangereux que cette philanthropie mal éclairée qui fait qu'on s'apitoie sur le sort des gens qui n'en valent guère la peine pour la plupart, et qui coûtent à l'État plus d'argent qu'il n'en faudrait, sans doute, pour écarter de la voie du mal bien des gens que la misère y entraîne. Heureusement le règne du philanthropisme passe et cède aux idées vraiment efficaces une place trop longtemps usurpée », écrit en octobre 1840 Cerfberr de Medelsheim (19).

Les attaques les plus violentes sont surtout le fait de membres (ou ex-membres) du parquet. Le 11 avril 1842, ils multiplient les dénonciations : Kerbertin se plaint de « l'exagération de philanthropie » qui privilégie l'intérêt particulier et néglige « un intérêt plus important encore, celui de la société toute entière ». Peyramont s'oppose à son influence excessive sur les magistrats et la rend responsable de la croissance de la récidive. Il en vient à regretter les prisons de la Restauration, leurs contraintes et leurs souffrances ; il se console en voyant dans le règlement de 1839 (sur le régime intérieur des prisons) une défaite des philanthropes. « Si vous voyez, dit-il le même jour, une société saturée

(19) *Moniteur*, 3 octobre 1840.

d'indulgence pour les condamnés mêmes, ne craignez pas que les magistrats abusent par trop de rigueur des pouvoirs remis dans leurs mains. Ayez plutôt une autre crainte ; craignez que, dans la lutte qui s'établit entre le sentiment d'indulgence et l'intérêt de la société, celui-ci ne fléchisse (20). »

Les partisans de la réforme ne prononcent plus ce mot, ni le baron Roger, ni Odilon Barrot. Au contraire, ils se défendent d'être philanthropes en soutenant l'initiative gouvernementale. Mot désuet, mot tabou, objet de sarcasmes, la philanthropie n'est plus à l'ordre du jour ; pour reprendre une expression de Roger, on souhaite « fortifier les garanties de l'ordre social et augmenter les pouvoirs des magistrats ». Le temps de l'extension des libertés est révolu et le projet gouvernemental semble « un coup parti trop tard ». On en rencontrera d'autres.

3) Le libéralisme contesté de la Chambre criminelle

Dernier élément de contexte — non le moindre probablement dans l'esprit de tous ces magistrats et des quelques avocats qui animent le débat — : la Chambre criminelle esquisse une interprétation libérale qui se heurte à de vives résistances des cours royales.

D'abord, elle entame l'automatisme de la détention préventive au cas de prévention criminelle. Un arrêt du 8 novembre 1834 (21) admet qu'un mandat de comparution peut suffire et, en 1837 (22), la Chambre criminelle rappelle qu'en toutes matières, la détention préventive doit reposer sur des charges suffisantes.

Ensuite, un arrêt du 25 août 1841 (23), poursuivant une jurisprudence inaugurée le 16 décembre 1811 (24), tend à considérer que la mise en liberté est de droit, et non pas facultative, si caution est offerte dans les cas où elle est possible.

Les juges du fait regimbent contre ces interprétations (25). En 1838 déjà, la Chambre a tenté de leur donner raison en brisant, par voie législative, la nouvelle jurisprudence de cassation. Roger a déjoué la manœuvre en retirant la proposition. Depuis lors, le

---

(20) *Moniteur,* 1842, 763.

(21) JP, 1834, 26, 986 ; voy. aussi Hélie, 1866, t. IV, p. 623.

(22) Crim., 7 avril 1837. *Bulletin*, 1837, 107 ; voy. aussi Hélie, 1866, t. IV, p. 631.

(23) *S.*, 1841, 1, 779.

(24) Cit. *in* Trébutien, 1854, 281.

(25) Notamment Caen, 28, 3, 1838, *S,* 1838, 2, 219.

conflit reste entier. Le gouvernement peut être tenté de le résoudre d'une manière ou de l'autre.

Et, de fait, son projet de 1842 prend position sur les deux points.

4) Le projet de loi et le rapport de la commission parlementaire

Ne toucher aux codes que parcimonieusement... sous cette précaution liminaire — et très caractéristique des réticences de l'époque — le garde des Sceaux, Martin du Nord, propose de modifier le code d'instruction criminelle sur quatre points :

— d'abord combler un vide juridique en organisant la répression des crimes commis à l'étranger par des Français ;

— ensuite règlementer, de manière assez libérale, la réhabilitation ;

— puis endiguer les citations directes en correctionnelle par des parties privées en les soumettant à autorisation du parquet sauf recours en chambre de conseil ;

— enfin modifier le régime de la détention préventive.

Avant de s'attacher à ce seul dernier point, d'ailleurs le plus discuté, disons un mot du troisième qui colore la teneur d'ensemble et permet de situer le projet dans le long terme ; monopoleur des poursuites criminelles, le parquet voit sa compétence beaucoup plus concurrencée en matière correctionnelle, par les administrations spécialisées — Eaux et forêts surtout, Fisc aussi — mais aussi par les parties civiles qui citent directement une affaire correctionnelle de droit commun sur cinq (26). L'irritation commence à sourdre contre cette utilisation privée — comme elle monte contre des jurés trop sensibles aux logiques des sociétés locales — : le projet prétend éviter des poursuites vexatoires contre les citoyens « les mieux famés et les plus probes ». La commission ne le suivra qu'à moitié, se bornant à prévoir une comparution préalable devant le procureur, une fixation de date d'audience et une consignation préalable. Mais quoiqu'il en soit, le trait est significatif : de ce moment date l'évolution vers une justice entièrement professionnalisée, sensible seulement à une logique étatique (27). On commence à se préoccuper de dégoûter les particuliers du risque du combat judiciaire, d'en faire les obligés passifs du parquet, et plus tard, en fait de son auxiliaire, la police (28).

---

(26) Schnapper, 1988.

(27) Bilan de cette évolution, *in* Perrot, Robert, introduction à *Compte général...* pour 1880, rééd., 1989, 15 à 17.

(28) Schnapper, 1988.

En 1842, ce n'est encore qu'une aspiration. Revenons donc à la détention préventive.

Schématiquement, la situation héritée du code d'instruction criminelle peut se résumer ainsi : toujours possible, la détention préventive est obligatoire si la peine encourue est afflictive et infamante ou seulement infamante (sous réserve de la jurisprudence contestée de la Chambre criminelle) ou s'il s'agit d'un vagabond, mendiant ou repris de justice. Elle est généralement brève, mais pas toujours, surtout à Paris. Quant à la liberté provisoire — sous caution d'au moins cinq cents francs — elle est très rare.

Le projet propose cinq modifications essentielles :

— autoriser à se borner à un mandat d'amener voire seulement de comparution, en matière criminelle, donc confirmer la première jurisprudence précitée de la Chambre criminelle, sauf cependant en cas de défaut ou d'absence de domicile ;

— rendre de droit l'admission de caution en matière correctionnelle, donc confirmer aussi la seconde jurisprudence, sauf cependant pour les vagabonds ou repris de justice et pour certains délits ;

— permettre au juge d'instruction de donner mainlevée du mandat de dépôt (29) mais seulement avec l'accord du parquet ;

— réduire à cent francs, le minimum de la caution (30) ;

— prévoir un renouvellement de dix jours en dix jours de la mise au secret.

Le tableau IV-2 permet de comparer avec la teneur des propositions précédentes et de mesurer l'extrême timidité d'un projet qui n'affiche des apparences libérales, déjà limitées, que pour les vider en sous-main de leur substance pratique.

Rapportant le 28 mars au nom de la commission parlementaire (31), Mater évoque les propositions de J.-F. Roger et la juris-

(29) Mandat de dépôt : créé en l'an IX (article 7.L.7 pluviôse) comme titre de contrainte provisoire délivré par le substitut du commissaire du Gouvernement pour s'intercaler le cas échéant, entre le mandat d'amener du juge de paix et le mandat d'arrêt du directeur du jury. Conservé ensuite quand tous les mandats ont été remis entre les mains du juge d'instruction.

Utilisé depuis en pratique à l'égal du mandat d'arrêt et même de préférence pour sa simplicité et son régime juridique sommaire.

Voy. Hélie, 1866, t. IV, p. 635.

Le Poittevin, 1911-1915, t. I, pp. 396-399.

(30) Au lieu des cinquante francs proposés naguère par Roger. En fait, il s'agit seulement d'un plancher et qui, de surcroît, ne joue plus dès que des dommages-intérêts sont envisageables. Le gouvernement provisoire supprimera le minimum sans que la liberté sous caution se développe notablement par la suite.

(31) La commission de la Chambre des députés, désignée le 26 février 1842 comprend :

Parès, ministériel, procureur général près la Cour de cassation ;

Peyramont, ministériel, procureur général près la cour de Limoges ;

(1) *Principe :* prévention correctionnelle limitée à présomptions graves-	sans modification	non	Principe : comme en 1831	non	
(2) *Mandat de dépôt* - d'initiative : LP par JI - avec req : accord du parquet	oui oui - si dissentiment ou partie civile : Ch. Cons.	*mandat de dépôt* d'initiative : LP par JI - avec req : accord du parquet - si dissentiment ou partie civile : Ch. Cons.	*mandat de dépôt* - LP accord MP - si dissentiment ou si partie civile : Ch. Cons.	- d'initiative LP par JI - avec req : accord du parquet - dissentiment ou partie civile : Ch. Cons.	main levée et accord du parquet
(3) *Caution* (vagabonds, mendiants, repris de justice, excl.) minimum à cinquante F LP sans caution si 3 mois (sf opposition MP ou partie civile)	sans modification	*caution* minimum à cinquante F LP possible sans caution caution personnelle (syst. O. Barrot)	*caution* (vagabonds, mendiants repris de justice, excl.) LP possible sans caution personnelle	minimum à cinquante F (sauf amende DI) LP possible sans caution	minimum à cent F
(4) *Appel* refus LP par Ch. Cons.	non	non			
(5) *Mise au secret* - CR à Ch. Cons. 3 j. - prolon. : 5 j. ren. 30 j. -disp. c/ gardiens et JI	oui - 8 j. renouvelables oui	*mise au secret* - CR à Ch. Cons. 3 j. - prolon. : 5 j. renouv. disp. c/ gardiens et JI	*mise au secret* — rapp. à Ch. Cons. 3 j. - 8 j. renouvelables disp. c/ gardiens et JI	ordon. JI pour 15 j. ren.	ordon. JI pour 10 j. ren.
		(6) *erreur sur la person.* proc. évit. transfert (pm)	*erreur sur la person.* pm	autre système n'évitant pas néc. transfert	
			(7) *Liberté provisoire* par [illegible] si accord du MP sauf s'il y a part. civ.		
				(8) LP toujours facultative (briser jurisprudence de cassation de 1837)	LP sous caution de droit sf excep. (vagab., rep. de justice, certains délits) (confirm. mitig. jurisp. cass.)
					(9) mandats de comparu. et d'amener possibles même en mat. *criminelle* (confirm. jurisp. cass.) sf vagabond ou défaut

prudence de cassation. A la caution de droit (32), il trouve des précédents dans l'ordonnance d'août 1539, l'article 21 du t. X de l'ordonnance de 1670, la législation de la Constituante, l'article 222 du code du 3 brumaire an IV et la loi du 29 thermidor an IV. Il rappelle aussi, que cette solution est adoptée dans le contentieux fiscal par l'article 49 de la loi du 24 décembre 1814 ensemble (article 224 de la loi du 28 avril 1816) et en matière de presse (article 28, loi du 26 mai 1819)... une avalanche impressionnante de références vénérables.

5) Les débats à la Chambre basse

Ils se déroulent du 11 avril 1842 au 19 avril pour la partie du projet concernant la détention préventive. Le 19 avril a lieu le vote sur l'ensemble du projet. Il n'y a que deux cent trente et un votants sur environ quatre cent soixante députés, la moitié de la Chambre seulement. Cent trente-trois se prononcent favorablement et quatre-vingt-seize s'opposent ; Martin du Nord obtient l'assentiment d'un quart des députés.

L'analyse des débats permet de mettre en valeur plusieurs points importants (figure IV-1). Les principaux intervenants sont au nombre de trente dont deux ministres, Teste, ministre des Travaux Publics et ancien ministre de la Justice, et Martin du Nord, garde des Sceaux. A quatre exceptions près, ce sont des juristes, magistrats ou avocats. Encore convient-il de relativiser ces exceptions : Roger est certes un propriétaire terrien mais a été avocat aux conseils et connaît bien le sujet ; La Rochefoucauld-Liancourt a publié de nombreux ouvrages sur la réforme des prisons de même que Gustave de Beaumont, ex-magistrat qui a accompagné Tocqueville aux États-Unis pour étudier le système pénitentiaire ; enfin Guyet Desfontaines est un ancien notaire.

Plus de la moitié des orateurs sont des magistrats (dix-sept sur trente) dont quatre procureurs généraux et neuf membres de la magistrature assise. Le total des membres et ex-membres du

---

Vivien, centre gauche soutenant le ministère, ex-ministre de la Justice, ex-procureur général à Amiens ;

Mater, ministériel, rapporteur, premier président de la cour de Bourges ;

Muteau, centre gauche opposé au ministère, conseiller à la cour de Dijon ;

Boudet, centre gauche opposé au ministère, conseiller d'État, ex-secrétaire général du ministère de la Justice ;

Lavielle, ministériel, premier président de la cour de Riom ; Vavin, gauche dynastique, ex-notaire, riche propriétaire ;

Mermilliod, ministériel, avocat, co-propriétaire de la *Gazette des tribunaux*.

(32) Erreur curieuse de la part d'un magistrat, il écrit « de plein droit ».

parquet est plus élevé : douze députés. Et les anciens ministres de la Justice au nombre de trois : Vivien, Teste et Persil. Le ministère public occupe donc une large place dans les débats. Face à lui, il n'y a que huit avocats.

L'âge des intervenants et plus particulièrement des principaux opposants, mérite d'être souligné : si la moyenne d'âge des orateurs (quarante-six ans) correspond à celle de la Chambre (quarante-huit ans), neuf députés ont quarante ans et moins, jeunes procureurs généraux hostiles au projet qu'ils jugent trop libéral et jeunes magistrats de juridictions inférieures partisans d'aller plus loin que le projet.

On assiste lors de la discussion générale, lors des discussions article par article et lors des amendements, à l'émergence d'une double opposition au projet. Une fronde de ministériels, principalement des parquetiers, soucieux de défendre l'ordre, combat le projet et les amendements libéraux déposés par les opposants. La gauche de la Chambre, en accord avec le projet sur plusieurs points, laisse le ministère combattre les opposants de droite sans intervenir mais tente d'obtenir des concessions : limiter la liste des exceptions à la mise en liberté sous caution (amendement Corne), obtenir que les décisions de la Chambre du conseil soient prises à la majorité (amendement Hortensius de Saint-Albin), permettre au prévenu de communiquer avec son conseil après son interrogatoire par le juge d'instruction (amendement Ledru-Rollin), éviter les perquisitions par la police en l'absence de magistrats (proposition non discutée car hors sujet de Chaix d'Est Ange). Les députés de la gauche dynastique ou radicale sortent donc du cadre strict du projet. Ils ne sont pas les seuls. Peyramont et La Tournelle remettent en cause les circonstances atténuantes introduites dans le code pénal en 1832 et Taillandier dépose un amendement supprimant les circonstances atténuantes pour les parricides. Cette sévérité plus grande réclamée par certains, empêche d'améliorer significativement le sort des prévenus comme le souhaite la gauche. Les membres du parquet s'ingénient à pratiquer un amalgame. *La Gazette des tribunaux*, le 12 avril, le regrette : « Il ne s'agit pas de protéger les coupables, protection qui n'existe jamais qu'au préjudice de la société tout entière, mais de donner plus de vérité à ce grand principe de morale et de justice que la présomption est du côté de l'innocence. Sans doute cette présomption, si puissante qu'elle puisse être, devra souvent elle-même céder devant des considérations d'intérêt général, mais toutes les fois que cet intérêt ne parlera pas, il faut qu'elle soit respectée, car c'est quelque chose de sacré que la liberté d'un citoyen. Il ne faut pas oublier que souvent, au bout d'un emprisonnement préventif, se trouveront une profession perdue, une réputation compromise et la ruine d'une famille. »

Commentaire de la figure IV-1

Les interruptions brèves n'ont pas été retenues comme des interventions.

Les articles votés sans discussions non plus, à l'exception de l'article 613 sur le contrôle du secret afin de montrer que les députés sont désormais unanimes sur cette question.

Les signes entourés de noir signalent une opposition au projet : opposition juridique et technique dans quelques cas (Renouard à propos de l'article 93), opposition au libéralisme du projet, opposition à la modération du projet. Même si un signe = est entouré de noir, cela signifie qu'il s'agit d'un accord avec un amendement qui modifie le projet.

On voit apparaître trois ensembles : les partisans du projet au centre du tableau, les opposants au projet principalement situés du côté droit de la Chambre et soucieux de défendre l'ordre social et l'ensemble des députés de gauche souhaitant étendre les libertés et aller plus loin que le projet.

Accord avec le projet ou un amendement.

Opposition au projet ou à un amendement.

Rappels sur les articles et amendements :

Article 91 modifié : faculté donnée au juge d'instruction de ne délivrer qu'un mandat de comparution à des prévenus de délits et crimes s'ils sont domiciliés.

Article 93 modifié : faculté donnée au juge d'instruction de lever un mandat de dépôt dans le cours de l'instruction s'il y a accord du procureur du roi.

Article 114 modifié : pour les faits n'entraînant pas une peine afflictive et infamante, si un prévenu en fait la demande et sur les conclusions conformes du procureur du roi, la Chambre du conseil devra mettre en liberté sous caution.

Article 115 : faculté de refuser la mise en liberté sous caution dans un certain nombre de cas (liste d'exceptions).

Amendement Corne à l'article 115 : limitant la liste des exceptions.

Proposition de Chaix d'Est-Ange : les perquisitions ne pourraient être effectuées par la police en l'absence de magistrats.

Article 130 : faculté donnée à la Chambre du conseil de mettre en liberté en attendant le jugement.

Amendement de Saint-Albin à l'article 133 : pour que les décisions de la Chambre du conseil soient prises à la majorité pour les renvois devant la chambre d'accusation.

Article 613 : limitation et contrôle de la mise au secret pendant l'instruction ; *amendement de Ledru-Rollin* : possibilité de contact entre le prévenu et son conseil après son interrogatoire par le juge d'instruction.

Proposition de Taillandier : supprimer les circonstances atténuantes pour les parricides.

(1) Gustave de Beaumont avait été magistrat du parquet avant son voyage aux Etats-Unis.

(2) Joly avait été procureur général, avait démissionné ou avait été révoqué à cause de ses « opinions avancées ».

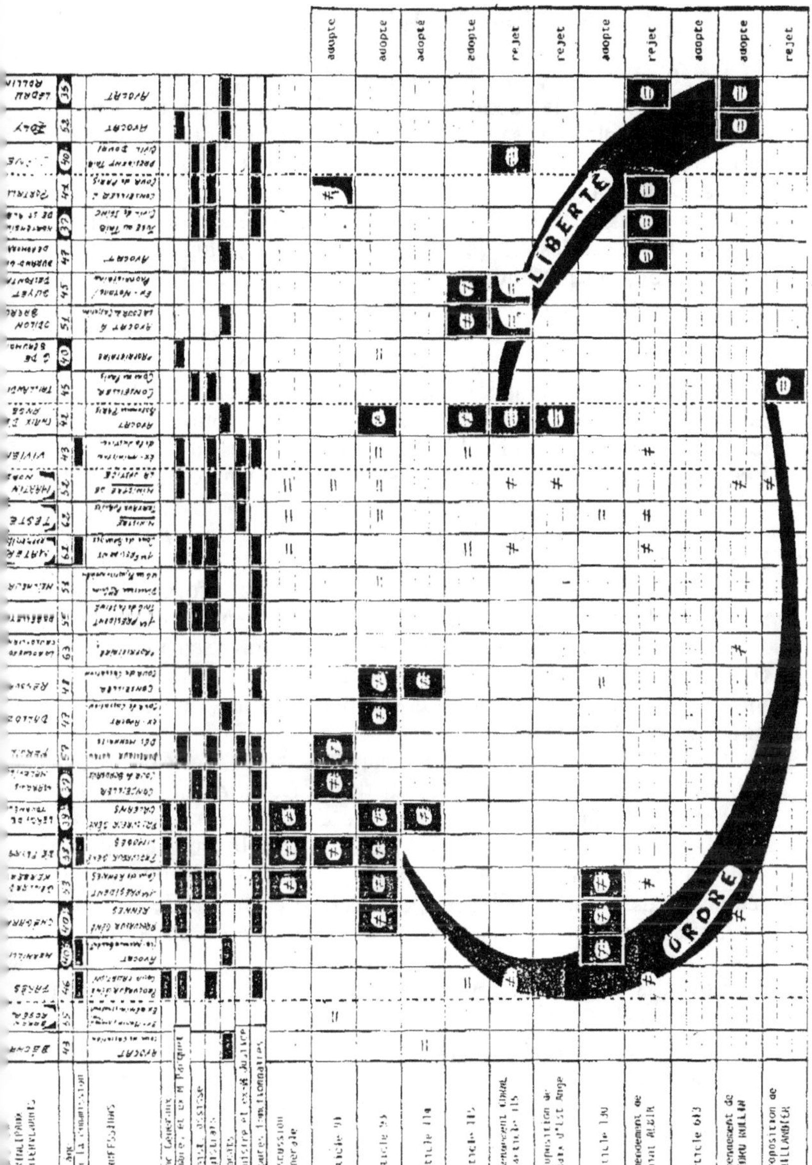

LIBERTÉ
ORDRE
Discussion générale
Article 95
Article 114
Article 115
Article 130
Article 613
Amendement de Saint Albin
Amendement de Ledru Rollin
Proposition de Taillandier
adopté
adopté
adopté
adopté
rejet
rejet
adopté
rejet
adopté
adopté
rejet

6) L'échec final devant les pairs

Le 20 avril 1842, *La Gazette des tribunaux*, tire un bilan de la discussion chez les députés : « Cette loi aurait pu assurément être plus complète, et sans demander la révision entière du code, nous regrettons qu'elle n'ait pas étendu ses réformes d'une manière plus large et plus radicale ; mais telle qu'elle est, elle introduit dans la législation criminelle des améliorations importantes, et il est à désirer qu'elle puisse recevoir, dans le cours de cette session, la sanction de la Chambre des pairs. » Il faut attendre dix mois avant la présentation de la loi et au total plus d'un an pour un vote négatif : soixante-huit pairs s'opposent et seulement quarante-cinq soutiennent le garde des Sceaux.

Le rôle de la commission dans ce rejet est souligné par les journalistes. Nombre de ses membres répugnent à toute réforme et le rapport limite considérablement la portée des modifications. Les sept membres de la commission soutiennent d'ordinaire le ministère (33).

Le ton est donné dès la lecture du rapport de Frank-Carré, le 5 mai 1843. La commission se montre hostile à des modifications et aurait préféré attendre les débats sur la réforme des prisons. Et elle ne comprend pas que le gouvernement reprenne à son compte un cheval de bataille des oppositions. Seuls les « partis » ont réclamé cette modification et il ne faut pas que les crimes politiques servent à modifier des dispositions « impérieuses » pour les droits communs.

Craignant de désarmer la société, la commission dénature le projet selon le mot du chroniqueur de *La Gazette des tribunaux*. Elle rejette la faculté donnée au juge d'instruction de lever un mandat de dépôt, augmente les exceptions à la mise en liberté sous caution, limite les dispositions permettant de contrôler le secret et laisse une possibilité d'opposition à une partie civile ou au ministère public contre une décision de mise en liberté par la Chambre du conseil.

Lors des débats, les adversaires du projet dans la commission

(33) Composition de la commission sénatoriale :

Rossi, proche des doctrinaires, doyen de la faculté de droit à Paris ;

Romiguières, conseiller à la Cour de cassation, le seul partisan de la loi dans la commission ;

Le comte d'Argout, ancien ministre de l'Intérieur ;

Franck-Carré, rapporteur, ex-procureur général à Paris, premier président de la cour de Rouen ;

Bourdeau, ancien ministre de la Justice, premier président de la cour de Limoges ;

Persil, ancien ministre de la Justice, ex-procureur général à Paris ;

Le baron Séguier, premier président de la cour de Paris.

obtiennent le renfort de Boullet, premier président de la cour d'Amiens, hostile à la jurisprudence de la Cour de cassation sur la liberté sous caution. Le garde des Sceaux défend son projet avec l'aide de Merilhou, ancien ministre de la Justice et conseiller à la Cour de cassation. Les articles sont adoptés successivement mais le vote final surprend. La résistance a été plus forte et le conservatisme de cette Chambre nommée peut l'expliquer.

Quoiqu'il en soit, ce résultat se comprend mieux si l'on reprend systématiquement les argumentaires principaux des partisans et des opposants.

7) Comparaison des argumentaires

a) La moindre réforme ruinerait l'ordre

Une poignée de chefs de cours de province constitue le fer de lance des défenseurs de l'ordre, généralement des procureurs généraux — ceux de Rennes, Limoges et Orléans — et le premier président de Rennes, auxquels il faut joindre Persil, ancien procureur général de Paris et ancien garde des Sceaux.

Leur critique est virulente, offensive, globalisante. Elle ne laisse rien passer comme le montre le tableau IV-3. C'est un plaidoyer passionné pour une glaciation : le moindre changement ébranle la justice, ruine l'ordre, détruit la société. Le seul qui serait admissible consisterait à revenir sur toutes les réformes libérales des premières années du régime.

b) La liberté est-elle encore à l'ordre du jour ?

Si on tentait une mesure quantitative des développements consacrés respectivement à l'amélioration du sort des prévenus et aux garanties nécessaires à l'ordre et à la société, le second élément l'emporterait de beaucoup. Cependant cette mesure serait rendue délicate par le fait que même les adversaires du projet invoquent les droits du prévenu, figure obligée d'un discours sur ce thème. Mais ils doivent se soumettre à l'intérêt collectif. Les libertés du prévenu sont donc déconcrétisées et l'expression du baron Roger sur les « vanités libérales » prend ici tout son sens. Les orateurs multiplient les formules stéréotypées : « la liberté, le plus précieux des biens », « un puissant intérêt s'y rattache », etc. Mais jamais ils ne la redéfinissent, ne l'érigent en principe qui ne doit souffrir aucune atteinte. On préfère parler de l'innocent à qui l'on ne doit pas infliger de peine et admettre que dans certains cas, l'intérêt de la société exige de faire fi des principes.

Tableau IV-3 : L'argumentaire des principaux opposants

a) Bouleversement de l'ordre juridique	Contradiction avec obligation de détenir en matière criminelle	Chéragay (PG Rennes)
b) Bouleversement de l'ordre judiciaire	pouvoir quasi-juridictionnel Boullet ministère public	Kerbertin (PP Rennes) (Président ; Pair)
Critiques de magistrats du siège	JI ne peut défaire ce qu'il a fait, ou décider seul affaiblissement contrôle MP et cours royales	— *Id.* + Peyramont (PG Limoges) Chegaray
	démoralisation de la magistrature	Peyramont Chegaray Persil (Pair)
c) Arguments de politique criminelle	favoriser fuites surtout des riches et des puissants	Kerbertin Peyramont Persil (ex PG Paris)
	une loi pour Paris	Chegaray
	intérêt social Liberté honnêtes gens sacrifiés	Kerbertin Peyramont Persil
(Pair)		
	Indulgence philanthropie crime adoucissement augmente prisons	Peyramont
d) Critique politique globale	de la loi de 1832 de l'abaissement du sens du coup porté à l'ordre	Kerbertin La Tournelle Chegaray

JI : juge d'instruction.
MP : ministère public.
PG : procureur général.
PP : premier président.

Le projet, quoique jugé trop timide par les opposants, est soutenu par la gauche dynastique. Odilon Barrot réplique à un orateur qui s'étonne du comportement de son groupe : « Nous serons ministériels tant qu'on voudra, si l'on veut nous fournir toujours de semblables occasions. » (Le 18 avril 1842, réplique à Kerbertin). Une autre fois, il indique : « Nous sommes bien loin de compromettre le sort de la loi, en affaiblissant les garanties qu'il nous propose ; nous avons le désir bien sincère qu'elle soit votée. » Ce soutien critique ne va pas jusqu'à défendre les ministres aux prises avec les procureurs généraux. La gauche accepte le minimum de caution à cent francs alors que précédemment elle soutenait le minimum de cinquante francs proposé par le baron Roger. Elle n'intervient pas du tout sur le contrôle du secret ; parler de torture aurait semblé anachronique.

Il y a cependant quelques timides propositions afin d'étendre la réforme. L'amendement Corne à l'article 115 est l'occasion d'une réelle affirmation de positions libérales. L'article 115 dans le projet et après les travaux de la commission prévoyait une longue liste d'exceptions à la mise en liberté sous caution. Corne propose de limiter les exceptions aux inculpés déjà condamnés pour crime ou à une peine supérieure à un an d'emprisonnement. Dans ces deux cas la liberté sous caution ne serait que facultative, dans tous les autres elle serait de droit comme le proposait la Cour de cassation. Odilon Barrot trouve la nomenclature des exceptions arbitraire, regrette d'y voir les coalitions d'ouvriers, rappelle la dure condition du pauvre placé en préventive. Corne craint également les contacts pernicieux dans les maisons d'arrêt, la dépravation pour les jeunes gens, la rencontre de la « lie de la société », le désœuvrement en l'absence de travail dans ces établissements. L'amendement paraît excessif et dangereux ; il est repoussé. Les propositions de Saint-Albin, de Ledru-Rollin et de Chaix d'Est-Ange auraient pu modifier complètement la procédure avant jugement mais elles sont repoussées par les députés et par les pairs.

On a l'impression que la gauche dynastique a craint un échec. Même incomplet, le projet reprend une partie de ses propositions passées. Les opposants sont donc dans une position inconfortable. Peut-être s'interrogent-ils sur la portée réelle de la réforme. Ils ne sont pas enclins à batailler aux côtés d'un ministère qu'ils doivent affronter quelques mois plus tard lors des élections.

Face à une défense passionnée d'un ordre qu'un rien briserait, les tenants des libertés paraissent timides, sur la défensive, souvent sceptiques.

Un coup d'œil sur la presse confirme ce sentiment. Seul, le *Débat* (ministériel) approuve vraiment le projet. La *France* (intérêts monarchiques) n'en parle pas. Le *National* (fondé par Thiers, républicain depuis 1832) est hostile. La *Gazette des tribunaux* (proche de la gauche dynastique) serait plus libérale que le projet. Le *Siècle* (gauche dynastique) est sceptique et sans illusion sur les mobiles du gouvernement. La *Presse* (Girardin, n'est plus vraiment ministériel depuis 1845) s'interroge sur l'opportunité du projet et ne s'engage pas. On ne trouve aucune vraie mobilisation en faveur de la réforme. Seule la presse d'opposition y serait portée mais le texte de Martin du Nord ne la séduit manifestement pas.

Le temps de l'extension des libertés est révolu, l'esprit de juillet un lointain souvenir, le gouvernement Guizot a fait le choix de l'immobilisme, de la consolidation du régime et de l'ordre social, l'échec final s'inscrit dans cette perspective.

Même si Roger revient à la charge en 1845, même si les cours royales et les écoles de droit consultées se montrent favorables à quelque changement, rien n'est plus possible sous ce régime. Il faudra en attendre un autre et dans un tout autre esprit.

*
* *

1. Travaux parlementaires

Archives parlementaires	3 septembre 1831 : 443-487
	11 janvier 1832 : 1 s
	10 janvier 1835 : 682-756
	19 janvier 1835 : 10-18
	19 janvier 1836 : 646 s
	29 janvier 1838 : 123-177
	22 février 1838 : 50 s
	14/16 mars 1838 : 683-724
Moniteur - Députés	19 février 1842 : 342-343
	28 mars 1842 : 602-604
	11 avril 1842 : 761-765
	14 avril 1842 : 796-801
	15 avril 1842 : 809-816
	18 avril 1842 : 839-846
	19 avril 1842 : 863-868
Pairs	10 février 1843 : 251-254
	19 mai 1843 : 1109-1193
	20 mai 1843 : 1200-1202
	22 mai 1843 : 1216

2. Presse

Siècle	1842-43
Presse	
Gazette des tribunaux	
Débats	
France	
National	

AVOCATS CONTRE MAGISTRATS : LA LOI DU 14 JUILLET 1865 RÉFORMANT LA DÉTENTION PRÉVENTIVE

René LEVY (*)

En février 1865, pour la quatrième fois depuis la restauration du régime impérial, le corps législatif se vit soumettre par le gouvernement un projet de réforme de l'instruction préparatoire relatif à la question de la détention préventive. La philosophie de ce projet laconiquement annoncé par l'Empereur, lors du discours d'ouverture de la session (1), peut se résumer fort simplement : il s'agissait de donner au juge d'instruction la plus entière liberté d'appréciation dans l'utilisation des mesures de sûreté qu'appelait l'information judiciaire. Le juge aurait ainsi dû apprécier l'opportunité d'user de la détention préventive et du cautionnement, qu'il y eût crime ou délit ; il aurait en outre eu le libre choix du moment de sa décision et la faculté de la modifier ultérieurement.

La réforme de la détention préventive apparaît ainsi comme la préoccupation principale des légistes du Second Empire dans le domaine de l'instruction préparatoire (en ce sens Esmein (1882, pp. 572 à 575), pour qui l'instruction était « la partie la plus critiquable » du code). Pour bien apprécier la portée du projet de

(*) Cette étude développe les analyses élaborées par B. Aubusson de Cavarlay, M. Kaluszynski, F. Ocqueteau et R. Lévy à l'occasion d'une présentation de la loi du 14 juillet 1865, dans le cadre du séminaire sur l'économie pénale du GERN. Sa forme présente est néanmoins de la seule responsabilité de R. Lévy.

(1) Voir le procès-verbal de la séance d'ouverture de la session, le 15 février 1865 (p. 6). En réalité, le texte était en chantier depuis plus d'un an, ayant été soumis au Conseil d'État en mars 1864 (selon Picot, 1865, p. 347) et délibéré par celui-ci au cours des séances des 26 et 27 octobre, 3 novembre et 8 décembre 1864 (projet de loi..., p. 187). La question était manifestement dans l'air du temps : de 1861 à 1865, la seule *Revue Critique de Législation et de Jurisprudence* n'avait pas publié moins de douze articles relatifs à tel ou tel aspect de la question, analyses de droit positif ou propositions de réformes d'ampleur variable.

1865, il convient donc de le situer par rapport aux réformes antérieures. Nous montrerons ensuite comment, dans un contexte politique renouvelé, le gouvernement a dû composer avec les forces politiques en présence.

I — LES RÉFORMES ANTÉRIEURES

Le régime avait alternativement recouru à deux techniques dans la politique de réforme de la détention préventive, que le conseiller d'État Lacaze exposait clairement dans l'exposé des motifs du projet (p. 148).

Selon lui, le législateur pouvait agir de deux façons : « 1°) en abrégeant la procédure et par la suite la détention ; 2°) en permettant au juge de n'y recourir que lorsqu'il l'estime indispensable. »

La première démarche avait été employée dans les lois du 17 juillet 1856 et du 20 mai 1863, la seconde dans la loi du 4 avril 1855.

Nous les examinerons brièvement, dans leur ordre chronologique.

1) La loi du 4 avril 1855, essai d'assouplissement de la procédure

La loi du 4 avril 1855 était elle-même l'aboutissement partiel et tardif des efforts déployés sous la monarchie de Juillet par le baron Roger du Loiret, puisqu'elle reprenait le texte du projet du ministre de la Justice Martin du Nord, adopté en 1842 par les députés, mais rejeté l'année suivante par les pairs.

La question avait été une nouvelle fois remise à l'ordre du jour par le baron Roger en 1845, avec l'assentiment de Martin du Nord et de la commission parlementaire chargée de son examen. Mais la Chambre l'ajourna afin que l'on consultât les cours et les écoles de droit. Le conseiller Lacaze, dans l'exposé des motifs du projet de 1855, indiquait que ces dernières s'étaient montrées favorables à la levée facultative du mandat de dépôt. Les choses traînèrent cependant en longueur, peut-être en raison de la démission, en 1847, de Martin du Nord (qui devait décéder peu après). Au cours d'un débat parlementaire, le 9 janvier 1851, le dépôt d'un projet gouvernemental destiné à donner au seul juge d'instruction la possibilité, le ministère public entendu, de donner mainlevée du mandat de dépôt fut annoncé comme imminent (discussion de la proposition Hennequin, 1851, p. 325). Rien ne vint, toutefois, et Lacaze signalait que les procureurs généraux, consultés en 1853 s'étaient également dans leur grande majorité (vingt-deux sur vingt-sept) déclarés favorables à cette réforme. C'est pourquoi, poursuivait-il, « le gouvernement a pensé que le moment était venu de consacrer par la loi une amélioration qui est depuis si longtemps dans les vœux du pays (...) ».

Votée sans opposition mais avec quarante et une abstentions sur un rapport de Nogent-Saint-Laurens, cette loi autorisa le juge d'instruction à donner mainlevée du mandat de dépôt en toutes matières (délit ou crime), sur conclusions conformes du parquet. Cette modification de l'article 94 du code d'instruction criminelle eut pour conséquence de permettre une remise en liberté provisoire même en cas de crime, lorsque la détention reposait sur ce mandat. Par contre, lorsque le juge avait émis un mandat d'arrêt, aux formes beaucoup plus lourdes, donc réputées plus protectrices, la loi nouvelle ne l'autorisait pas à le révoquer. La commission parlementaire, saisie d'un amendement tendant à assimiler les deux mandats, l'avait rejeté au motif que l'existence d'un mandat irrévocable, employé dans les cas graves, protègerait le juge contre les pressions des familles des inculpés et serait « le meilleur moyen de le fortifier contre sa propre faiblesse » (rapport, p. 118). Le même argument avait du reste été invoqué pour justifier l'exigence de conclusions conformes du parquet lors de la mainlevée du mandat de dépôt : « Ce sera une force pour le juge d'instruction contre les influences qui chercheraient à agir sur lui, s'il était complètement isolé, et une garantie de plus pour la justice et la société » (exposé des motifs).

Autre effet de la réforme, souligné par le rapporteur au cours du débat : elle donnait au juge la possibilité de remettre les pauvres en liberté *sans* caution (2).

Le projet initial de 1865 fut explicitement présenté comme un prolongement de cette première réforme, dont il était selon l'exposé des motifs (p. 149), le « développement logique, pressenti et attendu ». Dans l'intervalle, cependant, le gouvernement s'était essayé à une autre démarche réformatrice.

(2) On a, par la suite, reproché à cette loi de placer le juge, en matière criminelle, devant un dilemme. En effet, les textes visant la mise en liberté sous caution l'interdisant en cas de crime, le juge ne pouvait que remettre l'accusé — dont il souhaitait faire cesser la détention — en liberté pure et simple. Cette alternative trop radicale à la détention était considérée comme une des causes de l'échec partiel de la loi de 1855 et le projet de 1865 visait à y remédier (Reynaud, 1863, p. 366 ; Picot, 1863, pp. 411- 412).

2) Les essais d'accélération de la procédure par les lois du 17 juillet 1856 et du 20 mai 1863

a) La loi du 17 juillet 1856

La loi du 17 juillet 1856, adoptée également à l'unanimité des votants, sur un nouveau rapport de Nogent-Saint-Laurens, avait pour objet de supprimer l'intervention de la chambre du conseil, dans le cours de l'instruction préparatoire.

Cette formation collégiale avait pour fonction de clore l'instruction et de décider du non-lieu ou du renvoi devant la juridiction compétente. On lui reprochait de ralentir inutilement la procédure, dans la mesure où le juge d'instruction chargé de l'affaire y avait de toute façon, en pratique, une voix prépondérante, du fait de sa meilleure connaissance du dossier. La loi nouvelle substituait donc le juge à la chambre du conseil, tout en renforçant le contrôle de la chambre des mises en accusation (juridiction d'appel de l'instruction) sur celui-ci. On attendait de la suppression d'une des étapes de l'information une accélération de la procédure et, du même coup, un raccourcissement des détentions préventives.

b) La loi du 20 mai 1863

En instituant une procédure correctionnelle particulière pour les délits flagrants, la loi du 20 mai 1863 visait à soustraire à l'instruction la masse des affaires jusqu'alors transmises au juge d'instruction en raison, non de leur complexité, mais à la seule fin de maintenir les prévenus en détention préventive (Lévy, 1986). L'objectif avoué était donc de décharger les juges d'instruction de ces affaires, ce qui aurait un double avantage :

— une diminution du nombre de mises en détention, ces affaires étant dorénavant jugées presqu'immédiatement ;

— une diminution de la durée des détentions dans les autres affaires en raison de l'allègement de la charge de travail des magistrats instructeurs.

Adoptée à l'unanimité moins neuf voix, cette loi était explicitement destinée à la population flottante des grands centres urbains, auxquels on avait un temps songé à la réserver (v. en ce sens : Rousset, 1862 ; Bernard, 1863), avant d'y renoncer au nom du respect des principes de l'organisation judiciaire française.

II — LA RÉFORME DE 1865 : DU PROJET INITIAL À LA LOI

Cette fois, le gouvernement ne parvint pas entièrement à faire prévaloir ses vues. Le texte finalement voté différait nettement du projet, dans son principe, sur un point important : alors que ce dernier tendait à accroître la faculté d'appréciation des juges d'instruction — escomptant qu'ils en profiteraient pour user moins fréquemment de la détention provisoire —, le texte définitif restreignit au contraire leur marge de manœuvre pour les empêcher dans certains cas d'user de cette mesure de sûreté.

Pour la clarté de l'exposé, nous examinerons en premier lieu les états successifs du projet de loi, dans ses dispositions principales. Puis nous étudierons les différentes positions en présence de leurs arguments. Ceci nous permettra de mettre en lumière l'enjeu sous-jacent à la discussion parlementaire.

1) Les états successifs du texte

a) Le projet initial

Le projet initialement présenté au corps législatif ne remettait pas en cause les réformes antérieures. Son contenu relevait néanmoins plutôt de la première démarche que nous avons décrite : le gouvernement pensait, en effet, la seconde « épuisée », ainsi que l'expliquait l'exposé des motifs :

> « On ne peut pas abréger ou simplifier indéfiniment la procédure. Les délais et les formes sont des garanties pour l'accusation et pour la défense, principalement pour la défense. Mais dans la voie de l'extension des pouvoirs du juge et de sa libre appréciation, le gouvernement pense qu'on peut aller plus loin sans mettre en péril aucun intérêt social (p. 158). »

Quel était en effet, le diagnostic gouvernemental ? Sur la base des statistiques de 1862, le constat était le suivant :

— alors que tous les accusés de crime étaient détenus préalablement, 62 % d'entre eux étaient ensuite acquittés ou condamnés à de simples peines correctionnelles : « c'est-à-dire qu'au plus grand nombre on pourrait, sans faiblesse et sans péril, épargner la détention préalable » (exposé des motifs, p. 157) ;

— en matière correctionnelle, la situation était pire encore puisque seulement un prévenu sur trente était élargi avant jugement (dont le quart d'entre eux sous caution), alors pourtant qu'un quart des prévenus était ensuite acquitté ou déchargé des poursuites.

En conséquence, le projet posait clairement le principe du caractère facultatif, en toutes matières, de la détention préventive et du cautionnement (en cas de maintien ou de mise en liberté

Tableau V/1 : Etats successifs du projet de loi

Projet initial 1865	Amendements Mathieu, Welles de Lavalette, et Alii	Amendements de l'opposition	Autres amendements	Texte de la commission	Texte du conseil d'Etat	Loi	Observations
Principe : DP facultative en toutes matières	*Crime :* DP facultative *Délit :* LP de droit pour prévenus domiciliés, facultative dans les autres cas	*Crime :* DP facultative *Délit :* LP de droit (sans considération de domicile)	AYME : pas de JI âgés de - de 30 ans, et n'ayant pas 5 ans d'ancienneté DARIMON ni DP, ni LP sous caution pour crimes et délits politiques (1)	*Crime :* DP facultative *Délit :* LP de droit, dans certains cas, facultative dans les autres	*Crime :* DP facultative *Délit :* LP de droit dans certains cas, facultative dans d'autres.	Comme texte du C.E.	(1) L'auteur a ensuite exclu les crimes.
Mandats : Le Ji peut : • choisir parmi les divers mandats au début de l'instruction (i.e. ne pas mettre en DP) • d'initiative, mais sur conclusions conformes du Parquet, donner mainlevée du MD et du MA (1) (art. 94 nouv.) • accorder LP sur *requête du prévenu* (le parquet entendu) (2) (art. 113 nouv.) • interrompre la LP à tout moment, si nécessaire	*Crime :* comme au projet *Délit :* • prévenu domicilié mandat comparution uniquement (i.e. pas de DP initiale) Si défaut, mandat d'amener • *exceptions :* (3) repris de justice, flagrant délit : MD ou MA autorisés Le reste : comme au projet	*Crime :* comme au projet *Délit :* mandat de comparution ou mandat d'amener (i.e. pas de DP initiale) *Exceptions :* vagabondage, rupture de ban, flagrant délit (si défaut, mandat d'amener) LP sans caution de droit sur requête du prévenu domicilié ou réclamé par personne domiciliée En cas d'acquittement LP de droit, nonobstant appel	AYME : Supprimer l'exigence de conformité des conclusions du Parquet	*Crime :* comme au projet *Délit :* si domicilié + peine encourue - 6 mois : LP de droit *Exceptions :* Tout mandat possible si : • condamnation antér. crime • condamnation antér. délit si emprisonnement sup. 1 an • flagrant délit (loi 1863) *LP sur requête :* le prévenu et son défenseur entendus à sa demande (4). En cas d'acquittement,	*Crime :* comme au projet *Délit :* si domicilié + peine maximum encourue - 2 ans : LP de droit (5 jours après interrogatoire) (5) *Exception :* • condamnation antér. crime • condamnation antér. délit, si emprisonnement + d'1 an Lp sur requête : l'inculpé peut former observations écrites Acquittement : LP de droit nonobstant appel	Comme texte du C.E.	(1) La loi 4 avril 1855 donnant au *JI la faculté de lever le mandat* de dépôt avait refusé d'y assimiler le mandat d'arrêt. (2) Outre le JI, toute juridiction compétente saisie de l'affaire (Ch. d'Acc. ; T.C. ; Cr. d'Ass.) peut accorder LP (3) Dans la discussion, les auteurs avaient accepté une exception de récidive (cond. à l'emprisonnement + 1 an) (4) Une loi du 30 janv. 1851 avait accordé le droit à un avocat d'office aux indigents poursuivis à la requête du Ministère Public ou en DP ; elle avait également prescrit dans ce cas, la gratuité des citations de témoins. (5) Si le prévenu a initialement fait l'objet d'un MA ou d'un MD

Personnelle : par tiers solvable Aucune exclusion (vagabonds, repris de justice)		• facultative pour non domicilié ; pas de mini ; maxi : 2 000 F					
Appel : • pas d'appel sur décision de l'art. 94 (main-levée d'initiative) • appel possible pour toutes les parties pour décision art. 113 (requête LP du prévenu)				Comme au projet	Comme au projet	Comme au projet	
Imputation de la DP sur la peine (néant)		Imputation de la DP sur la condamnation à l'emprisonnement (1)					(1) Reprend la proposition HENNEQUIN (Ass ; lég. séance 9/1/1851 ; rapport Gasc. 29/10/1850)
Mise au secret (art. 613, al. 3 nouveau) (néant)	Addition à l'art. 613 Mise au secret (1) : • sur ord. Ji transcrite sur registre prison • Proc. Gén. informé • 10 jours renouvelables			Reprend l'amendement Mathieu et alii	Comme texte de la commission	Comme texte de la commission	(1) Texte du projet Martin du Nord, 1842
Surveillance prisons (art. 613 al. 1) (non visé par le projet)				• Suppression de la mention des Com. généraux • Addition des Préfets pour villes – 40 000 hab.	Comme au texte de la commission (autre formulation)	Comme texte du C.E.	

provisoire). Il faut se rappeler que la loi de 1855 n'était parvenue à ce résultat que d'une façon partielle et détournée en autorisant la mainlevée du seul mandat de dépôt. Le projet de 1865 assimilait au contraire mandat de dépôt et d'arrêt, solution vivement combattue par le gouvernement dix ans plus tôt (sur les mandats avant 1865, voir Reynaud, 1863). Il prévoyait deux hypothèses : soit le juge d'instruction prendrait l'initiative de remettre un inculpé en liberté, avec l'assentiment du parquet (comme dans la loi de 1855) ; soit l'inculpé solliciterait son élargissement (l'accord du parquet n'étant pas requis dans ce cas, ce dernier pouvait faire appel de l'ordonnance du juge, tout comme l'inculpé). Seraient, en outre, abolies toutes les restrictions au cautionnement : il n'y aurait plus ni minimum, ni maximum, ni prohibition à l'encontre des vagabonds ou repris de justice (précédemment exclus du bénéfice de cette mesure par l'ancien article 115 du code d'instruction criminelle). Le texte autorisait aussi la caution personnelle par un tiers solvable (3). Enfin, toutes ces décisions pouvaient être rapportées à tout moment par le juge.

Le mot d'ordre de l'exposé des motifs était : « Le juge appréciera. On peut se fier à sa discrétion et à ses lumières, à l'amour du devoir, au sentiment de la responsabilité » (p. 165). Le gouvernement était néanmoins conscient que la réforme serait vaine si la magistrature la refusait, et la conclusion de l'exposé des motifs paraissait à cet égard d'un optimisme de commande :

> « Sans doute une loi ainsi faite, qui ne s'impose point, aura besoin plus qu'une autre d'assentiment et de concours. A ce prix seulement, elle sera féconde. Mais l'assentiment et le concours ne lui manqueront point : son esprit, conservateur et libéral, est l'esprit même de la magistrature » (p. 181).

La procédure parlementaire de cette époque prévoyait que le projet du gouvernement devait être examiné par une commission désignée au sein du corps législatif. Celle-ci pouvait amender le projet, à la suggestion de ses membres ou des députés qui avaient demandé à en être entendus, mais les amendements n'étaient retenus que sur avis conforme du Conseil d'État. Ce dernier était maître de les accepter, de les modifier ou de les refuser ; dans ce cas, ils ne pouvaient être repris par les députés en séance, ceux-ci devant accepter ou refuser le projet en bloc (Plessis, 1973, p. 31).

Dans le cas présent, la commission, saisie de plusieurs amendements, avait établi un texte qui s'éloignait du projet principa-

(3) Pour un examen approfondi et une critique du système de la liberté sous caution avant la loi du 14 juillet 1865, voir l'étude de G. Picot (1861-1863).

lement sur la portée du caractère facultatif de la détention et sa position avait été avalisée par le Conseil d'État, puis par la Chambre. C'est ce texte amendé que nous allons maintenant présenter.

b) Le projet amendé

Deux ensembles d'amendements principaux avaient été soumis à la commission chargée d'examiner le projet : le premier était défendu par le rapporteur et le secrétaire de cette instance, appuyé par d'autres députés. Le second était notamment cosigné par tous les ténors de l'opposition. Quelques amendements isolés avaient été également présentés par d'autres députés (Aymé de la Herlière, Darimon). Le tableau n° 1 indique les différents états du texte et le contenu des amendements.

L'amendement du rapporteur Mathieu et celui de l'opposition étaient proches, ce dernier se distinguant surtout par son caractère plus radical. Tous étaient d'accord sur un point : si l'on voulait remédier à l'excès de détention préventive, il ne suffisait pas de la rendre absolument facultative ; il fallait aller plus loin, c'est-à-dire la prohiber dans certains cas. En conséquence, les deux parties admettaient qu'en matière criminelle, la liberté fût facultative, mais exigeaient qu'elle fût de droit, c'est-à-dire automatique, *en matière délictuelle* (sous certaines conditions).

Le principe de la liberté provisoire de droit en matière correctionnelle avait déjà été posé dans le projet de 1842, mais il avait été assorti de tant de restrictions que, selon l'exposé des motifs du projet de 1865 (p. 170) « ces cas exceptés forment la plus grosse part de la répression correctionnelle. » La liberté était en outre subordonnée à une caution, le projet de 1845 reprenait la même idée en diminuant le nombre de restrictions (les coups et blessures n'y figuraient plus). En 1850, une proposition, que la Chambre avait refusée, à l'issue d'un débat, de prendre en considération, avait purement et simplement proposé d'interdire l'emprisonnement préventif en matière correctionnelle et de presse et de ne l'autoriser, en cas de crime, que sur l'avis d'un jury spécial cantonal (proposition Morellet et autres). La question avait ensuite continué d'être agitée par les jurisconsultes. Lefèvre-Pontalis, en 1860, l'avait reprise à peu près dans les termes de 1845 (liberté provisoire sous caution de droit en matière correctionnelle), en limitant les exceptions à certains délits « reconnus plus dangereux » (qu'il s'abstenait néanmoins d'énumérer) et au flagrant délit (Lefèvre-Pontalis, 1860, pp. 962-966). Bonneville de Marsangy (1864, pp. 482-483) quelques années plus tard, proposait « la prohibition de détenir préventivement (hors le cas de récidive ou d'insoumission aux mandats de comparution et d'amener), les domiciliés, prévenus de délits passibles d'une simple amende ou d'un emprisonnement moindre de trois mois ; et les femmes domiciliées inculpées de simple délit. »

En 1865, si les signataires des principaux amendements se rencontraient sur le principe de la liberté de droit, tout en allant plus loin que leurs devanciers, ils se séparaient sur les modalités de sa mise en œuvre.

Les membres de la commission se seraient contentés d'une liberté de droit pour les prévenus domiciliés, pourvu qu'ils ne fussent ni repris de justice, ni arrêtés en flagrant délit. Dans ces derniers cas, ou s'ils n'étaient pas domiciliés, les prévenus seraient retombés sous le régime de la mise en détention facultative. Le cautionnement aurait par contre été facultatif dans tous les cas. En outre, l'amendement tendait à réglementer plus strictement la mise au secret.

L'opposition aurait par contre souhaité établir des conditions plus rigoureuses pour le juge : la liberté serait automatique sans considération de domicile (mais sous réserve que le prévenu ne fût ni vagabond, ni en rupture de ban, ni saisi en flagrant délit, auxquels cas le juge aurait retrouvé sa liberté d'appréciation) ; en outre, le cautionnement serait prohibé lorsque le prévenu ainsi laissé en liberté serait domicilié et, dans les autres cas, il ne pourrait excéder deux mille francs. Elle ajoutait, d'autre part au projet en prévoyant que la durée de la détention provisoire serait imputée sur l'éventuelle condamnation à l'emprisonnement (reprenant une proposition d'Hennequin de 1850) et qu'en cas d'acquittement la remise en liberté serait accordée nonobstant appel.

Les amendements isolés visaient l'un à prohiber l'usage de la détention préventive et de la liberté sous caution en matière de crimes et délits politiques (Darimon, auteur de cet amendement, le restreignit par la suite aux seuls délits) et l'autre à soustraire au bon vouloir du parquet la remise en liberté décidée par le juge de sa propre initiative. Aymé de la Herlière, auteur de cet amendement, en avait aussi déposé un autre visant à réserver les fonctions de juge d'instruction à des magistrats âgés de plus de trente ans et ayant au moins cinq ans d'ancienneté (il fut rejeté par la commission comme étranger à l'objet du projet).

Le texte initialement établi par la commission et soumis au Conseil d'État retint le principe de la liberté de droit en matière délictuelle, rompant ainsi avec la philosophie du projet gouvernemental, mais en soumettant le bénéfice de cette disposition à des conditions plus étroites que ne le proposaient les amendements.

Le maintien en liberté perdrait en effet son caractère automatique si l'une des conditions suivantes était remplie : absence de domicile, peine minimum encourue supérieure à six mois, arrestation en flagrant délit, condamnation délictuelle antérieure à une peine supérieure à un an d'emprisonnement, condamnation criminelle antérieure.

D'autre part, ce texte prévoyait que le prévenu qui solliciterait sa mise en liberté pourrait être entendu, ainsi que son défenseur, alors que le projet gouvernemental prévoyait seulement l'intervention du parquet. Il retint aussi la proposition de l'opposition concernant le caractère non suspensif de l'appel frappant un jugement d'acquittement, avec cette réserve que la cour d'appel pourrait ordonner le maintien en détention. Par contre, le texte ne traita pas de l'imputation de la détention sur la peine, et ne modifia pas le régime de la caution (se contentant sur ce point d'admettre conformément à l'amendement Mathieu, que la caution ne garantirait pas les réparations civiles). Il admit cependant les modifications relatives à la mise au secret, contenues dans l'amendement Mathieu.

Ainsi rédigé, le texte de la commission fut soumis à la censure du Conseil d'État, avec lequel les membres de la commission furent contraints de négocier. L'état final du projet, soumis au vote des parlementaires, ne différait du texte de la commission que sur quelques points :

— au lieu de bénéficier à quiconque n'encourait pas une peine dont le *minimum* serait supérieur à six mois d'emprisonnement, le maintien de droit en liberté ne s'appliquerait qu'à ceux pour qui le *maximum* encouru serait inférieur à deux ans. Cette modification visait, selon le rapport Mathieu (p. 589), à empêcher que la détention provisoire ne fût exclue dans le cas de l'abus de confiance — puni d'un emprisonnement de deux mois à deux ans ;

— la remise en liberté ne devrait intervenir qu'au bout de cinq jours si l'inculpé avait fait l'objet d'un mandat d'arrêt ou de dépôt (4) ;

---

(4) Ce délai de cinq jours pourrait bien résulter d'une concession faite aux pratiques policières parisiennes. Dans son étude consacrée à la liberté sous caution, l'avocat G. Picot (1863, pp. 421 et 422) rappelait que d'après les termes du code, tout homme arrêté devait être présenté au juge d'instruction dans les vingt-quatre heures, et il décrivait le fonctionnement réel du tribunal de Paris :

« A Paris, les lenteurs du double interrogatoire devant le commissaire de police et à la préfecture portent à quarante-huit heures environ le délai moyen qui s'écoule entre l'arrestation de l'inculpé et l'entrée du procès-verbal dans le cabinet du juge. C'est là une situation déplorable qui, dès le début, tend à vicier la mise en liberté provisoire. Chacun sait que très fréquemment les premières explications données devant un magistrat, l'indication exacte du domicile du prévenu, changent en un instant l'aspect de la poursuite. La détention préventive avait paru indispensable à un fonctionnaire subalterne ; pour un juge éclairé, elle est évidemment superflue. Or la décision du commissaire de police subsiste irrévocablement pendant trente-six heures au moins, et quelquefois pendant trois ou quatre jours (...). Dans

— en cas d'acquittement, la liberté serait de droit, sans possibilité de décision contraire de la cour d'appel ;

— le Conseil d'État accéda au souhait de l'opposition en excluant la caution dans les cas où la remise en liberté serait de droit.

C'est ce texte qui fut finalement voté par le Corps Législatif, non sans un débat assez âpre et quelques péripéties, que nous allons maintenant évoquer.

2) Les débats

Par comparaison avec les précédentes réformes de la détention provisoire, les débats furent assez prolongés ; ils s'étalèrent sur cinq séances : 27, 29, 30, 31 mai et 28 juin 1865. L'intervalle qui sépara les deux dernières fut causé par un incident manifestement imprévu : à la suite d'un débat assez confus sur l'article 613, alinéa 1 qui énonçait à quelles autorités administratives incombait la surveillance des prisons, l'ensemble du projet dut être ajourné, afin que la commission pût élaborer une rédaction plus acceptable.

Il serait fastidieux de relater par le menu l'ensemble de cette discussion très fournie. Aussi nous concentrerons-nous sur les principales questions débattues et leurs enjeux. On peut à cet égard distinguer un débat principal — qui a trait aux modalités de la mise en détention — et deux débats secondaires relatifs à deux questions connexes et récurrentes, celle de l'imputation de la détention sur la condamnation et celle de la mise au secret en cours d'instruction. Chacune de ces discussions posait, à sa façon, le même problème de fond : celui de l'étendue des pouvoirs qu'il convenait de conférer au juge d'instruction. C'est une divergence sur ce point qui distinguait le texte établi par la commission de celui qu'avait élaboré le gouvernement. En ralliant le Conseil d'État — c'est-à-dire le gouvernement — à sa position, le rapporteur Mathieu et ses cosignataires, soutenus par l'opposition de gauche, déplacèrent la ligne habituelle de clivage politique en la reportant au sein même de la « majorité dynastique ».

---

l'organisation actuelle de la police judiciaire à Paris, la mise en liberté provisoire est, à vrai dire, suspendue pendant toute la première partie de la détention (...). Tant que la préfecture de police s'attribuera le droit de vérifier les procès-verbaux et de retenir entre ses mains, sans le contrôle d'un magistrat inamovible, les individus arrêtés pour les soumettre à des constatations et à une enquête dont elle n'aura de compte à rendre à personne, une loi sur la mise en liberté provisoire ne pourra jamais atteindre le résultat que nous souhaitons et qu'il est donné à d'autres pays de lui voir produire. »

a) Le débat central : les modalités de la mise en détention

Face au gouvernement, trois positions allaient donc se manifester : celle des membres de la majorité favorables à une limitation du pouvoir du juge, regroupés autour du rapporteur Mathieu ; celle de l'opposition qui défendait une conception proche de la précédente, quoique plus radicale ; celle des défenseurs de la loi en vigueur, qui faisaient également partie de la majorité fidèle au régime. Nous avons déjà présenté les dispositions défendues par Mathieu et par l'opposition. Voyons maintenant leurs arguments et ceux de leurs adversaires, à propos des différentes questions débattues.

Les signataires de l'amendement Mathieu (5)

Les signataires de l'amendement Mathieu formaient un groupe assez hétérogène de six députés. Deux d'entre eux étaient avocats :

— Auguste Mathieu lui-même, le rapporteur, seul d'entre eux à s'exprimer publiquement. C'était un avocat assez réputé, membre du conseil de l'ordre depuis 1849 et qui avait plaidé dans des affaires importantes (le procès Orsini notamment). C'était un parlementaire jeune, élu à trente-neuf ans en 1863 et qui n'était pas un bonapartiste de la première heure, bien qu'il eût été élu avec le soutien du gouvernement. Il avait, du reste, été candidat républicain (et malheureux) à la Constituante de 1848 (Williams, 1975, 80) ;

— l'autre avocat était Maurice Richard. Agé de trente-trois ans, élu indépendant en 1863, il était proche d'E. Ollivier, dont il suivit l'itinéraire politique jusqu'au gouvernement de 1870 (il fut ministre des Lettres, Sciences et Beaux-Arts). Pour l'heure, il siégeait au « centre gauche ».

Les autres signataires étaient :

— un notable savoyard de quarante-trois ans, César Bartholoni, élu en 1860 et membre de la majorité dynastique ;

— un dignitaire de la Cour, le comte d'Ayguesvives, écuyer et chambellan de l'empereur depuis 1854. Député de Haute-Garonne depuis 1863, issu d'une vieille famille de robe toulousaine ;

— un auditeur au Conseil d'État, Henri-Armand Rolle ; élu de 1863, membre de la majorité, il ne se signala qu'en 1869, lorsqu'il signa l'interpellation des cent seize (ce qui traduisait tout de même des aspirations libérales, quoique tardives).

---

(5) Les renseignements biographiques concernant les parlementaires sont tirés, sauf mention contraire, de Robert et Cougny (1889) ou Robert, Bourloton et Cougny (1890).

Bartholoni et Ayguesvives, qui rétrospectivement, apparaissent comme très liés au régime, ne se singularisant ni par leur passé politique, ni par leur évolution après 1865, ne votèrent pas le texte définitif, le premier se faisant excuser, le second s'abstenant.

Enfin, on trouvait au côté de Mathieu un personnage qui, par ses relations familiales, pouvait constituer un atout non négligeable. Il s'agissait du comte Samuel Welles de Lavalette. D'origine américaine — ce qui le rendait peut-être sensible aux questions relatives à la liberté individuelle —, ancien diplomate des États-Unis, il avait été naturalisé français en mai 1863, juste à temps pour se faire élire député aux élections du 1er juin, avec l'appui du gouvernement, à l'âge de vingt-neuf ans. Il faut dire qu'il avait épousé la fille de Rouher, lequel joua un rôle croissant à partir de 1863 et devint après la mort de Morny (mars 1865) le personnage-clé du régime. Welles de Lavalette était, en outre, le fils adoptif du marquis Charles de Lavalette (1806-1881), devenu le 20 mars 1865, ministre de l'Intérieur, par la grâce de Rouher (Seignobos, 1921, p. 47). La promotion de ce diplomate de carrière intervint à peu près au moment où la commission, — dont son fils adoptif était le secrétaire — se réunit pour examiner le projet de loi. Nous ignorons cependant quel rôle précis Welles de Lavalette joua, dans la mesure où il n'intervint pas publiquement ; il vota cependant en faveur du texte amendé.

En fait, de tous les cosignataires, seul Mathieu, en sa qualité de rapporteur, joua un rôle public ; voyons en quels termes il le fit. Alors que l'exposé des motifs défendait le projet au nom du discernement des juges, le rapporteur prit le contre-pied de cette argumentation :

> « Non ! Il faut dire avec une franchise qui ne peut blesser personne, la magistrature, obéissant en cela à des scrupules respectables, à des traditions invétérées, considère comme un mal tout ce qui, favorable à la liberté, enlève à la détention préventive son caractère de droit absolu. »

En agissant ainsi, les magistrats n'obéissaient pas, selon lui, « à un système préconçu de rigueur systématique », mais faisaient preuve d'un excès de précaution, « d'une habitude de prévention » (6). Ce préjugé naissait de leur « contact pour ainsi dire

(6) Ce thème n'était pas nouveau : dans un ouvrage qui avait eu un certain retentissement à l'époque dans les milieux judiciaires (il fut, par exemple, mentionné dans les débats relatifs à la loi du 20 mai 1863 (Derome, 1864, p. 69)), un juge d'instruction parisien, Ernest Bertrand, expliquait, à propos des abus de la détention préventive, qu'il fallait en chercher la cause non pas tant dans la législation, mais dans la façon dont ses collègues l'appliquaient. « En France, écrivait-il, les corps judiciaires restent un peu en dehors du mouvement des mœurs générales ; ils ont conservé quelque chose de la raideur de l'ancienne magistra-

permanent avec ce que la société renferme de perversité et de désordre » et il leur faisait voir en tout prévenu un coupable qu'il était prudent — voire commode — d'incarcérer. Et ce préjugé était d'autant plus fort que le juge était plus jeune « car la préoccupation de sa responsabilité » grandissait « avec le sentiment de sa faiblesse ».

Dans ces circonstances, pouvait-on attendre un remède du projet gouvernemental ? Mathieu ne le pensait pas,

> « car son principe, ne différant pas de celui de la loi en vigueur, devrait produire des effets identiques ; à moins, comme on nous l'a dit, que la magistrature, s'inspirant de la pensée du législateur, ne se laissât pénétrer par un esprit favorable à la liberté provisoire. Mais le passé n'autorise guère de semblables espérances. Pourquoi userait-elle plus libéralement qu'autrefois d'une faculté qui, depuis la loi de 1855 notamment, était pour elle sans limites ? Nous nous sommes dit que l'état de choses actuel se maintiendrait, que le progrès serait insensible tant que la liberté en matière de délits serait une faculté dont le juge dispose, et non un droit pour le prévenu, et que le vrai moyen de protéger la liberté individuelle était de limiter par la loi elle-même les atteintes qu'elle peut subir au nom de l'intérêt public. »
>
> (Rapport Mathieu, pp. 564-566.)

En dépit des critiques dont cette position fut l'objet au cours des débats, le rapporteur ne varia point. Au cours de la discussion générale, il se contenta de protester de sa bonne foi et du profond respect qu'en tant qu'avocat, il vouait à la magistrature (« Depuis vingt ans, je vis à côté de la magistrature, et en échange d'une bienveillance dont je la remercie, je ne lui ai jamais marchandé le respect : mais le respect est inséparable de la liberté et de la franchise (...). » Séance du 27 mai 1865, p. 396). Mais il réaffirma peu après sa conviction « que la cause était la manière dont les lois étaient appliquées par la magistrature » (*ibid.*, p. 397), car « c'est la préoccupation d'un devoir, la préoccupation d'un juste sentiment de responsabilité qui déterminent la conduite des magistrats » (*ibid.*, p. 398). Plus tard, défendant son amendement contre les critiques du député de l'opposition Marie, il ajouta : « Il était nécessaire de faire pénétrer *dans l'esprit un peu rebelle, à mon sens, de la magistrature*, le principe sur lequel repose notre projet de loi (...) » (*ibid.*, p. 410), résistance dont

---

ture parlementaire, et ils apportent dans leurs fonctions une certaine sévérité. » Et il ajoutait : « Quelque libérale que soit une loi nouvelle sur les mises en liberté, avec ou sans caution, il est évident que le juge restant libre dans ses appréciations, on n'aura rien gagné tant que les habitudes générales judiciaires en France n'auront pas été modifiées » (E. Bertrand (1863), cité par L.J. Faverie, *Gazette des Tribunaux*, 2 janvier 1863, pp. 7-8).

il voyait la preuve dans l'ineffectivité des circulaires de la Chancellerie (p. 411) (souligné par nous).

L'amendement de l'opposition

L'amendement présenté par l'opposition était signé de onze des dix-sept députés républicains parmi lesquels toutes les célébrités de cette tendance : Havin, propriétaire du journal *Le siècle*, Hénon, Eugène Pelletan, Alexandre Marie, Jules Favre, Ernest Picard, Louis Garnier-Pagès, Alexandre Glais-Bizoin, Jules Simon, Lazare Carnot (7), Pierre-Joseph Magnin. Parmi eux, quatre étaient — ou avaient été — avocats (Glais-Bizoin, Picard, Favre, Marie). Ils furent rejoints par deux autres avocats issus de l'opposition libérale : Paul-Louis-Gabriel Bethmont — fils d'un ex-ministre républicain modéré et hostile à Louis-Napoléon — élu à trente-deux ans en 1865 et siégeant au centre gauche ; Victor Lanjuinais, un ancien ministre d'Odilon Barrot (1849), adversaire du coup d'État du 2 décembre, élu en 1863 et siégeant au « tiers-parti » orléaniste.

Deux d'entre eux seulement, Marie et Picard, prirent la parole, le premier étant le plus actif. Par sa voix, l'opposition appuya « les idées généreuses » du rapporteur, dont Marie disait partager l'opinion concernant la magistrature (séance du 27 mai 1865, p. 399) : « Elle a usé de la faculté de sévir ; elle a négligé l'usage d'une légitime indulgence ; c'est donc à la loi qu'il faut recourir, c'est sous la protection de la loi qu'il faut placer les intérêts de la liberté des prévenus » (*ibid*, p. 405). « Il est bien entendu, affirmait-il plus loin dans le débat, que la magistrature, que la personne des juges n'est pas en cause ; je sais que tous les juges sont animés des meilleures intentions » ; mais celles-ci « n'empêchent pas les statistiques d'indiquer des chiffres effrayants. Pourquoi ? Parce que la responsabilité du juge pèse sur la loi et le pousse nécessairement aux mesures rigoureuses » (*ibid.*, p. 423). Le diagnostic était donc le même que celui de Mathieu, mais les conséquences qu'en tiraient ces députés étaient, quant aux délais des dispositions légales, plus radicales, comme on l'a exposé. C'est ainsi, par exemple, qu'ils s'élevaient contre le délai de cinq jours imposé par le Conseil d'État avant toute remise en liberté, estimant qu'il était trop long, en particulier pour Paris, où ce laps de temps ne serait pas nécessaire à la recherche des antécédents des prévenus (séance du 29 mai 1865, pp. 446-447, mais sur ce point, cf. *infra*, note 4). De même souhaitaient-ils qu'en cas de

(7) La signature de Carnot figure sur le manuscrit de l'amendement (A.N. C1104, n° 183) mais son nom n'apparaît pas dans les documents parlementaires imprimés ; il s'abstint lors du vote final.

désaccord entre le juge et le procureur de la République, dans les cas où la remise en liberté n'était pas de droit, ce fût « l'opinion la plus favorable à la liberté » qui l'emportât (séance du 29 mai 1865, p. 447).

Le libéralisme de ces députés, très accentué en matière délictuelle, ne s'étendait cependant pas aux crimes ; les débats éclairent en effet le silence de leur amendement sur ce point d'un jour particulier. Il ressort d'une intervention d'Ernest Picard que : « pour les prévenus de crime, nous n'avions rien dit, car, à nos yeux, tout accusé de crime peut être dangereux » (séance du 29 mai 1865, p. 429). Et ce député n'hésita pas à se joindre à l'un des plus farouches opposants au projet, Antoine Fabre, qui exprimait la crainte que le pouvoir discrétionnaire du juge ne violât l'égalité des citoyens devant la loi, pour réclamer le renvoi de l'article 91 du projet en commission. Il faut observer que Marie, pour sa part, n'avait nullement fait cette distinction entre crime et délit et avait répondu à Fabre : « Je veux aussi l'égalité, mais l'égalité dans la clémence et non pas dans la rigueur » (séance du 29 mai 1865, p. 423). On ne peut donc exclure qu'il y ait eu quelques failles parmi les républicains ; du reste Jules Simon, Jules Favre et Lazare Carnot ne votèrent pas le projet, le premier s'excusant, les derniers s'abstenant ; Picard, pour sa part, le vota.

Les adversaires de la réforme

Trois députés s'exprimèrent en séance contre le projet amendé par la commission. Tous trois étaient magistrats ou d'anciens magistrats. Il s'agissait de :

— L'ancien premier président de la cour impériale de Grenoble (âgé de soixante-quatorze ans et retiré en 1862), Pierre-Marie Casimir Royer, élu en 1863 dans les rangs de la majorité ;

— Myrtil-Joseph Sénéca, âgé de soixante-cinq ans, qui avait fait toute sa carrière au sein du ministère public, avant d'être, de 1851 à 1853, directeur des affaires criminelles et des grâces, puis jusqu'à sa retraite en 1864, conseiller à la Cour de cassation. Lui aussi siégeait depuis 1863 au sein de la majorité dynastique du Corps Législatif ;

— Antoine Fabre, le plus jeune des trois, né en 1820, qui fut élu à la faveur d'une élection partielle en 1864, alors qu'il était conseiller à la cour de Nîmes et devait quitter le Corps Législatif en cours de législature, en 1868, pour prendre la fonction de procureur général. Il appartenait également à la majorité.

Les plus âgés d'entre eux, au moins Sénéca et Royer, pouvaient se prévaloir de leur ancienneté pour revendiquer le droit de parler au nom de la magistrature toute entière. Entrés dans la carrière en 1827 et 1828 respectivement, ils avaient connu quatre régimes politiques qu'ils traversèrent sans encombres, en dépit des épurations successives. Peut-être leur carrière profita-t-elle indirectement de celles-ci, mais ils ne semblent pas avoir bénéficié de promotions particulières sous le Second Empire, tout en atteignant un niveau hiérarchique élevé (8).

Premier intervenant dans la discussion générale, le député Royer souhaitait se dissocier d'un passage du rapport Mathieu, et ce d'autant plus vigoureusement que, président en titre de la commission, il n'avait pu participer à ses ultimes travaux en raison d'une « indisposition » et ignorait, en conséquence, jusqu'à sa distribution, le contenu du rapport. La protestation visait les phrases mettant en cause la magistrature : « ... accuser la magistrature, les magistrats en général d'user des pouvoirs que leur donne la loi autrement qu'en obéissant à leurs convictions et aux inspirations de leur conscience, contre une semblable imputation, je proteste de toutes les forces de mon âme (...). Gardons-nous, Messieurs, même indirectement, d'affaiblir la confiance et la considération dont jouit à juste titre la magistrature française ; gardons-nous de diminuer son autorité morale, si nécessaire au maintien de l'ordre et à la consolidation de l'Empire » (séance du 27 mai 1865, p. 395), puis ayant ainsi « rempli un devoir », il ne reprit plus la parole et s'abstint lors du vote final (9).

---

(8) La carrière de Royer semble avoir connu deux accélérations : après la révolution de 1830, un détour par le parquet (substitut du procureur général, puis avocat général) le fit accéder en sept ans aux fonctions de conseiller à la cour, où il était entré comme conseiller-auditeur (i.e. bénévole) en 1828, parcours que les plus rapides effectuaient, dans la même juridiction, en dix ans au moins (même en passant par la voie rapide de promotion que constituait le ministère public, v. Couailhac, 1987, p. 149). Puis, en novembre 1848, soit peu avant l'accession à la présidence de Louis-Napoléon Bonaparte, il fut promu premier président à la cour de Grenoble, alors qu'il venait tout juste d'y être nommé président de chambre. Toutefois, il acheva sa carrière à ce même poste, quatorze ans plus tard.

Sur le climat ayant entouré l'élection de Royer en 1863 et les manœuvres judiciaires destinées à discréditer son adversaire Casimir Périer, v. Couailhac (1987, pp. 283-289).

Séneca, pour sa part, avait certes obtenu le poste de confiance de directeur des affaires criminelles et des grâces en 1851, mais après avoir déjà occupé deux postes de procureur général (Montpellier et Nancy) ; nommé conseiller à la Cour de cassation en 1853, il occupa cette fonction jusqu'à sa retraite.

(9) C'est vraisemblablement à lui que le rapport Mathieu fait allusion en rendant compte des discussions auxquelles l'amendement a donné lieu, lorsqu'il dit qu'un des membres « n'entrevoyait rien au delà du projet lui-même, de la pensée qui l'inspire, et s'en fiait à la magistrature du soin de le comprendre et d'y conformer ses actes » (p. 567). On peut s'interroger sur le rôle d'un autre membre de la commission, le député Nogent Saint-Laurens. Avocat réputé, partisan de Louis-Napoléon dès le 10 décembre 1848, il fut rapporteur des deux réformes de 1855 et 1856 et fut le principal défenseur de celle de 1863. L'argumentation qu'il avait développée en 1855 était très proche de celle de l'exposé des motifs de 1865 ; or il n'intervint pas publiquement et vota contre le projet modifié.

Les deux autres opposants, plus pugnaces, intervinrent dans la discussion des articles, chacun s'attaquant à un volet différent du projet.

Le député Sénéca se dit d'accord avec les intentions initiales du projet gouvernemental, mais refusait les dispositions ajoutées par la commission qui « enlèvent à la vindicte publique et à l'ordre social de sérieuses garanties ». Il voyait dans la remise en liberté automatique au bout de cinq jours une « faculté exorbitante », qui rendrait fréquemment impossible l'instruction. Et il ajoutait « qu'il faut être logique. Si la société a intérêt à ce que la vérité soit connue, elle a intérêt à ce que le juge, qui peut faire arrêter le prévenu, puisse le retenir » (séance du 29 mai 1865, p. 438).

Sénéca s'appuyait donc sur les exigences de la répression pénale pour récuser les innovations proposées en matière correctionnelle. Fabre s'en prit plutôt aux dispositions nouvelles concernant les crimes, au nom de la « vindicte publique » et de l'égalité devant la justice. Au nom de la première il récusa l'amendement, certes égalitaire, des républicains qui refusaient toute détention préalable en cas de délit ; au nom de la seconde, il rejeta le principe d'une totale liberté d'appréciation que le projet accordait au juge en cas de crime. C'était cette opposition qui l'amena à voter contre le projet, alors qu'il ne s'exprima guère sur les innovations qu'apportait celui-ci en matière correctionnelle. A ses yeux, en effet, le projet exposait le juge à traiter différemment des suspects de condition sociale différente :

> « J'ai été vingt ans dans la magistrature, et je sais que jamais aucun magistrat n'a pu concevoir la pensée d'être injuste ; mais je sais aussi, et je ne fais aucune difficulté de le reconnaître, qu'il est presque impossible au magistrat de se soustraire absolument aux circonstances environnantes, de n'en pas tenir compte, d'échapper complètement à toutes les influences. C'est pourquoi le juge d'instruction, en présence de deux faits égaux, mais de deux coupables inégaux, pourra être amené quelquefois à procéder différemment. J'aime mieux la loi ancienne (...). Je demande l'égalité obligatoire qui soustrait le magistrat à toutes les tentations, à toutes les influences »
>
> (Séance du 29 mai 1865, p. 424).

Il reprenait en somme l'argumentation du gouvernement lorsque celui-ci se refusait à accorder au juge, en 1855, la faculté de lever le mandat d'arrêt.

Par ailleurs, mais moins véhémentement que ses deux collègues, il évoqua ces « reproches que rien ne justifie » adressés à la magistrature et affirma « que vingt ans de profession » lui avaient permis de « constater que ces défaillances n'existaient pas » ; lui aussi s'étonna « que ces défaillances aient pu être considérées comme possibles dans le rapport d'une commission législative » (séance du 29 mai 1865, p. 420 et 431).

Il apparaît donc que si les députés-magistrats étaient tous unis dans la défense de leur corps d'origine, ils divergeaient un peu quant à l'opportunité des différents éléments de la réforme.

La presse de l'époque avait clairement perçu ce clivage : la *Gazette des tribunaux* du 1er juin détectait dans le projet une « défiance blessante pour la magistrature » et approuvait les interventions de Royer et Sénéca, de même que le *Journal des Débats* du 29 juin. A l'inverse, des journaux d'opposition comme *La Presse* ou *Le Siècle*, approuvaient Mathieu d'avoir mis le doigt sur la plaie (10).

Le malaise que ce projet semble avoir provoqué au sein de la magistrature s'était également exprimé en dehors de l'hémicycle. Dans le cadre très officiel des audiences solennelles de rentrée des cours impériales, un certain nombre de hauts magistrats n'avaient en effet pas hésité à critiquer plus ou moins ouvertement soit les intentions prêtées au gouvernement au stade de l'élaboration du texte, soit le projet initial, soit la loi elle-même, après 1865.

Ces magistrats prenaient en général pour cible la liberté de droit : « là est l'utopie, là serait le danger », déclarait, par exemple, l'avocat général de Kerbertin à l'audience de rentrée de la cour de Rennes, le 3 novembre 1864, à propos de la liberté provisoire entendue « comme un droit absolu pour l'inculpé » (Kerbertin, 1864, 43). Le même jour, à Chambéry, le procureur général Mourier — qui était par ailleurs favorable à l'élargissement des pouvoirs du juge d'instruction en matière de détention provisoire — se refusait cependant à admettre que des prévenus, même domiciliés, même n'encourant qu'une brève peine inférieure à trois mois pussent bénéficier d'un droit à la mise en liberté (Mourier, 1864, pp. 10-11).

L'année suivante, la loi étant votée, l'avocat général Martin, s'en prit « aux détracteurs de la détention préventive » qui, « dissimulant le bien qu'on doit en attendre » avaient « exagéré sans mesure le mal qu'elle peut produire » et se lança dans une véhémente défense de « la magistrature contre laquelle on cherchait à dresser l'opinion publique » ; puis ayant dressé un tableau apocalyptique des conséquences d'une éventuelle abolition de la détention préventive, il récusa la distinction que l'on avait voulu faire entre crime et délit, « comme s'il n'était pas des délits qui, plus

(10) L.J. Faverie, *Gazette des Tribunaux*, 1er juin 1865, p. 529 ; *Le Journal des Débats*, 29 juin 1865 ; L. Jarden, *Le Siècle*, 31 mai 1865 ; Eug. Paignon, *La Presse*, 30 juin 1865.

que certains crimes, troublent profondément la société ». Il se consolait néanmoins à l'idée que les dispositions de la nouvelle loi ne visaient en général que des infractions d'intérêt secondaire, cependant que les plus menaçantes d'entre elles pourraient de toutes façons être jugées en flagrant délit (Martin, 1865, pp. 17-29).

En 1867 encore, on trouvait un premier avocat général s'interrogeant, en termes certes très prudents, sur le bien-fondé du droit que la loi de 1865 avait accordé au prévenu (Tenaille, 1867, p 21).

A côté de ces discours, il y en avait cependant d'autres qui approuvaient l'ensemble des nouvelles dispositions (Talandier, 1865 ; Bellet, 1865), mais les prises de positions hostiles ou simplement réservées étaient cependant révélatrices de l'existence d'un désaccord d'une fraction de la magistrature, dans la mesure où les discours habituellement prononcés à l'occasion des audiences solennelles pratiquaient en général, plutôt l'éloge du régime ou l'essai (non compromettant) d'érudition historique (11).

b) Les débats secondaires : l'imputation de la détention sur la condamnation et la mise au secret

Deux autres débats, de moindre portée vinrent se greffer sur le débat principal que nous venons d'évoquer. Le premier fut consacré à la question de l'imputation de la détention préventive sur la peine et le second à la mise au secret. Le projet initial n'évoquait aucune de ces deux questions pourtant régulièrement posées dans les débats parlementaires consacrés à la détention au XIXe siècle. Raison de plus pour leur consacrer quelques développements.

L'imputation de la détention préventive

La discussion sur ce point résulte de son insertion dans l'amendement de l'opposition. Il s'agissait d'une vieille revendication des adversaires de la détention provisoire, qui réclamaient que la durée de celle-ci fût imputée sur la peine, en cas de condamnation. Cette exigence, déjà contenue dans une proposition du député Hennequin en 1850, était fort embarrassante pour les défenseurs de la détention préventive. Tous étaient en effet d'accord quant aux effets néfastes et à l'injustice de cette mesure de sûreté à l'égard

(11) Les archives du ministère de la Justice ont conservé un certain nombre de ces discours de rentrée, sous formes d'opuscules adressés en hommage au garde des Sceaux ou à tel haut magistrat de la Chancellerie. Il ne semble pas que l'administration centrale de la Justice ait cherché à les rassembler systématiquement ; en outre tous n'étaient peut-être pas imprimés. On ne peut donc mesurer précisément, à partir de cette source l'ampleur du désaccord suscité par la loi du 14 juillet 1865.

des inculpés condamnés ensuite à une peine d'emprisonnement, ou pis encore acquittés. La durée totale de détention des premiers risquait du coup, d'excéder le maximum légal de la peine encourue, cependant que les seconds portaient injustement les stigmates d'une détention. C'était là, du reste, l'un des motifs principaux que l'on invoquait à l'appui des réformes successives. Mais, comme l'expliquait le rapporteur Mathieu dans sa réfutation de l'amendement en question, « malgré l'équité de la proposition », son principal inconvénient « c'est de donner à la détention préventive le caractère d'une peine ; elle conduit ensuite nécessairement à accorder au prévenu acquitté une action en dommages-intérêts (...) » (Rapport, p. 580), dont l'évaluation se heurtait à des difficultés pratiques et de principe (fallait-il distinguer la mise en détention fautive ou simplement par erreur ? Comment évaluer le préjudice, et en particulier, devait-on tenir compte de la condition sociale de l'intéressé ? Ne risquerait-on pas d'affaiblir « l'autorité et le respect dus à la justice » (Rapport, pp. 559-560)). Au cours du débat, Mathieu expliqua, en outre, que la commission avait reculé parce qu'elle avait estimé « qu'on serait conduit par une pente fatale, mais nécessaire, à accorder une indemnité moins aux véritables innocents qu'à des accusés qui auraient été acquittés soit par l'habileté de leur défense, soit faute de preuves » (séance du 30 mai 1865, p. 462).

Il faudra attendre plusieurs décennies pour que ces objections soient levées (12), mais on sent bien que, dès cette époque, cette fiction juridique selon laquelle la détention préalable n'est pas une peine avait de plus en plus de mal à s'imposer. Que dit en effet Mathieu ? « Mais si le principe ne peut être écrit dans la loi, il doit être gravé dans la conscience du juge. C'est son devoir étroit de tenir compte au condamné de la détention provisoire qu'il a subie, et ce serait un crime d'infliger le maximum de la peine à celui que les nécessités de l'instruction auraient tenu captif pendant un temps prolongé » (Rapport, p. 580). Cette opinion ne manqua pas d'être relevée comme une attaque supplémentaire contre la magistrature, le député Séneca s'écriant : « Je trouve que cette appréciation du rapport dépasse toute mesure (...) » (séance du 28 juin 1865, p. 542).

La mise au secret

La commission parlementaire avait ajouté au projet du gou-

(12) Le principe de l'imputation a été consacré par les lois du 15 novembre 1892 et du 17 juillet 1970 ; c'est cette dernière qui a admis celui de l'indemnisation en cas de détention abusive. D'autres réformateurs plaidaient néanmoins en faveur de cette double réforme, tel Lefèvre-Pontalis (1860, p. 964) ou Bonneville de Marsangy (1864, p. 473 s.).

vernement une disposition, tirée du projet Martin du Nord de 1842. Curieusement, Mathieu ne la commenta pas dans son rapport. Elle formait le troisième alinéa de l'article 613 du code d'instruction criminelle prévoyant que l'ordonnance de mise au secret devrait être transcrite sur le registre de la prison, que le procureur général devrait en être informé et que l'ordonnance ne serait valide que pendant dix jours (renouvelables). Selon le commissaire du gouvernement Lenormant, ce texte ne faisait qu'inscrire dans la loi les pratiques déjà codifiées par diverses circulaires (séance du 30 mai 1865, p. 459).

Cette disposition fut néanmoins critiquée comme trop timide par deux députés de la majorité. Le baron de Janzé réclamait l'abolition pure et simple du secret, y voyant une forme de torture et estimant que la solidarité de corps « entre tous les magistrats d'un même tribunal » ferait « que le procureur général sera toujours disposé à approuver les décisions du juge d'instruction » (séance du 3 mai 1865, pp. 455-457). Un autre député, Pierre Alexis Corneille, souhaitait limiter la mesure à vingt jours, mais était prêt à accepter davantage, pourvu que le maximum (13) figurât dans la loi (séance du 28 juin, pp. 548-549).

Le député Sénéca, par contre, cohérent dans ses convictions, voyait dans la disposition proposée par la commission la consécration d'un « système de défiance injurieux pour le magistrat », et ajoutait : « Je trouve là la trace de préventions ardentes » (séance du 28 juin 1865, p. 540).

En vertu du droit parlementaire, l'adjonction d'un amendement à un article de loi obligeait à soumettre l'ensemble de l'article au vote. Ce fut la cause du report du vote final du texte au 28 juin, après une interruption d'un mois. L'opposition qui ne participa guère à la discussion concernant l'alinéa trois de l'article 613, du reste adopté par la suite dans sa rédaction initiale, porta son attaque sur le premier alinéa qui énumérait les autorités chargées de surveiller les prisons : elle voulait confier le premier rôle aux maires plutôt qu'aux préfets ou aux commissaires généraux de police. Il s'ensuivit une discussion confuse, à laquelle

(13) Le baron Charles Alfred de Janzé, né en 1822, avait été élu en 1863 et siégeait dans la majorité. Il fut l'auteur de plusieurs amendements libéraux qui lui vaudront le retrait du soutien gouvernemental aux élections de 1869, qu'il perdra. Il poursuivra ensuite sa carrière politique sous la IIIe République, aux côtés des « opportunistes ». Pierre Alexis Corneille, descendant du poète, était né en 1792. Enseignant, puis inspecteur d'académie, c'était un bonapartiste de la première heure qui siégeait depuis 1852 au Corps législatif, où son fils devait lui succéder après sa mort en 1868. Peut-être est-ce le même Pierre Corneille, petit-fils du poète, qui vint, le 1er avril 1849, prier Victor Hugo d'intervenir en sa faveur auprès de L.N. Bonaparte (Hugo, 1872, pp. 139-140).

prirent part un assez grand nombre de députés de tous bords, les uns appuyant le républicain Ernest Picard qui menait cette offensive, les autres convenant que la rédaction de la loi était défectueuse ou obscure (séance du 30 mai, pp. 462-468). L'article, renvoyé en commission le 30 mai, fut remis en discussion le 31 (séance du 31 mai, pp. 511-518), dans une nouvelle version de l'alinéa un. Plusieurs parlementaires de la majorité demandèrent alors l'ajournement de la discussion au nom du règlement de l'Assemblée qui prévoyait qu'un intervalle de vingt-quatre heures devait s'écouler entre la distribution du rapport de la commission et la discussion, à moins que la Chambre ne décidât l'urgence. Un vote négatif intervint sur ce point et le débat, renvoyé, ne reprit que le 28 juin, avec l'adoption de l'article 613, alinéa 1 refondu et de l'alinéa 3 conforme au texte initialement proposé.

Puis intervint le vote final, sur l'ensemble du texte.

c) Le scrutin

La loi fut adoptée le 28 juin par cent quatre-vingt-dix voix pour et vingt-huit contre ; il y eut quarante-huit abstentions et quinze députés ne prirent pas part au vote.

La plupart des membres de la commission se prononcèrent pour le projet à l'exception des deux membres anciens magistrats et d'un avocat. Royer, son président, premier orateur à critiquer le projet en séance, s'abstint. Bûcher de Chauvigné, un légitimiste rallié au régime et qui avait quitté la magistrature à l'avènement de la monarchie de Juillet, se fit excuser. Par contre, il est significatif que le seul avocat membre de la commission qui vota contre, fut précisément Nogent Saint-Laurens, qui avait été l'un des artisans de la politique jusqu'alors suivie en tant que rapporteur des lois de 1855 et 1856 et fervent défenseur de celle de 1863. Un seul autre avocat, Belliard, n'appartenant pas à la commission, le rejoignit dans cette opposition.

Quelques signataires de l'amendement Mathieu (d'Ayguesvives et Bartholoni) et de celui de l'opposition (J. Simon, Lazare Carnot et J. Favre) s'abstinrent ou s'excusèrent.

Les vingt-huit qui n'avaient pas voulu « entrer dans les voies libérales » (selon les termes du journal *Le Siècle*, 29 juin 1865), appartenaient tous à la majorité. Fabre et Sénéca en étaient, bien entendu, et, selon *Le Temps* (30 juin) ce furent « les scrupules conservateurs » de ce dernier qui emportèrent la conviction des autres.

En l'absence d'une analyse systématique de la composition du Corps législatif, il est difficile de caractériser clairement ce groupe de vingt-huit députés. Seize d'entre eux siégeaient au Corps législatif depuis la première législature de l'Empire (1852-1857). Tous, à lire leur notice biographique dans le *Dictionnaire des Parlementaires* ont manifesté une fidélité à toute épreuve à l'Empire et n'ont été tentés par aucune des initiatives prises par la droite libérale après 1865 (y compris Pouyer-Quertier, qui ne se vit retirer le soutien gouvernemental aux élections de 1869 qu'en raison de sa farouche hostilité au libre-échangisme). Parmi eux, se trouvaient aussi Dollfus, gendre d'Haussmann, l'un des fils de l'ancien garde des Sceaux Abbatucci, Adolphe Fould, frère du ministre des Finances. Il s'agit donc manifestement d'une partie du noyau le plus conservateur des partisans du régime impérial.

Ainsi, à chaque stade de la discussion de cette loi, on retrouve l'affrontement entre une coalition de fait de l'opposition de gauche et d'une droite plutôt libérale dont les porte-parole sont des avocats, et d'autre part, une fraction ultra-conservatrice de la majorité, emmenée par des magistrats.

Les interventions de ces derniers, leurs protestations contre la mise en cause de la magistrature, leurs appels aux représentants du gouvernement traduisent la surprise de ceux qui — ayant doublement fait allégeance au régime, à la fois comme magistrats et comme députés — voient le gouvernement céder à leurs adversaires. Et il est légitime alors de s'interroger sur les raisons de cette volte-face gouvernementale.

III — L'ENJEU

1) Le nouveau contexte politique

Une chose frappe immédiatement à la lecture des débats parlementaires : la longueur et la vivacité des discussions tranche singulièrement avec celles des projets de 1855, 1856 et même 1863. A chaque fois, l'affaire avait été rondement menée, en moins d'une journée. Outre le rapporteur et le commissaire du gouvernement, les intervenants avaient été peu nombreux : trois en 1855 et de nouveau en 1863 et dans les deux cas, cela parut encore trop à leurs collègues qui réclamaient la clôture de la discussion ; en 1855, un député ne put obtenir la parole, et en 1863, la même mésaventure arriva au rapporteur Edouard Dalloz lui-même. En 1856, il n'y eut même pas de discussion générale, faute d'orateur inscrit, et le débat se limita à deux interventions lors de la discussion du premier article du projet ! Quant aux votes, les projets de 1855 et 1856 furent adoptés à l'unanimité, celui de 1863 eut neuf opposants (les républicains).

Le débat de 1865 traduit donc bien le regain de vigueur que connut le parlement à cette époque. Le contexte politique n'était plus le même qu'auparavant : cette opposition n'avait obtenu, toutes tendances confondues, que trente-deux sièges, mais la majorité n'était pas aussi unie que naguère. Nombre de candidats officiels avaient été élus grâce aux voix catholiques ou conservatrices et leur docilité n'était plus garantie. En outre, l'aspiration à une évolution du régime s'affirmait avec l'émergence progressive d'un « tiers-parti » d'opposants modérés qui, sans rejeter l'Empire, souhaitaient le voir évoluer vers un régime parlementaire. Cette situation plus mouvante explique que le gouvernement dut composer avec sa majorité, de plus en plus sensible aux sirènes d'un certain « libéralisme » plus soucieux du respect des libertés individuelles (Rougerie, 1970, pp. 458-459 ; Plessis, 1973, pp. 208-210), et dont le programme minimum avait été énoncé par Thiers, le 11 janvier 1864, dans son célèbre discours sur les cinq « libertés nécessaires ». « Ces libertés sont la liberté individuelle (contre la loi de sûreté générale), la liberté de la presse, la liberté de l'électeur (contre la candidature officielle), la liberté de l'élu (droit d'amendement et d'interpellation), enfin la liberté parlementaire (responsabilité ministérielle). En somme, un retour au régime parlementaire avec le suffrage universel » (Girard, 1986, p. 365 ; v. aussi Guiral, 1986, pp. 303-310 ; Rémond, 1982, pp. 118-119).

Dans ce contexte, il n'y a donc pas lieu de s'interroger longuement sur la résistance assez molle que le Conseil d'État semble avoir opposé au zèle réformateur de la commission. Wright (1972), a bien montré d'ailleurs que les conseillers étaient bien souvent orléanistes ; qu'après 1860, ils eurent de plus en plus de mal à faire front à des députés plus aguerris, et enfin — et c'est la principale raison — que, dans les affaires importantes, le Conseil s'effaçait devant le gouvernement.

2) Le régime et ses juges

Et précisément, si le gouvernement a accepté l'amendement Mathieu, peut-être n'est-ce pas uniquement sous la pression d'un rapport de force défavorable à la Chambre. Plusieurs indices laissent à penser que l'on n'était pas loin, en haut lieu, de faire porter la responsabilité des échecs des réformes antérieures sur la magistrature. Nous avons déjà mentionné la conclusion de l'exposé des motifs : le gouvernement n'était pas persuadé que la magistrature concourait efficacement au succès de la réforme même dans sa version initiale. Le doute s'exprimait également dans les interventions des conseillers d'État, en séance. Le conseiller Lenormant expliquait, par exemple, que si certains juges usaient prudemment du mandat de comparution dans les cas où un crime paraissait douteux, « tous les juges ne procédaient pas avec le même discernement », raison pour laquelle la loi devait unifier les pratiques (séance du 29 mai 1865, p. 422). Le vice-président du Conseil d'État Parieu, lui-même, n'hésita pas à justifier l'accord du Conseil d'État à l'amendement Mathieu en ces termes : « l'important c'est de mettre dans la loi quelque chose qui dise au juge quel en est l'esprit et dans quel sens elle doit être appliquée » (même séance, p. 449). C'était bien une manière de dire qu'on doutait des bonnes dispositions spontanées de la magistrature. Du reste, de tels propos n'étaient pas sans précédents : en 1855, l'exposé des motifs de la réforme — signé, entre autres, par Rouher, alors vice-président du Conseil d'État — plaidait pour la révocabilité du mandat de dépôt : le juge « pressé par le sentiment de sa responsabilité, décerne invariablement le mandat de dépôt toutes les fois que les explications fournies par l'inculpé ne lui paraissent pas satisfaisantes et que le titre de l'accusation offre quelque gravité. C'est son droit, *peut-être aussi son devoir* » (*Le Moniteur*, 18 janvier 1855, p. 70 — souligné par nous) (14).

Le vocabulaire était très proche de celui de Mathieu, et la restriction finale significative, quoique très allusive (15). On était loin des hardiesses passées de parlementaires qui, comme le baron Roger en 1845, dénonçaient les « formes légales et judiciaires qui ne garantissent pas suffisamment la liberté des citoyens contre l'arbitraire, l'inertie, les erreurs et les passions des magistrats » (développements de la proposition..., pp. 172-173).

---

(14) Ceci est à rapprocher des termes très nets de la circulaire d'application de la loi du 21 mars 1855, en date du 1er juin 1855 : celle-ci, tout en recommandant aux procureurs généraux de faire preuve de circonspection en donnant leur avis sur la remise en liberté en matière criminelle, leur ordonnait d'exercer la plus stricte surveillance sur les juges d'instruction : « Tous les mois, le procureur général transmettra au garde des Sceaux un relevé sommaire des observations adressées aux magistrats de première instance à raison de la direction et de l'expédition des affaires criminelles, *et il en sera tenu compte, pour ou contre eux*, dans les dossiers des magistrats qui y auront donné lieu » (Gillet et Demoly, 1876, p. 260. Nous soulignons).

(15) Selon Picot (1865, pp. 362-363), les amendements de Darimon et de Marie furent les premiers déposés. On peut se demander si l'amendement Mathieu n'a pas été suscité comme contre-feu à celui de l'opposition, ce qui permettrait peut-être d'expliquer la présence, parmi les signataires, d'« impérialistes » avérés, dont le « libéralisme » n'a guère laissé d'autres traces, et dont certains d'entre eux ont préféré ne pas tirer les conséquences lors du vote. Rien ne permet cependant d'étayer cette hypothèse.

Mais il y avait semble-t-il, une progression dans la critique formulée, quoiqu'encore à mots couverts, par les représentants du gouvernement ; les magistrats, habitués à plus d'égards, ne s'y trompèrent pas. Dès le début de la discussion générale, après que Royer s'en fût pris au rapporteur Mathieu, son collègue Sénéca interpella le gouvernement : « ... Je veux exprimer l'espérance que M. le rapporteur ne donnera pas seul des explications, et que le gouvernement aussi saisira cette occasion de rendre hommage à la magistrature et à l'esprit dont elle est animée » (séance du 27 mai 1865, p. 396).

Auraient ainsi contribué au succès de l'entreprise de Mathieu le poids politique accru des défenseurs de la liberté individuelle et des réserves du gouvernement à l'égard de sa magistrature. Ce dernier pouvait d'autant plus se permettre de mécontenter certains de ses fidèles partisans, dont il avait finalement peu à craindre sur le plan politique, qu'il disposait à leur égard de moyens de séduction importants, de carrière ou honorifiques : Fabre, élu au Corps Législatif en 1864, alors qu'il était conseiller à la cour impériale de Nîmes, le quitta en 1868, lorsqu'il fut nommé procureur général ; Sénéca, pour sa part, fut fait commandeur de la Légion d'honneur en 1867.

3) Une réforme en trompe-l'œil ?

Du reste, et c'est ce qui explique peut-être le mieux le « libéralisme » du gouvernement impérial, la portée pratique de la réforme était faible. En matière criminelle, les juges d'instruction avaient toute liberté : on savait bien où les conduirait ce fameux « sentiment de leur responsabilité », stimulé au besoin par les procureurs généraux. Pour les délits, le droit à la liberté provisoire était limité par le maximum de la peine encourue fixé à deux ans, ce qui ne concernait nécessairement que des infractions assez bénignes : une centaine de délits, selon Parieu (séance du 29 mai 1865, p. 445), parmi lesquels des délits relatifs aux maisons de jeu et au vol de récoltes dans les campagnes ; encore le prévenu devait-il présenter des garanties de représentation.

Toutefois, comme le notait en 1865 l'avocat général Martin, le principal garde-fou résidait dans la loi sur les flagrants délits, votée deux ans auparavant : celles, parmi les infractions visées par la liberté de droit, qui étaient réellement menaçantes pour l'ordre public — « l'outrage, la rébellion sans armes, l'attroupement qui se dissipe » — pourraient aisément être jugées en flagrant délit, car leurs auteurs seraient en général saisis sur le moment (Martin, 1865, pp. 27-28). C'est également cette procédure expéditive qui devait nécessairement s'appliquer à tous les délinquants non domiciliés ou récidivistes (déjà condamnés au criminel ou à plus d'un an d'emprisonnement correctionnel), en un mot à cette « population flottante » des grandes villes (mais aussi des campagnes) qui effrayait si fort la bourgeoisie, en cette époque de grande migration vers les villes (16).

Il faut donc coupler les lois de 1863 et de 1865, pour prendre la mesure véritable de la généreuse rhétorique des réformateurs « libéraux » : la seconde n'était pas destinée à tout un chacun. Il est significatif, de ce point de vue, que les deux lois firent l'objet d'une circulaire d'application commune, datée du 14 octobre 1865. La droite libérale et les républicains pouvaient d'autant mieux se rejoindre sur ce projet de loi qu'ils avaient sur ce point des opinions identiques ; Jules Favre ne déclarait-il pas, lors de la discussion de la loi sur les flagrants délits : « Cette écume de la population qu'on ramasse sur la voie publique (...), tout le monde le reconnaîtra avec moi, est digne de très peu d'intérêt » (Derome, 1864, p. 113). Or c'était là le gros de la « clientèle » des juridictions correctionnelles...

ANNEXE : ARCHIVES, SOURCES PARLEMENTAIRES ET CIRCULAIRES D'APPLICATION

I — Projet de 1845

1) Développements de la proposition tendant à modifier divers articles du code d'instruction criminelle, faits par M. le baron Roger, député du Loiret. Séance du 15 février 1845, annexe n° 17, *Procès-verbaux des séances de la chambre des députés, session 1845*, t. I (26 décembre 1844-15 février 1845), Paris, impr. A. Henry, 1845, pp. 169-194.

2) Dépôt du projet : séance du 6 février 1845, *Procès-verbaux...*, t. I, pp. 351-363.

3) Débats sur la prise en considération, séance du 15 février 1845, *Procès-verbaux...*, t. I, pp. 516-520.

4) Rapport fait par M. Chaix-d'Est-Ange, annexe n° 96, *Procès-verbaux..., session 1845*, t. V (14 au 30 avril 1845, annexes n° 75 à 102), Paris, impr. A. Henry, 1845, pp. 263-299.

II — Proposition Morellet et autres, du 29 juin 1850

1) Rapport fait par M. de Faultrier, au nom de la XIe commission de l'initiative parlementaire, sur la proposition de MM. Morellet et autres membres de l'Assemblée législative, concernant l'emprisonnement préventif.

(16) V. sur ce point Plessis (1973, p. 158), Gaillard (1977, pp. 189 et s.), Lequin (1983, pp. 293-296), Roncayolo (1983, pp. 33-34 et 56-57).

Compte rendu des séances de l'Assemblée nationale législative, t. IX (27 juin au 29 juillet 1850), Paris, Panckoucke, 1850, pp. 140-142.

2) Discussion et scrutin sur la prise en considération : *Compte rendu...*, t. X (30 juillet-15 décembre 1850), pp. 373-379 et 388-389.

III — Proposition Hennequin (1850)

1) Rapport GASC (...) sur la proposition de M. Hennequin, relative à la détention provisoire. Addition à la séance du vendredi 29 novembre, *Compte rendu des séances de l'Assemblée nationale législative,* t. X (du 30 juillet au 15 décembre 1850), Paris, Panckoucke, 1850, pp. 200-201.

2) Discussion sur la prise en considération de la proposition de M. Hennequin..., *Compte rendu des séances de l'Assemblée nationale législative*, t. XI (du 16 décembre 1850 au 31 janvier 1851), Paris, Panckoucke, 1851, pp. 322-325 et 327-329 (scrutin).

IV — Loi du 4 avril 1855

1) Archives nationales, série C 1042 (dossier n° 23).

2) Projet de loi portant modification de l'article 94 du code d'instruction criminelle, précédé du décret de présentation et de l'exposé des motifs, transmis, sur les ordres de l'empereur, par le ministre d'État au président du Corps Législatif ; annexe au procès-verbal de la séance du 15 janvier 1855, *Le Moniteur*, 18 janvier 1855, p. 70.

3) Rapport Nogent Saint-Laurens, Annexe n° 83 au procès-verbal de la séance du 2 mars 1855, *Procès-verbaux des séances du Corps Législatif,* session 1855, t. II (du 26 février au 19 mars 1855), Paris, imprimerie du Corps Législatif, 1855, pp. 107-121.

4) Débats : Compte rendu de la séance du jeudi 8 mars 1855, *Compte rendu des séances du Corps Législatif,* session 1855, tome unique, (du 27 décembre 1854, au 14 avril 1855), Paris, imprimerie du Corps Législatif, 1855, pp. 132-154.

5) Scrutin : séance du 8 mars 1855 et annexe au procès-verbal de la séance du 8 mars 1855, *Procès-verbaux des séances du Corps Législatif,* session 1855, t. II (du 26 février au 19 mars 1855), Paris, imprimerie du Corps Législatif, 1855, pp. 47-53.

V — Loi du 17 juillet 1856

1) Archives nationales, série C 1048 (dossier n° 197).

2) Projet de loi ayant pour objet de modifier plusieurs dispositions du code d'instruction criminelle, précédé du décret de présentation et de l'exposé des motifs transmis, sur les ordres de l'empereur, par le ministre d'État au président du Corps Législatif, *Procès-verbaux des séances du Corps Législatif,* session 1856, t. IV (du 22 au 31 mai 1856), document n° 238, Paris, imprimerie du Corps Législatif, 1856, pp. 301-336.

3) Rapport fait au nom de la commission... par M. Nogent Saint-Laurens, *Procès-verbaux des séances...,* session 1856, t. V (du 2 au 13 juin 1856), document n° 325, Paris, imprimerie du Corps Législatif, 1856, pp. 447-472.

4) Discussion et scrutin *in*

a) Séance du 18 juin 1856, *Procès-verbaux des séances...*, session 1856, t. VI (du 16 juin au 2 juillet 1856), Paris, imprimerie du Corps Législatif, 1856, pp. 39-52.

b) Séance du 18 juin 1856, *in Compte rendu des séances du Corps Législatif*, session 1856, tome unique (3 mars au 2 juillet 1856), Paris, imprimerie du Corps Législatif, 1856, pp. 514-520.

5) Circulaire d'application du 23 juillet 1856 *in Recueil officiel des instructions et circulaires du ministère de la Justice*, t. II (1842 à 1862), Paris, Imprimerie Nationale, 1880, pp. 352-362.

VI — Loi du 14 juillet 1865

1) Archives nationales, série C 1104 (dossier n° 183).

2) Procès-verbal de la séance d'ouverture de la session législative de 1865, *Procès-verbaux des séances du Corps Législatif*, session 1865, t. I (du 15 février au 2 mars 1865), Paris, imprimerie du Corps Législatif, 1865, pp. 1-7.

3) Projet de loi sur la mise en liberté provisoire, précédé du décret de présentation et de l'exposé des motifs. Annexe au procès-verbal de la séance du 16 février 1865, document n° 14, *Procès-verbaux...*, session 1865, annexes, t. I, pp. 146-187.

4) Rapport Mathieu, Annexe au procès-verbal de la séance du 15 mai 1865, document n° 275, *Procès verbaux...*, session 1865, annexes, t. IV, pp. 529-605.

5) Débats :

a) Séance du 27 mai 1865 (pp. 394-413).

b) Séance du 29 mai 1865 (pp. 418-451).

c) Séance du 30 mai 1865 (pp. 453-468).

d) Séance du 31 mai 1865 (pp. 511-518) *in Compte rendu des séances du Corps Législatif*, session 1865, t. II (du 25 avril au 13 juin 1865), Paris, imprimerie du Corps Législatif, 1865.

e) Séance du 28 juin 1865 *in Compte rendu des séances...*, session 1865, t. III, Paris, imprimerie du Corps Législatif, 1865 (pp. 536-556).

6) Scrutins :

a) Scrutin sur l'article 613 du code d'instruction criminelle, annexe au procès-verbal de la séance du 30 mai 1865, *Procès-verbal des séances du Corps Législatif*, session 1865, t. V (du 19 mai au 6 juin 1865), Paris, imprimerie du Corps Législatif, 1865, pp. 115-118.

b) Scrutin sur le projet de loi relatif à la mise en liberté provisoire, annexe au procès-verbal de la séance du 28 juin 1865, *Procès-verbaux des séances du Corps Législatif*, session 1865, t. VI (du 7 juin au 4 juillet 1865), Paris, imprimerie du Corps Législatif, 1865, pp. 223-227.

7) Circulaire du 14 octobre 1865, *Recueil officiel des instructions et circulaires du ministère de la Justice* (t. III, 1863 à 1875), Paris, Imprimerie Nationale, 1883.

LA DÉTENTION AVANT JUGEMENT
LE MODÈLE BELGE : MYTHE OU RÉALITÉ ?

Marie-Sylvie DUPONT-BOUCHAT

En 1940, J. Magnol, professeur de droit criminel, doyen de la faculté de droit de Toulouse, publiait un article intitulé : « Une institution belge qui n'a pas réussi à s'implanter en France : la réglementation de la détention préventive au cours de l'instruction préparatoire ».

En retraçant les grandes étapes du débat français sur la détention préventive, depuis les lois de 1855, 1865, jusqu'à celle de 1933, revue dès 1935 et abrogée en 1939, l'auteur compare l'évolution des systèmes belge et français pour constater qu'à partir d'un même point de départ, le code d'instruction criminelle de 1808, ceux-ci ont évolué dans des sens différents, alors même que les institutions judiciaires étaient fort semblables. La loi de 1933, longuement mûrie, s'inspirait largement du modèle belge de la loi de 1874 qui connut en Belgique un très long règne puisqu'elle ne fut revue qu'en 1973 (1). Au contraire, la loi française de 1933 ne resta en application que deux ans. L'auteur attribue la raison de cet échec à diverses circonstances, propres à la France : le contexte, le caractère technique trop compliqué, mais plus encore la résistance des mentalités judiciaires et de l'opinion publique à un système trop complexe pour les uns, trop favorable aux criminels pour les autres. Les raisons techniques se combinant aux circonstances dans le contexte de l'affaire Stavisky (1933) qui révéla immédiatement les difficultés d'application auxquelles donnait lieu la loi échafaudée selon « le modèle belge ».

Mais de façon plus générale, ce sont les protestations des magistrats, vis-à-vis desquels la loi de 1933 semblait manifester une trop grande méfiance, qui entraînèrent la prompte révision de 1935.

(1) Tulkens, Bosly, 1973-1974.

Enfin, Magnol invoque une dernière raison, de type plus historique, pour expliquer l'échec du modèle belge en France : la persistance dans ce pays du modèle de la procédure inquisitoire :

> « Par une sorte d'atavisme tenant à une tradition juridique plusieurs fois séculaire, on est resté attaché en France, du moins pour la phase préparatoire de l'instruction, au type inquisitorial de procédure... selon laquelle le juge possède, en principe, les pouvoirs les plus étendus » (p. 142).

Dans ce système, la garantie pour l'inculpé réside à peu près exclusivement dans la conscience professionnelle du juge, or le juge est un homme ayant ses faiblesses, ses négligences, ses passions, et l'on comprend, dit Magnol, qu'il faille dès lors lui imposer un contrôle de ses actes, une limitation de ses pouvoirs. C'est ce que faisait la loi de 1933 qui fut dès lors perçue comme une mesure de défiance à l'égard des magistrats (2).

Ainsi, le modèle belge de loi de 1874 qui avait été fréquemment invoqué tout au long des débats qui jalonnent l'histoire de la réglementation de la détention préventive en France, depuis le projet de réforme du code d'instruction criminelle de 1879 (« il faut chercher à s'inspirer du droit belge ») jusqu'au projet de Clémenceau, à travers les débats de 1907-1908 et ceux de 1918-1932 qui aboutirent à la loi de 1933, ne parvint finalement pas à s'imposer.

Mais il n'est pas qu'en France que ce « modèle belge » fut invoqué. En Italie, lors des débats de 1876, c'est à la législation belge que l'on recourt pour justifier la nécessité et la possibilité d'une réforme. A la fois libérale et modérée, prudente et progressiste, la loi belge de 1874, dont les mérites sont défendus par deux juristes belges Pergameni et Thonissen dans le premier numéro de la *Rivista penale* (3), apparaît comme un modèle idéal.

Inversement, si l'on examine les discours qui sont tenus en Belgique, c'est aux modèles français, anglais, voire italien, que l'on fait appel pour justifier la nécessité d'une réforme... La stratégie du recours aux modèles étrangers paraît bien fonctionner dans les deux sens, et ceci amène à poser la question de la circulation, du transfert, des échanges des modèles entre les différents pays.

Un bref coup d'œil sur la chronologie des débats relatifs à la détention préventive, en France, en Belgique, mais également en Italie, en Suisse, en Allemagne, montre que ceux-ci suivent une progression parallèle dans les différents pays, avec une circula-

---

(2) Magnol, 1940, 143.
(3) Pergameni, 1874 ; Thonissen, 1874.

tion des idées et des modèles qui s'alimentent mutuellement par le biais des congrès internationaux et des revues scientifiques, et que le point culminant des débats se situe autour des années 1870, sauf justement en France où ceux-ci s'effilochent et s'éternisent (4).

Si l'on compare plus précisément la France et la Belgique, on peut dégager trois grandes phases pour le XIXe siècle : la première est celle des réformes de détail apportées au code d'instruction criminelle dans les années 1830, tant en France (lois de 1832, 1834, 1836) qu'en Belgique (lois de 1831 à 1839). La deuxième qui couvre les années 1840-1850, voit se dérouler les premiers grands débats sur la détention préventive avec le projet du gouvernement en France (1842), adopté par la Chambre en 1843, mais rejeté par le Sénat la même année. Ce projet alimentera la réflexion de la commission de réforme du code d'instruction criminelle, créée en Belgique en 1846, qui débouchera sur la loi de 1852. Cette loi belge de 1852 sera à son tour invoquée comme « modèle » lors de l'élaboration de la loi de 1865 en France...

Enfin, les années 1870 marquent partout en Europe, un temps fort des débats sur la préventive. Mais alors qu'on aboutit assez vite en Belgique à la loi « modèle » de 1874, les différents projets discutés en France sont sans cesse voués à l'échec. Si le modèle belge s'impose en Italie en 1876, il ne parvient pas à triompher en France, sinon beaucoup plus tard, après la Première Guerre mondiale, en 1933, et pour fort peu de temps. En Belgique, au contraire, la loi de 1874 se maintient jusqu'en 1973, au prix de quelques réformes de détail en 1919 et en 1931, et cela malgré les critiques dont elle faisait également l'objet de la part des magistrats.

La circulation des modèles étrangers est liée à la diffusion des débats nationaux par les revues scientifiques telles celle de la *Société des Prisons* qui évoque la question de la détention préventive à plusieurs reprises entre 1877 et 1903 (5). Les congrès pénitentiaires internationaux abordent le problème du régime à appliquer aux prévenus à Saint-Pétersbourg en 1890 et à Budapest en 1905 (6).

Les hommes qui animent les débats en Belgique sont présents sur la scène internationale, s'inspirant à la fois des modèles étrangers et diffusant les réformes effectuées en Belgique. En 1871,

(4) La détention préventive fait l'objet de débats législatifs à Genève en 1850, à Vienne en 1862 (congrès des juristes allemands), en Hollande en 1864, en Italie en 1865, en Bavière en 1871, en Italie en 1876...

(5) 1877, 1898, 1901, 1903...

(6) Commission pénitentiaire internationale : Saint-Pétersbourg, 1890, pp. 45-46 ; Budapest, 1895, pp. 92-93.

Adolphe Prins, encore jeune avocat, mène une enquête en Angleterre en collaboration avec Herman Pergameni et publie sous le titre *Réforme de l'instruction préparatoire en Belgique* l'exposé d'un système inspiré de la législation anglo-saxonne (7). En 1874, Pergameni et Thonissen exposent dans la *Rivista penale* les principes de la loi belge sur la détention préventive. En Belgique, les débats sont relayés par *La Belgique Judiciaire — La Gazette des Tribunaux* — où les praticiens expriment entre 1863 et 1878 leur opinion et leurs critiques à l'égard des projets ou des lois (8). Au XXe siècle, parallèlement aux débats parlementaires qui se déroulent en France dans les années 1930, la *Revue de droit pénal et de criminologie* publie, entre 1924 et 1950, une série d'articles de criminologues et d'avocats sur la détention préventive (9). Le *Journal des tribunaux* prend le relais entre 1955 et 1966, préparant en quelque sorte la loi de 1973 (10).

Le réseau tissé par les congrès, les revues scientifiques, les nombreuses associations internationales de juristes, facilite ainsi la circulation et la diffusion des idées et des modèles à l'intérieur, mais aussi au delà des frontières de l'Europe. Et ceci mériterait en soi toute une analyse (11). Mais dans le cadre restreint de ce travail, je me bornerai à retracer les grandes phases du débat qui se déroule en Belgique entre 1846 et 1874, date de la « loi modèle » qui restera en vigueur pendant cent ans, jusqu'en 1973. Entre ces deux dates, pas ou peu de débats ; ceux-ci ne concernant d'ailleurs pas à proprement parler la détention préventive mais plutôt le secret de l'instruction. Le système d'instruction contradictoire adopté par la loi française du 8 décembre 1897 va servir de point de départ à une série de propositions et de projets de loi visant à réformer sur ce point la loi de 1874 (proposition Janson-Hymans en 1901, projets des ministres de la Justice Van den Heuvel en 1902 et Carton de Wiart en 1912...). En 1914, Adolphe Prins présente au conseil de législation un rapport sur le projet de révision du Livre I du code d'instruction criminelle où il critique la loi française de 1897 et reprend les arguments déjà évoqués par lui en 1871 sur base du modèle anglais (12). Cette question restera au cœur des préoccupations des réformateurs entre 1919 et 1938. En ce qui concerne la détention avant

---

(7) Wodon et Servais, 1934, p. 224, pp. 231-235.

(8) Slosse, 1863 ; Allard, 1867 ; Bougard, Limelette, De Le Court, 1874.

(9) 1924, 1940, 1951-1953, 1966, 1973.

(10) 1955, 1966.

(11) Ce travail est en cours en ce qui concerne la protection de l'enfance (S. Dupont, M. Kaluszynski, E. Pierre, V. Strimelle ; F. Tétard. *L'enfance en danger : les comités de patronage,* recherche en cours).

(12) Wodon, Servais, 1934, pp. 561-564.

jugement, ce n'est pas la loi qui sera critiquée mais l'application qui en est faite (13). Si bien qu'en cette matière, la chronologie qui s'impose est celle des premiers débats (1846-1874), en liaison directe avec les projets français de 1841-1843 et les lois de 1855 et 1865. J'examinerai successivement les discussions des années 1840 et les projets de la commission de réforme du code d'instruction criminelle qui aboutissent à la loi de 1852. Et ensuite, à partir des critiques formulées contre cette loi, les projets et les débats relatifs à la loi de 1874. Je terminerai en évoquant les réactions et les critiques qu'elle suscita en Belgique, en même temps que la publicité qui lui fut faite à l'étranger et qui lui valut sa réputation de « loi modèle ».

I — LES DÉBATS DES ANNÉES 1840 ET LA LOI DE 1852

1) La commission de réforme du code d'instruction criminelle

En 1846, Van Hoorebeke publie un petit ouvrage intitulé *Considérations à l'appui d'un projet de réforme du code d'instruction criminelle.* L'auteur est avocat et professeur à l'université de Bruxelles. Le contexte est celui de la création d'une commission instaurée par le département du ministère de la Justice pour la révision du code d'instruction criminelle de 1808, « aggravé » par le décret impérial du 3 mars 1810. Considéré par les Belges, encore tout chauds de leur révolution libérale de 1830, comme l'héritage malheureux du régime impérial, ce code de 1808 fera l'objet tout au long du XIXe siècle, de violentes critiques : « dernier et malheureux débris du régime impérial » selon Van Hoorebeke en 1846, ou encore selon Prins et Pergameni en 1871 :

> « Il n'y a qu'une voix aujourd'hui pour condamner le système d'instruction préparatoire établi par le code de 1808... Il est urgent pour la Belgique de mettre résolument la main à l'œuvre et de se donner enfin un système d'instruction préparatoire plus conforme à ses traditions nationales et aux vrais principes de la justice et du progrès (14). »

C'est tout d'abord au nom des traditions nationales, réelles ou supposées, en tout cas réinterprétées par les réformateurs du XIXe siècle, que ces voix s'élèvent pour rejeter le code de 1808 :

(13) Tulkens, Bosly, 1975, pp. 79-119.
(14) Wodon, Servais, 1934, p. 231.

« Dans ce pays accablé trop longtemps sous les lois étrangères, les vieilles traditions germaniques et l'antique respect de la liberté individuelle sont cependant demeurés puissants et vivaces. Rejeter le code de 1808, ce serait faire œuvre nationale, autant que progressive (15). »

La constitution de 1831 — « la plus libérale d'Europe » — a déjà remédié à quelques abus flagrants de ce code en matière de garanties individuelles, liberté de la presse, liberté d'association, mais il faut aller plus loin et éliminer les exceptions qu'y a introduites « le législateur-conquérant » (Napoléon) : prisons d'État, arrestation et détention sans jugement contre « des hommes dangereux qui ne pouvaient être mis en jugement ou mis en liberté sans compromettre les intérêts de l'État (16) ». Dans l'euphorie de la révolution belge triomphante, ces dispositions ne peuvent être perçues que comme une menace pour la liberté retrouvée. Elles sont en contradiction avec le développement de l'esprit public, le progrès des mœurs et la récente conquête par la Belgique de son identité nationale et de nouvelles institutions libérales. Il faut donc liquider les débris du régime impérial (et ceux du régime hollandais, dont on ne parle pas mais dont le souvenir reste cuisant) au nom du respect du principe de la liberté individuelle, tout en restant dans les limites d'un esprit prudent et sage qui vise à concilier les droits de l'accusé avec les intérêts de la société. Ce qui signifie en clair un double objectif, souvent contradictoire, qui entraîne fatalement un double discours où l'accent est mis tour à tour et alternativement sur la nécessité d'une répression plus efficace pour garantir le maintien de l'ordre et les « intérêts » de la société, et d'autre part sur la nécessité de renforcer les libertés individuelles et de garantir les droits de l'accusé.

A l'appui de chacun de ces objectifs, Van Hoorebeke développe une série d'arguments puisés à la fois dans les traditions nationales, les modèles étrangers — les « bons » et les « mauvais » qu'il ne faut pas imiter — les arguments historiques et enfin les besoins de la répression. C'est d'ailleurs par là qu'il commence sa démonstration.

— Nécessité d'une répression accrue :

Les statistiques criminelles, en France comme en Belgique, montrent clairement, dit-il, que plus de la moitié des crimes restent impunis ; d'après les statistiques belges de 1831 à 1839, plus de la moitié des crimes dénoncés échappent à la mise en préven-

(15) Wodon, Servais, 1934, p. 235.
(16) Van Hoorebeke, 1846, p. 2.

tion, et parmi ceux qui sont effectivement poursuivis, le pourcentage d'acquittements varie de 55 à 62 % pour les crimes contre les personnes et de 25 à 30 % pour les crimes contre les biens. Il en va de même en France où selon les statistiques de 1842, 2,5 % seulement des délits seraient punis (17). Par conséquent, même si la réforme doit viser à faire disparaître les entraves inutiles que le code d'instruction criminelle apporte à la liberté individuelle, elle doit également raffermir entre les mains des magistrats les pouvoirs qui leur sont nécessaires pour assurer à la répression plus d'efficacité et plus de certitude (18).

— Les traditions nationales :

Les progrès accomplis par la constitution belge de 1831 — qui instituait « un régime de liberté remarquable pour l'époque » — avaient déjà fait disparaître les dispositions « les plus odieuses » du code : le titre II de la Constitution (« Des Belges et de leurs droits ») (articles 4 à 24) établissait l'égalité des droits et garantissait les libertés individuelles (articles 6 à 13), la liberté de culte et d'enseignement (articles 14 à 17), la liberté de presse et les libertés de réunion, d'association et de pétition (articles 18 à 21). Le rétablissement du jury en matière de délits de presse et délits politiques — supprimé par le régime hollandais — garantissait le retour d'une justice plus équitable. Restaient néanmoins la question des visites domiciliaires (inviolabilité du domicile), et surtout l'emprisonnement avant jugement qui posait le problème des mandats, de la liberté sous caution, du renvoi devant la chambre des mises en accusation, et, au-delà, le secret de l'instruction criminelle, la réhabilitation, etc... C'est sur ces différents points qu'une réforme s'imposait, et, d'ailleurs, la France elle-même venait d'en donner l'exemple.

— Le modèle français (1841-1843) :

La France a, elle aussi, accompli des progrès, par rapport au code de 1808, en abrogeant le délai de la détention préalable et en améliorant les droits de la défense (loi du 28 avril 1832), en rétablissant le jury et le scrutin secret en matière de crimes contre la sécurité de l'État (lois de 1834, 1835 et 1836)... Enfin, et surtout, le projet déposé par le gouvernement en matière de détention préventive, adopté par la Chambre en 1842 mais rejeté par le Sénat en 1843, montre l'exemple à suivre même s'il ne faut pas imiter en tous points le modèle français. Celui-ci, selon Van Hoorebeke, présente en effet le défaut d'être à la fois trop timide, à cause de « l'attachement aveugle et superstitieux » que les conservateurs manifestent par rapport à la loi ancienne, et en même

(17) Van Hoorebeke, 1846, p. 10.
(18) *Id. cod. loc.*

temps médiocre et insuffisant aux yeux mêmes des partisans de la réforme. En outre, il ajoute que le texte en est incohérent car on a « violemment incorporé » des dispositions nouvelles dans le code ancien en méprisant l'harmonie de la législation. Par conséquent, la Belgique « qui est sage » devra éviter de suivre le modèle français en procédant par étapes à des réformes partielles qui devront concilier les intérêts de la liberté individuelle et ceux de la répression et de l'ordre public (19).

Si le modèle français n'est pas l'exemple à suivre, on pourrait se tourner vers l'Angleterre qui représente en matière de garanties individuelles le meilleur modèle.

— Le modèle anglais :

En Angleterre, le juge ordinaire accorde au prévenu sa liberté sous caution dans une infinité de circonstances, les seules exceptions étant la trahison, le meurtre, l'homicide, l'incendie, le vol en flagrant délit. Même s'il est susceptible d'encourir une peine grave, le prévenu peut obtenir sa liberté provisoire sous caution :

> « Sous l'empire de cette législation, la liberté est le droit commun, l'emprisonnement préventif l'exception (20). »

De plus, la caution sert à « éviter » la prison, non à en faire sortir. Voilà donc le « bon modèle ». Cependant, la Belgique n'est pas encore mûre pour adopter tel quel ce modèle :

> « Nous ne demandons pas encore pour notre pays ce luxe de garanties toutes puissantes, nous désirons seulement que l'on proclame dans nos lois criminelles ce principe : qu'un citoyen ne doit le sacrifice de sa liberté à l'intérêt public que lorsque cet intérêt le réclame impérieusement (21). »

Hors ce cas, la liberté n'est pas une faveur, elle est un droit. La question de la détention avant jugement se ramène ainsi à tracer les limites qui doivent séparer la mise en liberté comme droit, de la mise en liberté comme faveur. C'est le contraire de ce qu'avait fait le législateur de 1808 qui définissait *a priori* trois classes d'accusés indignes d'obtenir la liberté provisoire, même sous caution, à savoir lorsque l'accusation risquait d'entraîner une peine afflictive ou infamante, pour les vagabonds et les récidivistes, pour ceux qui auraient pu bénéficier de la liberté provisoire, mais qui « en auraient laissé contraindre la caution en paiement ».

Dans tous les autres cas, c'est le caractère facultatif qui

---

(19) Van Hoorebeke, 1846, p. 19.
(20) Van Hoorebeke, 1846, p. 46.
(21) Van Hoorebeke, 1846, p. 47.

l'emporte : « la chambre du conseil pourra... » Si bien que dans la pratique, on constate des variations extrêmes liées à l'interprétation restrictive, comme dans le projet français rejeté en 1843 où l'article 114 prévoyait que « la mise en liberté sous caution pourra être demandée en tout état de cause » tandis que l'article 115 annulait le précédent en multipliant les exceptions de telle sorte qu'il le vidait de son contenu...

— Les arguments historiques :

Selon Van Hoorebeke, la tradition historique est celle de la liberté provisoire et il s'appuie sur des ordonnances médiévales (1444, reprise dans l'ordonnance de Blois en 1507, puis en 1535) pour justifier cette proposition pour le moins suspecte. Il invoque ensuite, sans transition, le code de 1791 et celui de 1795, ainsi que la loi de brumaire an IX pour affirmer que le véritable héritage français, c'est celui de la Révolution et non celui de l'Empire. Ainsi, le projet français de 1841-1843 aurait dû s'inscrire dans cette tradition. Au contraire, il contient des inégalités flagrantes qui rompent avec le principe fondamental de l'égalité des citoyens devant la loi. Ainsi « cette cruauté véritable » à l'égard des ouvriers qui les exclut du bénéfice de la liberté provisoire. Or, pour eux, la détention préventive est la pire des choses, et elle est laissée à l'appréciation de la Chambre du Conseil (coalitions d'ouvriers) tandis que pour les coalitions de patrons, « bien plus dangereuses », selon l'auteur, la liberté est le droit commun (22). La France a donc rompu avec ses traditions ancestrales et avec les traditions égalitaires de la Révolution pour présenter un projet qui non seulement est plein de lacunes, mais qui, de surcroît, méprise les principes les plus sacrés de l'égalité... C'est donc un mauvais projet que la Belgique ne doit pas suivre.

Celle-ci aura donc à se situer entre la France et l'Angleterre, en choisissant la voie moyenne, prudente et sage, sans être injuste, qui pourrait se résumer comme suit, selon l'auteur :

— la mise en liberté devra être obligatoire quand il s'agira d'un délit correctionnel, quand le prévenu sera dûment domicilié et qu'il pourra offrir un cautionnement « valable » ;

— le renvoi devant la Chambre des mises en accusation se fera devant trois juges décidant à la majorité et non devant un juge unique.

Si Van Hoorebeke se réclame du progrès et de la modernité, en prônant une législation plus « égalitaire », il n'en demeure pas moins attaché aux valeurs sûres de la société libérale belge de l'époque : domicile et argent restent les conditions indispensables pour pouvoir bénéficier de l'avantage de la liberté provisoire ;

(22) Van Hoorebeke, 1846, pp. 55-56.

malgré son discours en faveur des ouvriers, ceux-ci risquent bien de demeurer exclus de ce bénéfice ; par ailleurs, il manifeste la même résistance invétérée à l'égard du juge unique que l'on retrouvera dans tous les débats belges du XIXe siècle (23).

Il s'agit de voir à présent comment ses idées sont reprises dans la loi de 1852.

2) La loi de 1852

Présenté à la Chambre le 23 juin 1851, le projet de loi du gouvernement fait l'objet d'un rapport de Destriveaux le 27 novembre ; il est discuté à la Chambre les 3, 4 et 5 décembre, adopté le 6 par soixante-douze voix contre une. Le baron d'Anethan présente son rapport au Sénat le 30 décembre ; le projet y est discuté les 27 et 28 janvier et adopté avec amendement le 30 janvier. Il retourne à la Chambre où il fait l'objet d'un nouveau rapport de Destriveaux le 6 février et il est adopté, sans discussion, le 10 février par trente-cinq voix contre une.

Ce qui frappe, c'est la rapidité avec laquelle cette loi a été votée : quasi sans discussion et à une écrasante majorité. Le sujet ne passionne pas les foules, ni même les parlementaires, puisqu'il ne soulève aucun débat. Le *consensus* est total et les rares interventions portent sur des détails techniques qui ne parviennent même pas à émouvoir les juristes présents en majorité à la Chambre. Ceux-ci s'énervent à peine lorsqu'un profane — c'est-à-dire un non-juriste — pose une question naïve tel, par exemple, le catholique De Dekker qui s'indigne de ce que les inculpés demeurent parfois plusieurs jours avant d'être interrogés. Le ministre de la Justice lui répond qu'il s'agit là d'un tout autre problème qui n'a rien à voir avec le sujet débattu (24).

Côté contenu, la loi porte sur deux points essentiels : les mandats et la mise en liberté provisoire sous caution. En ce sens, elle reprend les idées exprimées par Van Hoorebeke et témoigne du même esprit. L'exposé des motifs énonce dans les mêmes termes les deux objectifs contradictoires de cette loi :

> « Du point de vue philosophique, la détention préventive ne peut-être justifiée : si tout homme est présumé innocent jusqu'à ce qu'il ait été reconnu coupable, il n'est pas permis de priver de sa liberté celui contre lequel il n'existe encore que de simples préventions et de lui appliquer une mesure qui, au fond, ne diffère pas de celle à laquelle il serait soumis si sa culpabilité était déclarée.

(23) Nandrin, 1989.
(24) *Pasinomie*, 1852, p. 68.

Mais à côté de ce principe abstrait, vient se placer un impérieux besoin social : il est indispensable que la société ait à sa disposition les moyens d'arriver à la découverte des délits qui compromettent son existence (25). »

Côté mandats, ce qui est critiqué dans l'ancienne législation, c'est le pouvoir exorbitant laissé au juge d'instruction :

« Aujourd'hui un pouvoir à peu près discrétionnaire est accordé au juge d'instruction en ce qui concerne la détention préventive...

Le gouvernement pense qu'il est possible de mieux concilier les garanties de la liberté individuelle avec celles que réclament les nécessités de l'instruction judiciaire. »

On retrouve ainsi dans la loi les dispositions que recommandait Van Hoorebeke : lorsque l'inculpé est domicilié et que le fait ne donne lieu qu'à un emprisonnement correctionnel, le juge ne peut décerner un mandat de dépôt que dans des circonstances graves exceptionnelles. Ce mandat n'est maintenu que pour autant qu'il soit confirmé dans les cinq jours de sa délivrance par la chambre du conseil.

Le chapitre II de la loi traite de la mise en liberté provisoire : le juge d'instruction pourra mettre provisoirement l'inculpé en liberté (article 5), l'inculpé pourra demander à la chambre du conseil sa mise en liberté provisoire (article 6). La mise en liberté provisoire pourra en outre être demandée en tout état de cause. La mise en liberté provisoire pourra dans tous les cas être subordonnée à l'obligation de fournir une caution. Le montant de celle-ci sera discuté devant les juges saisis de la demande par l'inculpé (articles 9 et 11). Ce qu'il faut souligner ici c'est le caractère toujours facultatif des dispositions : « le juge pourra » et quelques interventions ne manquent pas de s'interroger sur les fameuses « circonstances graves et exceptionnelles (26). »

Néanmoins, la volonté de renforcer les garanties envers l'inculpé se traduit dans une série de mesures plus libérales, telles la mise au secret dont la durée ne pourra excéder dix jours (article 30), ou encore les mandats. La principale innovation réside dans le fait qu'en matière correctionnelle, le juge d'instruction ne pourra plus délivrer de mandat d'arrêt, qu'il ne pourra délivrer de mandat de dépôt qu'en cas de circonstances exceptionnelles, et que celui-ci devra être confirmé dans les cinq jours par la chambre du conseil. Il y a donc un contrôle qui s'exerce sur

(25) *Pasinomie*, 1852, p. 67.
(26) *Pasinomie*, 1852, p. 68.

le juge d'instruction et qui répond au besoin fréquemment exprimé de limiter « l'arbitraire » de ce juge unique (27).

3) Les réactions à la loi de 1852

Cette loi qui n'avait pas suscité de grands débats lors du vote ne paraît pas davantage avoir entraîné de commentaires ou de critiques après sa publication. Il faut en effet attendre dix ans pour voir ressurgir la question dans l'opinion. En septembre 1863, l'Association internationale pour le progrès des sciences sociales qui tient son congrès à Gand, met au programme une question relative à la détention préventive :

> « Lorsqu'un crime a été commis, la société a le droit d'en arrêter et détenir préventivement l'auteur, à l'effet de rétablir tout d'abord la sécurité publique et de parvenir ensuite à la punition du coupable. Quels sont les moyens d'empêcher que l'exercice de ce droit ne dégénère en abus ou en rigueurs inutiles et qu'il ne nuise à la défense de l'accusé ? »

M. Slosse qui se présente comme « historien du droit », mais qui est en fait avocat à la cour d'appel et juge de paix à Bruxelles, propose en réponse à cette question un rapport intitulé « Coup d'œil sur l'histoire de la détention préventive » qui paraît dans la *Belgique Judiciaire* (28).

La rédaction du journal rédige — chose peu fréquente — une note qui met en garde son public contre le trop grand optimisme de l'auteur face à la loi de 1852 :

> « Nous ferions cependant le procès de l'auteur, s'il ne s'était surtout proposé pour but de retracer l'histoire de la détention préventive à Rome et sous le droit canon. Il a accepté avec trop d'optimisme, lui dirons-nous, notre loi du 18 février 1852. Il avoue les plaintes qu'elle a soulevées, sans prétendre qu'elles soient injustes. Il se borne à faire appel à une saine application de la loi, à une interprétation modérée. Est-ce assez ? Ne craint-il pas de former ainsi des vœux trop souvent stériles ? N'est-ce pas se résigner à l'arbitraire des appréciations individuelles et locales ? La liberté, chose sacrée, ne l'entamons qu'à bon escient ! La société en demande-t-elle le sacrifice ? Sachons-le lui faire avec la mesure, avec le respect, avec la solennité que réclament la grandeur et le prix de la victime. Sinon prenons garde que l'holocauste n'en soit du même coup la profanation (29). »

---

(27) *Pasinomie*, 1852, p. 68 ; interventions du rapporteur Destriveaux, de Lelièvre et réponse du ministre de la Justice.
(28) Slosse, 1863.
(29) *Id.,* col. 898, note de la rédaction.

Le procès que la rédaction intente à l'auteur sur sa vision optimiste de la loi de 1852 semble indiquer qu'elle juge cette loi trop timide dans la mesure où elle laisse toujours trop de place à l'arbitraire des juges d'instruction dont les pratiques peuvent varier selon la personnalité et le lieu (« arbitraire des appréciations individuelles et locales »). Ces critiques font écho aux interpellations soulevées lors des débats à propos de l'appréciation des « circonstances graves et exceptionnelles » et témoignent toujours de la même méfiance à l'égard des juges d'instruction.

La critique pourrait d'ailleurs s'étendre à la vision « historique » de l'auteur qui manifeste un curieux optimisme quant à la « douceur » de l'inquisition et quant au respect que celle-ci montrait, selon lui, à l'égard de la dignité humaine. Cet optimisme n'a d'égal que son admiration pour le système impérial romain : tout en étant bien en deçà des lois anciennes de la république, il aurait, lui aussi, fait preuve d'un grand souci de la liberté individuelle... Bref, la vision « historique » n'a rien d'historique : c'est la projection dans le passé de la vision d'un libéral catholique du XIXe siècle qui retrace l'évolution des « progrès » de la civilisation selon un schéma classique : l'église monte d'un cran par rapport à Rome et le XIXe siècle atteint des sommets, notamment avec la loi de 1852 qui est parfaite...

L'auteur reconnaît cependant que des critiques ont été émises contre cette loi :

> « D'où vient donc qu'à chaque instant, tant de récriminations s'élèvent contre des arrestations prolongées, contre des détentions préventives que rien ne paraît justifier (30) ? »

Cela ne peut tenir à la loi puisque celle-ci est parfaite :

> « Le législateur belge s'est montré humain et juste : il n'a répudié aucun progrès et la loi nouvelle du 18 février 1852 est un monument qui le prouve (31). »

Les problèmes viennent en fait, selon lui, de l'application qui en est faite par les juges :

> « La loi laisse aux juges l'appréciation des circonstances dans lesquelles l'arrestation doit être ordonnée, et les juges sont des hommes et participent aux faiblesses de l'humanité (32). »

L'auteur produit alors une série d'arguments historiques, peu convaincants, pour exprimer la nécessité toujours réitérée de limi-

(30) Slosse, 1863, col. 909.
(31) Slosse, 1863, col. 909.
(32) Slosse, 1863, col. 910.

ter le « pouvoir des juges » : il cite Beccaria et Servan pour conclure, en tirant les leçons du passé :

> « Que les juges usent donc de leur terrible pouvoir d'appréciation, mais avec modération... (33). »

Tout ce discours pseudo-historique nous révèle au moins une chose, à savoir la passion des juristes du XIXe siècle pour l'histoire où puiser « les leçons » qui devraient éclairer le législateur et les praticiens. Un second article publié par la même revue quelque temps plus tard sur le même sujet s'arrête cette fois au XVIe siècle. C'est à présent un véritable travail d'histoire, intitulé : « Histoire du droit criminel : la détention préventive au XVIe siècle. »

Il s'agit en fait d'un fragment du mémoire d'Albéric Allard, couronné par l'Institut en 1866, que la *Belgique Judiciaire* publie en hommage à l'auteur sans doute, mais dans le cadre du débat qui occupe alors les juristes belges, même s'il n'y est fait aucune allusion à l'actualité (34). L'extrait est bardé de références aux sources classiques de l'histoire du droit national (chartes du Hainaut, coutumes de Namur, en passant par la Somme rurale de Bouteillier, Damhouder, les ordonnances criminelles de Philippe II de 1570, etc.). L'article est conçu dans une stricte perspective historique, mais en y regardant de plus près on constate que la structure même du texte et les titres renvoient à la problématique du XIXe siècle :

1) Des décrets et de l'arrestation ; 2) de l'élargissement sous caution ; 3) des prisons ; 4) du droit d'asile.

Ici pourtant aucun commentaire ne témoigne du lien avec les préoccupations du moment. Ce recours à l'histoire est le seul témoignage concernant un éventuel débat sur la loi de 1852 publié dans la *Belgique judiciaire*. Cette revue, dont le sous-titre porte : *Gazette des Tribunaux. Jurisprudence. Législation. Doctrine. Notariat. Débats judiciaires,* est destinée à un public de juristes et lue par des praticiens. Si le débat sur la détention préventive ne s'exprime ici qu'indirectement, à travers le recours à l'histoire, il émerge ailleurs à travers la question de la réforme de l'instruction préparatoire. En 1871, Prins et Pergameni publient sur ce sujet un ouvrage dont le but est de « critiquer ce que la loi actuelle a de mauvais, indiquer ce qu'elle devrait être », en soulignant les enjeux de la question :

> « Deux grands intérêts sont en présence : l'intérêt de la société

---

(33) Slosse, 1863, col. 911.
(34) Allard, 1867.

qui exige la répression ; l'intérêt de l'accusé qui a le droit de se défendre (35). »

La méthode, une fois de plus, s'inspire de l'histoire mais les conclusions vont dans un sens diamétralement opposé par rapport aux deux auteurs cités plus haut :

> « Nous inspirant d'abord aux sources de l'histoire, nous avons essayé d'établir que le système inquisitorial, dans l'instruction préparatoire comme dans l'instruction définitive, n'apparaît à travers les siècles que comme une monstrueuse exception, appuyée pendant trois cents ans sur le despotisme religieux et la monarchie absolue (36). »

Dans un deuxième temps, les auteurs critiquent le code de 1808 pour en souligner le caractère arbitraire, les défauts dont il fourmille, les injustices et les abus qu'il consacre. Enfin,

> « En troisième lieu, étudiant la législation positive des peuples étrangers et notamment des Anglais et des Américains, nous avons indiqué les conséquences fécondes et salutaires... de certaines réformes radicales, considérées chez nous par des esprits craintifs comme des conceptions fantaisistes, paradoxales ou irréalisables, qui sont acceptées depuis longtemps en pratique et fonctionnent régulièrement et sans obstacle chez les nations qui marchent à la tête de la civilisation.(37) »

Voilà donc le bon modèle, qui rompt avec les mauvaises traditions du passé obscurantiste dominé par l'Eglise et qui se tourne délibérément vers les nations « qui marchent à la tête de la civilisation ». Outre la querelle entre « les anciens » et les « modernes », ce débat répond aux clivages de l'opinion catholique d'une part, et des anticléricaux libéraux d'autre part, qui dominent à l'époque la vie politique belge.

Mais pour apercevoir les critiques explicites formulées à l'égard de la loi de 1852 et les raisons qui mènent à sa réforme, il faut se tourner vers l'exposé des motifs de la loi de 1874 et le contexte politique et pénal qui la sous-tend.

(35) Wodon, Servais, 1934, p. 231.
(36) Wodon, Servais, 1934, p. 233.
(37) Wodon, Servais, 1934, p. 234.

II — LA LOI DU 20 AVRIL 1874 OU LE TRIOMPHE DU « MODÈLE BELGE »

C'est la loi que le monde entier nous envie, ou peu s'en faut, si l'on en croit les conclusions du rapporteur Thonissen, catholique, professeur à la faculté de droit de l'université de Louvain, juriste éminent et adversaire, contre son parti et l'épiscopat belge, de la peine de mort :

> « Si le pouvoir législatif adopte le projet dont nous venons d'indiquer le caractère et la portée, la Belgique possèdera dans la grave et délicate matière de la détention préventive l'une des législations les plus libérales de l'Europe (38). »

Cette loi est à ce point importante aux yeux des juristes contemporains que l'éminent Nypels, rédacteur de la *Pasinomie* et père du nouveau code pénal de 1867, décide de reproduire, contrairement à l'habitude de la *Pasinomie*, tous les documents parlementaires *in extenso* :

> « Il s'agit ici d'une loi de la plus haute importance et qui, probablement, soulèvera plus d'une difficulté dans la pratique. C'est ce qui m'a déterminé à donner plus d'extension au commentaire législatif qui, d'ordinaire, accompagne les lois usuelles dans la *Pasinomie* (39). »

Par conséquent, Nypels publie des documents parlementaires et le texte du projet, le rapport de la commission de la chambre fait par Thonissen, les discussions de la chambre, le rapport du baron d'Anethan, catholique, ex-ministre de la Justice, futur premier ministre, à la commission du Sénat, les discussions intégrales, article par article, des vingt-cinq articles de la loi, ainsi que le rapport qu'il a rédigé pour l'avant-projet de révision du code d'instruction criminelle. Ce rapport officieux n'a pas été lu à la commission, mais il justifie, selon Nypels, plusieurs articles de la loi qui sont la reproduction textuelle de son avant-projet.

La loi de 1874 a donc plusieurs pères : outre Nypels et Thonissen, le ministre de la Justice De Lantsheere qui signe l'exposé des motifs, l'ex-ministre de la Justice d'Anethan, et même le libéral Van Humbeek, égaré au milieu de tous ces catholiques, qui signe, en tant que président, le rapport de la commission de la chambre. A tous ces pères, il faut ajouter une mère : la loi de 1852 dont on reprend bon nombre de dispositions, et aussi quel-

(38) Thonissen, *Pasinomie*, 1874, p. 119.
(39) *Pasinomie*, 1874, p. 108.

ques vagues cousins : anglais, évidemment, mais aussi français, sinon italiens ou suisses, nettement moins bien vus cependant.

Avant de se pencher sur ce « monument » qui éclipse de loin celui de 1852, il faut d'abord situer le contexte de l'époque.

1) Le contexte de 1874

La Belgique de 1874 n'est plus celle de 1852. Certes, il n'y a pas eu de révolution. Une seule a suffi pour nous doter de la constitution la plus libérale d'Europe et nous en sommes très contents, du moins à l'époque. Le changement se manifeste surtout dans la bipolarisation de la vie politique belge à partir de 1857 (40). Après la constitution du parti libéral en 1846 et les derniers soubresauts de l'unionisme (union des catholiques et des libéraux), le pouvoir s'arrache désormais entre deux partis devenus rivaux et opposés, surtout en matière d'enseignement. La « question scolaire » divise cléricaux et anticléricaux pendant tout le XIXe siècle et au delà. Sur d'autres points, la question sociale essentiellement, tous sont néanmoins d'accord : bourgeois censitaires, propriétaires, juristes, « libéraux » au sens classique du terme, tous sont fanatiquement attachés au principe de la liberté individuelle, de la liberté du travail, de la liberté du père de famille, et surtout de la libre entreprise et de la libre concurrence. Tous s'accordent sur le fait que l'État n'a pas à intervenir dans le domaine privé, qu'il s'agisse de l'entreprise ou de la famille. Il ne faut donc pas s'étonner de les retrouver unis sur une question qui touche à ce point à deux objectifs essentiels à leurs yeux, comme à ceux des parlementaires de 1852, la liberté individuelle et les nécessités du maintien de l'ordre, social et économique. L'égalité devant la loi est à leurs yeux un principe inviolable et c'est à ce titre qu'ils critiqueront les législations étrangères. Mais on est bien forcé de constater que si ce principe prévaut dans les discours, il est loin d'être appliqué dans la pratique : suffrage censitaire, limites apportées au droit de coalition, absence du droit de grève, absence de la législation sociale, absence de réglementation du travail des enfants, pas de scolarité obligatoire, le tout au nom du respect de la « liberté » du père de famille... Bref, un état bourgeois et prospère, doté d'une solide bonne conscience et... d'un tout nouveau code pénal (1867). Mise à part peut-être l'Angleterre qui demeure notre modèle favori, et dans une moin-

(40) Mabille, 1986, p. 147, intitule le chapitre consacré à l'histoire politique de la Belgique entre 1857 et 1878 : « La Belgique post-unioniste : bipolarisation de la vie politique. »

dre mesure la France, vers laquelle on lorgne sans cesse, surtout s'il s'agit des principes de 1791 et du code de l'an IV, mais dont on se méfie toujours quelque peu à cause de ses tendances autoritaires (l'empire et ses codes) ou trop révolutionnaires, les autres nations ont tout à nous envier sur le chapitre de la liberté et nous allons donc leur donner une leçon en confectionnant une loi modèle sur la détention préventive. Côté pénal, nous nageons dans l'euphorie : nantis d'un nouveau code que personne n'a encore commencé à critiquer, dans l'attente d'une révision complète du code d'instruction criminelle que Nypels est en train de paufiner, nous ne connaissons pas, au moins dans le discours, les drames affreux d'une criminalité galopante comme en 1846, au moment de la crise économique, lorsque Van Hoorebeeke invoquait les statistiques criminelles pour réclamer une répression plus efficace. Nous venons en outre d'adopter le cellulaire (loi de 1870) qui saura efficacement nous protéger contre les dangers de la récidive, du moins espère-t-on. Bref, il n'y a pas grand-chose à craindre du côté du maintien de l'ordre. Le réveil ne se fera brutalement qu'en 1886 (41). En 1874, le discours n'est donc pas à la répression, mais à l'accroissement des garanties de la liberté individuelle et l'objectif que se propose la nouvelle loi est d'améliorer celle de 1852 sur ce point.

2) Les critiques de la loi de 1852 : une mauvaise application par de mauvais magistrats

Le seul reproche formulé à l'égard de la loi de 1852, c'est, au fond, qu'elle n'est pas assez explicite. En laissant un pouvoir d'appréciation au juge d'instruction, notamment lorsqu'il s'agit de déterminer « les circonstances graves et exceptionnelles » qui peuvent motiver un mandat d'arrêt ou de dépôt, elle a permis de nombreux abus, dénoncés dans la presse :

> « Des abus nombreux et graves ont été signalés par la presse, l'opinion publique s'est émue ; des plaintes ont retenti jusqu'à la tribune nationale et, sauf quelques rares exceptions, tous ceux qui s'occupent de l'étude des lois sont unanimes à proclamer la nécessité de la réforme de la législation existante (42). »

L'exposé des motifs va dans le même sens : si la loi de 1852 a apporté au régime du code de 1808 d'importantes modifications, si elle a introduit de nouvelles règles pour mieux concilier le prin-

(41) Dupont-Bouchat, 1986, pp. 92-94.
(42) Thonissen, *Pasinomie*, 1874, p. 111.

cipe de la liberté individuelle avec les nécessités de l'instruction judiciaire, cette loi « n'a pas produit tous les résultats que l'on était en droit d'en espérer » :

> « Des plaintes légitimes se sont plus d'une fois fait entendre à cet égard et elles ont trouvé de l'écho jusqu'au sein des chambres législatives » (43).

Il faudrait dépouiller la presse pour connaître le contenu de ces plaintes, mais on peut déjà en soupçonner la nature à la seule lecture des améliorations proposées :

— Il faut définir, autant que faire se peut, les fameuses circonstances « graves et exceptionnelles » ;

— Supprimer la distinction entre mandat de dépôt et mandat d'arrêt ; seul ce dernier devrait être conservé en matière criminelle comme en matière correctionnelle. La détention préventive doit devenir l'exception ;

— Il faut supprimer la mise au secret et améliorer les droits de la défense en prévoyant que l'inculpé aura le droit de communiquer avec son conseil immédiatement après l'interrogatoire (« principe nouveau que semblent commander l'équité et l'humanité ») ;

— Il faut garantir le droit d'appel devant la chambre des mises en accusation des ordonnances confirmant le mandat d'arrêt, ou prolongeant la détention, ou relatives au cautionnement ;

— Il faut réglementer strictement les visites domiciliaires et les explorations corporelles.

— Enfin, il faut prévoir des mesures qui devraient accélérer la procédure d'instruction : « La chambre des mises en accusation sera désormais appelée à se faire rendre compte des affaires dont l'instruction préparatoire se prolongerait au delà de six mois. » Le principe qui veut que « la police judiciaire s'exerce sous l'autorité des cours d'appel » trouvera ici le moyen de voir ce contrôle s'exercer.

3) La procédure et les débats autour de l'élaboration de la loi

Comme celle de 1852, cette loi va être adoptée en un temps record : le projet est présenté le 20 janvier 1874, le rapport à la commission de la chambre est du 23 février, la discussion à la chambre se déroule du 17 au 19 mars, et le projet est adopté le 24 mars. Au Sénat, le rapport est présenté le 15 avril, discuté et adopté le 17 avril (44).

---

(43) De Lantsheere, *Pasinomie*, 1874, p. 109.

(44) *Pasinomie*, 1874, 4e série, t. IX, pp. 108-178.

Comme en 1852, le *consensus* est total et l'affaire est menée tambour battant. Mais il faut cependant relever un paradoxe que n'a pas manqué de souligner le premier intervenant dans la discussion générale, le député namurois Lelièvre, paradoxe qui sera également évoqué par Pergameni et Thonissen dans leurs articles de la *Rivista penale* (45) : le projet gouvernemental déposé par le ministre de la Justice De Lantsheere se montre beaucoup plus libéral et va beaucoup plus loin que la commission de la chambre présidée par Thonissen. Le ministre reconnaîtra d'ailleurs, au cours des débats, qu'il ne faut pas lui attribuer la paternité du projet dans la mesure où il s'est largement inspiré du rapport de Nypels à la commission de réforme du code d'instruction criminelle. Celui-ci publie dans la *Pasinomie* les trois textes successifs du projet en regard du texte de la loi (projet de la commission de réforme du code d'instruction criminelle, projet du gouvernement et projet de la commission de la chambre). Ceci permet de comparer les quatre rédactions successives et de voir sur quoi portent les divergences.

Sur les vingt-cinq articles de la loi, deux surtout, le premier et le troisième, ont mobilisé l'attention des parlementaires et donné lieu à un débat de principes. Les questions qui retiennent les intervenants au moment de l'élaboration de la loi ne sont pas celles qui inquièteront le plus par la suite les praticiens chargés de l'appliquer. Il paraît donc intéressant de confronter les deux types de critiques : celles qui sont émises par les parlementaires au moment de la discussion de la loi, et celles qui émanent des praticiens après quelques mois de mise en application de la loi. D'autant plus que les intervenants au parlement sont pour la plupart des juristes et qu'ils ne manquent jamais d'alléguer leur expérience en faisant état d'au moins vingt années de pratique... Néanmoins, leurs objections portent sur des questions de principes et renvoient à des problèmes plus politiques : maintien de l'ordre, grèves ouvrières et vagabondage. Les praticiens se heurteront à des difficultés pratiques d'application qui entravent la marche de l'instruction et allongent la procédure, et donc parfois la durée de la détention préventive, au lieu de la raccourcir, selon le vœu de la loi. La discussion de principes au parlement porte essentiellement sur les articles 1 et 3. Un tableau reprenant les quatre rédactions successives de ces deux articles illustre les divergences et les enjeux politiques que celles-ci recouvrent.

a) Le débat autour de l'article 1

Le débat porte sur un mot du premier paragraphe et une ligne

(45) Pergameni, 1874 ; Thonissen, 1874.

Tableau VI/1 : Tableau comparatif des quatre rédactions successives des articles 1 et 3 de la loi de 1874

Projet de la commission de révision du code d'instruction criminelle	Projet gouvernemental	Projet de la commission de la Chambre	Texte de loi
Art. 1 : Après l'interrogatoire ou en cas de fuite de l'inculpé, le juge d'instruction décernera, s'il y a lieu, un mandat d'arrêt. Si l'inculpé est domicilié en Belgique, le juge ne décernera ce mandat que dans des circonstances graves et exceptionnelles, lorsque cette mesure est réclamée par l'intérêt de la sécurité publique.	Après l'interrogatoire si l'inculpé n'a pas sa résidence en Belgique, le juge d'instruction pourra décerner un mandat d'arrêt, lorsque le fait est de nature à entraîner un emprisonnement correctionnel de plus de *six mois* ou une peine plus grave. Si l'inculpé a sa résidence en Belgique, le juge ne décernera ce mandat que dans des circonstances graves et exceptionnelles, *lorsque cette mesure est réclamée par l'intérêt de la sécurité publique.*	Après l'interrogatoire, si l'inculpé n'a pas sa résidence en Belgique, le juge d'instruction pourra décerner un mandat d'arrêt, lorsque le fait est de nature à entraîner un emprisonnement correctionnel de *trois mois* ou une peine plus grave. Si l'inculpé a sa résidence en Belgique, le juge ne décernera ce mandat que dans des circonstances graves et exceptionnelles.	Après l'interrogatoire, le juge d'instruction pourra décerner un mandat d'arrêt, lorsque le fait est de nature à entraîner un emprisonnement correctionnel de *trois mois* ou une peine plus grave. Si l'inculpé a sa résidence en Belgique, le juge ne pourra décerner ce mandat que dans des circonstances graves et exceptionnelles ; *lorsque cette mesure est réclamée par l'intérêt de la sécurité publique.*
Art. 3 : Immédiatement après l'interrogatoire, l'inculpé pourra communiquer avec son conseil, à moins que le juge d'instruction n'ait prononcé une interdictions de communiquer.	Immédiatement après l'interrogatoire, l'inculpé pourra communiquer avec son conseil.	Vingt-quatre heures après l'interrogatoire, l'inculpé pourra communiquer avec son conseil.	Immédiatement après la première audition, l'inculpé pourra communiquer avec son conseil. Le juge pourra toutefois, lorsque les nécessités de l'instruction le commandent, prononcer une interdiction de communiquer. Il rendra à cette fin une ordonnance motivée qui sera transcrite sur le registre de la prison. *L'interdiction ne pourra s'étendre au delà de trois jours à partir de la première audition.*

du second : six mois ou trois mois pour la durée de la peine encourue qui conditionne la mise en détention préventive ?

Le projet gouvernemental proposait six mois, tandis que la commission de la Chambre la ramenait à trois mois. C'est à ce terme que se ralliera finalement le parlement, donc le texte de la loi, après de multiples discussions. Pourquoi ce recul ? Cette question, loin de constituer un point de détail, renvoie en fait à un débat politique qui touche à la répression des manifestations ouvrières. C'est sur ce point que vont s'affronter les partisans de la ligne « souple » du gouvernement (six mois) et ceux de la ligne « dure » de la commission (trois mois) à laquelle se ralliera d'ailleurs l'auteur même du projet gouvernemental, le ministre de la Justice. Celui-ci avoue lors des débats « s'être trompé » :

> « J'avais cru, lorsque j'ai déposé le projet de loi, que je pouvais, sans trop m'aventurer, proposer d'interdire d'une manière absolue la détention préventive pour tout fait qui ne serait pas punissable d'un emprisonnement correctionnel de six mois au moins. Je crois que je me suis trompé et je me rallie à la proposition de la commission en tant qu'elle a pour objet de réduire ce terme de six mois à trois mois (46). »

Ce qui a motivé ce changement d'opinion, et qui sera fréquemment invoqué comme argument tout au long des débats, c'est la grève qui a éclaté à Seraing (dans le bassin liégeois) peu après le dépôt du projet de la loi :

> « Cette grève était tumultueuse, elle menaçait gravement l'ordre public, elle pouvait donner lieu à une effusion de sang (47). »

On arrêta un certain nombre de meneurs, on les fit incarcérer, on les retint en prison durant quelques jours et la grève cessa. Si on les avait mis en liberté dès le lendemain, ils se seraient empressés de revenir sur les lieux du désordre et la grève n'aurait pu être apaisée qu'au prix d'une lutte dans laquelle le sang des ouvriers aurait coulé... Telle est du moins l'analyse du ministre qui conclut :

> « Si mon projet avait été adopté, une telle mesure eût été impossible parce que les délits de cette nature ne sont punissables, au maximum, que d'une peine de trois mois (48). »

Voilà donc l'enjeu du passage des six mois aux trois mois et

---

(46) De Lantsheere *in Pasinomie*, 1874, p. 129.
(47) *Id. cod. loc.*
(48) De Lantsheere, *in Pasinomie,* 1874, p. 129.

voilà la première cible : les ouvriers en grève. A ceux-ci vient immédiatement s'ajouter une deuxième cible : les vagabonds et les mendiants. Et ici il n'y a aucune voix pour les défendre : même les plus chauds partisans du projet gouvernemental s'empressent de demander une prescription formelle pour autoriser la détention préventive de ceux-ci :

> « Je pense qu'il faut maintenir le projet gouvernemental. Je crois toutefois qu'il faut autoriser l'emprisonnement préventif à l'égard des mendiants et des vagabonds parce que, sans cela, il serait impossible de faire respecter les lois en cette matière (49). »

Malgré les discours proclamant l'égalité de tous devant la loi, voici au moins deux catégories de citoyens qui ne pourront pas bénéficier des avantages de la nouvelle loi puisque la méfiance généralisée qui entoure ces « classes dangereuses » les exclut *a priori* des mêmes garanties. Le débat qui se déroule ensuite à propos du maintien ou du retrait, comme le propose la commission, de la phrase du projet gouvernemental :

> « Dans des circonstances graves et exceptionnelles, lorsque cette mesure est réclamée par l'intérêt de la sécurité publique » (article 1, paragraphe 2).

révèle d'autres cibles qui n'ont, en principe, rien à voir avec l'ordre public mais qui constituent cette fois un danger pour les intérêts ou les personnes privées. Le vœu de la commission est d'étendre la faculté de détenir préventivement des escrocs ou des tortionnaires d'enfants, par exemple. Le principe défendu par les tenants de la formule gouvernementale qui limite la préventive aux délits menaçant l'ordre public, est que tout délit quelque peu grave méritant une peine de six mois, menace d'une manière ou d'une autre l'ordre public. L'acception de la notion d'ordre public est ainsi élargie et recouvre tous les cas où :

> « Il y aurait danger de voir se continuer ou se renouveler les infractions qui pourraient mettre en danger la sécurité, la liberté ou la vie des particuliers sans troubler l'ordre général proprement dit (50). »

b) L'article 3 et les modèles étrangers

Le second point de divergence entre les différents projets concerne l'article 3 qui traite de la mise au secret. Si l'on compare les différents projets, celui du gouvernement paraît naturellement

(49) Lelièvre, *in Pasinomie*, 1874, p. 120.
(50) Van Humbeek, *in Pasinomie*, 1874, p. 139.

le plus libéral : il prévoit qu'immédiatement après l'interrogatoire, l'inculpé pourra communiquer avec son conseil. La commission propose un délai de vingt-quatre heures, et la loi décide finalement que l'interdiction de communiquer ne pourra s'étendre au delà de trois jours après la première audition, mais que cette interdiction pourra cependant être renouvelée. Pourquoi cette marche arrière qui donne lieu à de vives discussions ? Thonissen, comme De Lansheere font valoir que des magistrats leur ont démontré l'impossibilité d'interroger tous les prévenus séparément dans un délai de vingt-quatre heures. A cause de la surcharge, il est indispensable à la bonne marche de l'instruction d'obtenir au moins un délai de trois jours. Ce qui représente, selon le rapporteur, une mesure « déjà téméraire » et « une amélioration considérable » par rapport au système en vigueur qui ne prévoit aucune limite et qui a fatalement entraîné des abus.

Mais au delà des considérations pratiques suggérées par les praticiens, c'est un véritable débat de principes qui s'élève entre les intervenants. Ceux-ci se partagent entre deux positions diamétralement opposées qui renvoient à deux modèles étrangers : celui de la procédure inquisitoire, « l'héritage français », et, à l'autre extrême, le modèle anglais de la publicité de l'instruction. Les tenants du respect des droits de l'homme, tel le député Guillery, juriste, libéral progressiste, présentent la mise au secret de trois jours, renouvelable, comme un retour à l'inquisition, à la procédure secrète, à la torture, non plus physique mais morale qui est peut être aussi grave sinon pire... C'est à nouveau l'occasion d'une belle leçon d'histoire. L'intervenant qui a dû lire Prins, ou qui du moins professe les mêmes idées en prônant le recours aux mêmes modèles, démontre que l'invention de la détention préventive est une idée moderne, inconnue dans l'Antiquité et au Moyen Age, qui a reçu son développement complet sous l'Inquisition espagnole, conservée dans le code d'instruction criminelle de 1808. C'est une œuvre du despotisme puisque ce code est dû à Napoléon, bref c'est l'héritage français, auquel il oppose, comme Prins, les modèles anglais et américain :

> « Le système véritable, le système juste, c'est le système anglais et le système américain, à savoir qu'entre deux personnes, l'une qui accuse et l'autre qui se défend, les positions doivent être égales... On m'accusera de rêver. Mais à cette accusation je réponds par la pratique des siècles, par la pratique de l'Angleterre, par la pratique des États-Unis (51). »

Le ministre de la Justice et le rapporteur Thonissen, tous deux

(51) Guillery, *Pasinomie*, 1874, p. 122.

catholiques, s'empressent de répliquer par une mise au point historique et surtout par un démenti du rêve anglais : tout n'est pas rose dans le modèle anglais. S'il ne connaît pas le secret de l'instruction, les arrestations y sont beaucoup plus fréquentes et le juge a la faculté de retarder l'interrogatoire, ce qui présente avec la mise au secret plus d'un point de ressemblance. Le correctif anglais à l'absence de secret, c'est la forte organisation de la police qui agit sans publicité. D'autres pensent qu'il ne suffit pas d'évoquer le modèle anglais car la Belgique n'est pas l'Angleterre : trop de différences, de traditions, de mentalités et de comportements nous séparent des Anglais. Ainsi, selon Thonissen :

> « Toute la procédure préliminaire est publique. Les citoyens éprouvant pour la loi le plus profond respect s'empressent de fournir spontanément à la justice répressive tous les renseignements parvenus à leur connaissance. A la différence de ce qui se passe sur le continent, les témoins, sans se faire rechercher, se présentent de leur propre mouvement à la barre des tribunaux (52). »

La Belgique confrontée aux deux modèles, mais héritière elle aussi de la tradition inquisitoire, optera pour la voie intermédiaire du juste milieu qui constitue un immense progrès par rapport à la législation antérieure et même par rapport à la plupart des législations européennes. En outre, dernier argument, la loi ne constitue qu'une étape provisoire en attendant la révision du code d'instruction criminelle. Mais plusieurs orateurs émettent des réserves sur ce point : au rythme où se font les réformes (il a fallu trente-sept ans pour mettre au point le nouveau code pénal), plus personne d'entre nous, disent-ils, ne sera encore vivant pour voir le nouveau code d'instruction criminelle... Il faut donc faire une bonne loi car elle risque de durer longtemps (parole prophétique puisque la loi ne sera revue que cent ans plus tard, en 1973).

La réforme mitigée qui consiste à maintenir la mise au secret, mais pour une durée limitée de trois jours, néanmoins renouvelable, est finalement adoptée par cinquante-quatre voix contre vingt-cinq. Mais dans son commentaire de la loi, Nypels pose la question : trois jours est-ce bien suffisant ?

Le modèle anglais sera à nouveau évoqué à propos du cautionnement de même que les modèles français, suisse et italien. Aucun cependant ne sera repris par la commission qui les trouve trop peu conformes au principe de l'égalité de tous devant la loi. Qu'est-ce que le cautionnement ? « C'est l'arrestation de la fortune substituée à l'arrestation de la personne », disait Mathieu,

(52) Thonissen, *Pasinomie*, 1874, p. 114.

le rapporteur de la loi française de 1865, cité par Thonissen qui ajoute :

> « Il est à regretter que le corps législatif français ne se soit pas rendu à ces raisons si péremptoires et si bien exprimées (53). »

Le système italien, de même que le système genevois qui prévoient tous deux la mise en liberté provisoire en toute matière correctionnelle à condition que l'inculpé fournisse la caution qui lui est imposée, sont peu compatibles, dit Thonissen avec le principe de l'égalité des citoyens devant la loi :

> « L'inculpé favorisé de la fortune peut obtenir la liberté provisoire dans une foule de cas où elle est refusée aux inculpés indigents (54). »

Mais la bonne conscience de la Belgique s'arrête là, car, lorsqu'il faut choisir le mode de cautionnement, on s'en tient à la caution en espèces en spécifiant que celui qui possède des immeubles en quantité suffisante trouvera toujours à emprunter en Belgique... Le système du cautionnement en immeubles, prévu par la loi de 1852, est donc supprimé, parce que trop long et trop dispendieux.

C'est là l'essentiel des débats, rondement menés, comme en 1852, et qui aboutissent, malgré quelques divergences, vite corrigées, au *consensus* et au vote de la loi qui sera promulguée le 20 avril 1874. Si les parlementaires estiment, en leur âme et conscience, avoir fait « une bonne loi », sinon la meilleure possible, s'ils s'emploient ensuite à en faire la publicité à l'étranger, comme Thonissen, l'avis des praticiens chargés de la mise en application est loin de rejoindre l'optimisme des auteurs.

4) La résistance des praticiens

Dans les mois qui suivent la mise en application de la loi, des critiques se font immédiatement entendre. Elles émanent essentiellement de praticiens qui en dénoncent parfois l'esprit « trop favorable aux inculpés », mais le plus souvent les difficultés d'application auxquelles ils sont confrontés. En octobre-novembre 1874, la *Belgique judiciaire* publie trois articles de fond dressant le bilan des critiques et des problèmes rencontrés par les magistrats en six mois (55). Le 15 octobre 1874, le procureur géné-

(53) Thonissen, *Pasinomie*, 1874, p. 116.
(54) *Id. cod. loc.*
(55) Bougard, 1874 ; Limelette, 1874 ; De Le Court, 1874.

ral Frédéric De Le Court prononce à l'audience solennelle de rentrée de la cour d'appel de Bruxelles un discours intitulé : « De la détention préventive. La loi du 20 avril 1874. De diverses questions et difficultés que présente son application (56). » La *Belgique judiciaire* publie en annexe de ce discours les instructions du procureur général à l'usage des avocats généraux, substituts et juges d'instruction du ressort de la cour d'appel de Bruxelles. Ces instructions sont rédigées selon les réponses transmises par le ministre de la Justice aux questions que le procureur général lui avait adressées le 4 mai 1874 (57).

Les trois thèmes majeurs des critiques formulées par les magistrats et reprises dans le discours du procureur général concernent la publicité de l'instruction, les difficultés d'appréciation des « circonstances graves et exceptionnelles » et d'évaluation de ce qui constitue une menace pour « la sécurité publique », et enfin l'interdiction des explorations corporelles hors les cas de flagrant délit. Il faut y ajouter une critique plus fondamentale : la loi favorise les prévenus — pour ne pas dire les coupables — au détriment des victimes :

> « Nous croyons pouvoir nous permettre de le dire : le législateur de 1874, cédant à ses idées généreuses envers les prévenus, n'a pas aperçu les conséquences pratiques de l'innovation qu'il créait par l'article 25 de la loi, conséquences si fatales, à notre avis, à la bonne administration de la justice, puisque inutilement elles procureront l'impunité à bien des coupables (58). »

Il faut rappeler que l'article 25 prévoit qu'aucune exploration corporelle ne pourra être ordonnée hors le cas de flagrant délit, si ce n'est par la chambre du conseil. C'est selon le procureur général, de toutes les dispositions de la loi, celle dont les juges d'instruction et les chambres du conseil ont le plus de peine à saisir la portée et le plus de mal à les exécuter. C'est ce qui lui permet de dire que :

> « La loi est faite tout entière en faveur des inculpés et en défiance des magistrats instructeurs (59). »

S'il y a des abus, ce n'est pas la faute des magistrats, mais bien celle des commissaires de police. Or sur la question du partage des compétences entre juges d'instruction et commissaires de police, la loi reste muette et ce sont les dispositions du code d'ins-

(56) *Belgique Judiciaire*, 1874, col. 1482-1484.
(57) *Belgique Judiciaire*, 1874, col. 1482-1484.
(58) De Le Court, 1874, col. 1474.
(59) De Le Court, 1874, col. 1470.

truction criminelle qui continuent à s'appliquer. L'incohérence qui résulte des contradictions entre la législation ancienne et la nouvelle, notamment en matière de mandats de dépôt et des nouveaux mandats d'arrêt, pose également problème aux praticiens (60).

En ce qui concerne la publicité de l'instruction, le procureur général rappelle que la loi n'a pas prétendu introduire la publicité complète et il renvoie aux débats de la chambre entre Thonissen et Guillery.

Enfin plusieurs difficultés surgissent à propos de l'interprétation à donner à certains concepts, peu ou mal définis, tel le terme de « résidence » qui reste vague, malgré les nombreuses discussions auxquelles il a déjà donné lieu. Quelle est la différence entre domicile, résidence et résidence habituelle ? La réponse fournie par le ministre de la Justice n'est guère satisfaisante :

> « Le sens du mot résidence employé par la loi ne peut être défini de manière absolue : cette définition constituera une question de fait qui devra être appréciée dans chaque cas particulier d'après les circonstances (61). »

De même l'interprétation « large » donnée au terme de « sécurité publique » pose bien des problèmes d'application : les décisions des chambres du conseil amenées à statuer sur les demandes de mise en liberté sont contradictoires. Si elles considèrent généralement que la détention préventive des femmes prévenues d'infanticide n'intéresse pas la sécurité publique, elles varient quand il s'agit d'escrocs, d'inculpés de vols importants, ou de vagabondage. Dans ce dernier cas, la loi est d'ailleurs en contradiction avec la législation de 1866 sur le vagabondage...

Enfin, tous constatent que la loi, loin d'améliorer l'expédition des affaires, a pour effet, dans la pratique, de la retarder, et que, au lieu d'abréger la durée de la détention préventive, bien souvent elle la prolonge...

Mais le sentiment général qui se dégage de la lecture des critiques émises par les magistrats à l'égard de la nouvelle législation, c'est que ceux-ci lui reprochent surtout la méfiance qu'elle manifeste à leur endroit. Le contrôle auquel elle les soumet, les formalités et règlementations jugées excessives, la tutelle des chambres du conseil sont également mal ressentis. Déjà débordés par le nombre d'affaires à instruire, les magistrats voient leur tâche compliquée par la nouvelle loi qui multiplie les recours. La durée de l'instruction s'en trouve allongée et, de là, celle de la détention préventive. En outre les coupables sont favorisés au détri-

---

(60) De Le Court, 1874, col. 1449.
(61) *Belgique Judiciaire*, 1874, col. 1484.

ment des victimes. Bref, on n'a pas résolu la contradiction — mais peut-on la résoudre ? — qui existe entre la volonté du législateur de favoriser les droits de la défense et de l'inculpé et les « nécessités » de l'ordre public, ou l'intérêt de la répression.

Reste à s'interroger sur le fait qu'une loi qui était si vivement critiquée par ceux qui devaient l'appliquer, a finalement « tenu » un bon siècle en Belgique et a pu servir de modèle à l'étranger.

Les parlementaires de 1874 pensaient que cette loi serait revue, ou complétée et précisée, lors de la réforme du code d'instruction criminelle et qu'elle n'avait dès lors qu'un caractère provisoire, quasi expérimental. Dès 1890, le député Janson observait déjà à la tribune de la Chambre qu'on s'est écarté du texte de loi qui est peu à peu tombé en désuétude :

> « On a fait en 1851 *(sic)* une loi ayant pour but de restreindre dans une très large mesure la détention préventive. Cette loi a paru inefficace et insuffisante. On en a fait une nouvelle... On pouvait croire que le texte de la loi nouvelle aurait prévenu le retour des anciens abus et, dans les premières années, il en a été ainsi ; mais, peu à peu, on s'est écarté du texte de la loi qui est, à peu près, tombé en désuétude (62). »

Janson, libéral progressiste, reprend les arguments des plus chauds partisans de l'abolition de la détention préventive en tout cas de sa très stricte limitation. Il demande aussi que les prévenus soient bien traités, avec une extrême bienveillance, dit-il. Or, c'est, en règle générale, le contraire qui se produit... Ces considérations rejoignent les préoccupations exprimées au congrès pénitentiaire international de Saint-Pétersbourg qui se penche sur le régime à appliquer aux prévenus et qui émet le vœu que des prisons spéciales soient établies pour la détention préventive (63). Cinq ans plus tard, le congrès de Budapest revient sur la question du travail des prévenus et fait adopter une résolution stipulant que « l'imputation de la détention préventive sur la durée de la peine ne peut être subordonnée à l'acceptation volontaire du travail pendant la détention (64) ». Ces débats sur le sort des prévenus, le régime à leur appliquer, leurs conditions matérielles d'existence à l'intérieur des prisons communes, la nécessité de leur isolement, etc. prouvent *a contrario*, l'échec de la loi qui visait à limiter au maximum la durée de la préventive. La pratique, au contraire, semble l'allonger au point presque d'assimiler dans les

---

(62) Janson, 1890, p. 445.

(63) Commission pénitentiaire internationale, Saint-Pétersbourg, 1890, p. 45, résolution n° 1.

(64) *Ibidem*, Budapest, 1895, p. 93, résolution n° 1.

prisons prévenus et condamnés. Les abus sont tels, selon Janson, que « de toutes parts, des voix s'élèvent pour demander des indemnités en faveur des victimes de la détention préventive (65). »

A la suite de ces plaintes et de ces constats, divers amendements seront apportés à la loi de 1874 en 1895, 1899, 1919, 1931 et 1959 (66). Sans modifier la conception de la loi ancienne, tous visent à augmenter les garanties de la liberté individuelle. Mais le principal problème demeure toujours l'écart entre la volonté exprimée par les réformateurs aux « idées généreuses » et l'application de ces principes. Au fil des années, c'est toujours la pratique qui a suscité les critiques les plus vives tant au sein de la magistrature, que du barreau, au parlement comme dans la presse (67). Toutes insistent sur les excès et abus de la détention préventive non rigoureusement nécessaire, la quasi-automaticité des mandats d'arrêt et de leur confirmation. Les circonstances graves et exceptionnelles et l'intérêt de la sécurité publique sont devenus des clauses de style. Il en est résulté une profonde mutation de l'idée de la détention préventive, de son champ d'application, de son but et de ses limites. De mesure, en principe, exceptionnelle, elle est devenue, en pratique, une mesure régulière, mesure d'intimidation ou de rétribution, anticipant sur l'application de la peine.

En 1969, le ministre de la Justice déposa un projet de loi tendant à remédier à certaines imperfections de la loi de 1874. La nouvelle loi fut votée le 13 mars 1973. Comme celles de 1852 et de 1874, elle vise à rendre la détention préventive plus rare et plus courte. Elle prévoit, comme le réclamait déjà Janson en 1890, d'indemniser les victimes d'une privation de liberté qui se révèlerait illégale ou « inopérante ». Elle présente aussi des analogies avec la loi du 17 juillet 1970 (68).

On pourrait, en guise de conclusion, renverser la question que Magnol posait en 1940 à propos de la loi belge de 1874 : « Une institution belge qui n'a pas réussi à s'implanter en France » et se demander pourquoi la Belgique a adopté aussi facilement une loi que la France a mis près de cinquante ans à élaborer pour ensuite l'abroger immédiatement. Il faudrait ensuite également se demander pourquoi, en Belgique, une loi qui a suscité tellement de critiques de la part des magistrats, a pu résister cent ans.

---

(65) Janson, 1890, 1975, p. 447.

(66) Tulkens, Bosly, 1975, pp. 82-83.

(67) Bekaert, 1957, pp. 88-90 ; Versee, 1966-1967, p. 360 ; Aronstein, 1969, pp. 233-239 ; Dumont, 1971, pp. 17-24.

(68) Tulkens, Bosly, 1973-1974.

Si l'on reprend les trois critères énoncés par Magnol : les circonstances, le poids de l'histoire et la mentalité des magistrats, il faut bien constater que sur le premier point, le contexte en Belgique, en 1874, était particulièrement favorable à l'adoption « d'idées généreuses » dans le chef des parlementaires tout au moins. Stabilité politique, *consensus* des catholiques et des libéraux sur le respect des libertés individuelles, à quoi il faut ajouter une relative « sécurité » en matière pénale du fait de l'adoption du nouveau code pénal (1867), du cellulaire (1870) et des lois d'extradition qui permettaient d'espérer — ou de rêver à — une justice plus efficace. Par ailleurs, les conflits sociaux ne sont guère menaçants avant 1886 et la doctrine de la défense sociale n'est pas encore à l'ordre du jour. Bref, l'enjeu des libertés individuelles l'emporte, sur le plan des principes, sur celui de la sécurité publique. Mais tout ceci ne relève que du débat de principe dans le chef des parlementaires.

Dans la pratique, le poids de l'histoire et plus encore la mentalité des magistrats pèsent lourdement. Les critiques émises par les praticiens prouvent que les mentalités ne sont pas si différentes de celles que Magnol dénonçait en France. Les limites apportées au pouvoir du juge d'instruction, l'éternelle question du secret de l'instruction, suscitent les mêmes griefs qu'en France. Faut-il parler d'un attachement à l'héritage « français » de la pratique inquisitoriale ? Rien n'est moins sûr, car cet héritage est plutôt perçu en Belgique comme celui du despotisme espagnol et de l'Eglise, en tout cas par les libéraux qui ne manquent pas, à l'occasion, d'en faire un cheval de bataille contre les catholiques. Mais si cet héritage « malheureux » nous a finalement été imposé, c'est par Napoléon, et tous s'accordent pour critiquer le code d'instruction criminelle de 1808 comme particulièrement contraire à nos traditions « nationales » et à nos aspirations récentes d'apparaître sur la scène internationale comme un jeune état progressiste et moderne, dans le sillage de l'Angleterre. On est en effet frappé, en lisant le discours des juristes de l'époque, par leur incessant recours à l'histoire que rien, scientifiquement, ne justifie. Fonction idéologique de l'histoire qui correspond à la nécessité pour une jeune nation de se donner des traditions et un passé national reconstruit et réinterprété à la lumière des besoins d'identification et d'affirmation de soi au lendemain de l'indépendance. Fonction idéologique également des modèles étrangers. Ils sont tour à tour invoqués comme exemples à suivre dans la voie du progrès et de la modernité (l'Angleterre), ou comme de mauvais exemples à ne pas imiter parce qu'ils restent en deçà de nos principes constitutionnels d'égalité et de liberté (la France, sauf en ce qui concerne l'héritage de la Révolution que les libéraux considèrent comme le fondement de nos propres principes modernes). Située à mi-chemin entre l'Angleterre et la France, la Belgique aspire à mettre au point son propre modèle du « juste milieu » et s'emploie ensuite à le diffuser à travers l'Europe comme exemple à suivre dans la voie du progrès des libertés individuelles.

Malheureusement, ce bel édifice, ce « monument », se heurte, à l'intérieur des frontières nationales, à la résistance des praticiens, à la force de la routine. Car c'est bien plus de routine, voire de « cuisine », qu'il s'agit, que de résistances idéologiques aux principes.

Force de la routine, bien éloignée des « idées généreuses » de ceux qui ne débattent que de principes. Il y a un fossé immense qui sépare les juristes qui siègent au parlement et qui élaborent les lois de ceux qui, sur le terrain, sont confrontés aux « nécessités de la pratique ». Et pourtant ce sont des docteurs en droit, issus des mêmes milieux, ayant reçu la même formation, et exerçant les mêmes professions juridiques, du moins si l'on en croit les déclarations des députés qui invoquent leur longue expérience. A y regarder de plus près, il y a cependant une différence qui peut expliquer des sensibilités différentes, notamment en matière de détention préventive. Les juristes parlementaires sont essentiellement des avocats, voire des professeurs d'université. Les critiques émanent des magistrats, des juges d'instruction pour lesquels les nécessités de la répression, justifiées par le maintien de l'ordre public et de la sécurité, priment sur les idées généreuses. Or, paradoxalement, à chacune de ces critiques émises par les praticiens au fil du temps, durant cent ans, répondent des réformes qui vont dans le sens opposé : à savoir l'augmentation des garanties individuelles. Et à chaque fois, la force de résistance opposée par la routine fait que ces dispositions ne sont pas appliquées. On a ainsi l'impression d'assister pendant un siècle à un dialogue de sourds, ou à deux monologues qui poursuivent inlassablement leur logique propre, avec les mêmes arguments, toujours répétés.

Divorce entre les principes, facilement acceptés, voire même parfois critiqués parce qu'ils n'allaient pas assez loin dans la voie du progrès des « libertés », et la pratique, inchangée, routinière. On peut se demander si ce n'est pas précisément la force de la routine qui a fait que cette loi n'a jamais été appliquée qui lui a justement permis de subsister pendant un siècle. Ne serait-ce pas là que réside la recette du « modèle belge » ?

* *
*

Sources : Loi du 18 février 1852, *Pasinomie*, 1852, 3e série, t. XXII, pp. 67-85.
Loi du 20 avril 1874, *Pasinomie*, 1874, 4e série, t. IX, pp. 108-179.

REMAND : LA DÉTENTION AVANT PROCÈS EN ANGLETERRE ET AU PAYS DE GALLES, 1750-1900

Clive EMSLEY

De grands changements sont intervenus dans le système pénal anglais entre 1750 et 1900. On établit ce que nous appelons la « police nouvelle » ; on rationalise la procédure pénale et, de temps en temps, on envisage de la codifier comme dans la plupart des pays européens ; on réforme les prisons et le système pénal. On discute également de la détention avant procès — *remand* en anglais. Bien sûr cette question est souvent évoquée, mais elle n'est jamais la question centrale. On peut trouver des allusions à la détention avant procès et aux détenus préventifs dans les polémiques des réformateurs du système pénal, dans les débats parlementaires et dans les commissions d'enquête ; mais des allusions seulement. Le détenu préventif n'est jamais au centre des discussions. Fondée sur ces sources, cette contribution a deux objectifs : premièrement, exposer les grandes lignes de la question ; deuxièmement, exposer ce qui a changé, avec toujours la même question : pourquoi ?

L'incarcération a été une peine en Angleterre au moins dès le moyen âge. Mais, en théorie, jusqu'au début du XIXe siècle, la punition principale pour un crime sérieux — c'est-à-dire une *felony*, l'assassinat, le cambriolage, la pédérastie, le vol, le viol, etc. — était la mort. On cherche une peine substitutive à la fin du XVIIe siècle et on trouve la déportation. Puis, vers la fin du XVIIIe siècle, pour beaucoup de raisons, on emploie de plus en plus la prison. Mais, dès le moyen âge, on emploie aussi la prison pour garder l'accusé avant son jugement. La plupart des hommes inculpés de *felony* restent en prison avant le jugement. Les juges de paix mettent en liberté provisoire sous caution beaucoup d'inculpés pour infractions moins graves, c'est-à-dire des *misdemeanours*. Mais, si un pauvre inculpé d'infraction n'a rien pour payer la caution, il reste en prison. Selon la loi, un homme n'est coupable d'un crime qu'après la sentence d'un jury. Peut-être, un tiers des inculpés furent acquittés (1), mais, avant leur procès, au XVIIIe siècle, ils furent traités comme des forçats.

Au XVIIIe siècle, les Anglais de toutes classes étaient très fiers de leurs libertés. Ils croyaient que les autres européens étaient des misérables, des esclaves des rois absolus. Par contraste, le roi d'Angleterre était un monarque constitutionnel ; il était impossible que le roi pût emprisonner quelqu'un sans procès ; la lettre de cachet n'existait pas. Un juge ne pouvait condamner un prévenu qu'après la sentence d'un jury. *L'habeas corpus act* de 1679 garantissait qu'il était impossible d'arrêter quelqu'un sans une accusation formelle et publique : si un homme était incarcéré sans une telle accusation, ses parents ou ses amis pouvaient demander un mandat d'*habeas corpus* et le geôlier devait le libérer. Il y eut de grandes protestations au parlement quand le gouvernement suspendit l'*habeas corpus act* à cause des soulèvements jacobites (1714-1715, 1722 et 1745-1746), de la guerre américaine (1777-1783) et de la peur des jacobins britanniques (1794-1795 et 1798-1801). Même pendant la période révolutionnaire, le gouvernement de Pitt était un peu inquiet et incertain en prenant cette mesure. Bien que la suspension de l'*habeas corpus act* fût rare, bien que le nombre des individus qui étaient menacés ou arrêtés pendant ces suspensions fut limité, chaque fois les protestations étaient nombreuses et vives : on disait que le gouvernement (soit de Walpole, soit de Lord North, soit de Pitt) menaçait les libertés anglaises (2).

Mais on ne trouve pas de protestations semblables au XVIIIe siècle contre la détention avant le procès. Personne ne disait que cette détention menaçait les libertés anglaises. Pourquoi ? Il me semble que la population anglaise avait une grande confiance dans la loi et dans son application ; peut-être se trompait-on, mais sans doute cette confiance était puissante (3). Si la loi était, en général, juste, l'attente en prison avant le procès devenait une simple incommodité, jamais une menace pour les libertés anglaises.

Malheureusement pour les inculpés, la détention avant procès pouvait durer de longs mois suivant les tribunaux. Les juridictions les plus importantes au XVIIIe et au XIXe siècles étaient les cours d'assises où les juges du roi faisaient la tournée. Ces cours, où les juges entendaient les causes les plus importantes,

---

(1) Beattie, 1986, pp. 410-411.

(2) Emsley, 1985, pp. 807-808, 816-817.

(3) Au sujet de cette confiance dans la loi, cf. Hay, 1976, Brewer, Styles, 1980, pp. 11-20.

se réunissaient deux fois par an : d'abord pendant le Carême, puis pendant l'été. En conséquence, il était possible qu'un inculpé d'assassinat puisse rester en prison de son arrestation en septembre jusqu'à son jugement en avril, peut-être huit ou neuf mois. Dans les comtés écartés du nord de l'Angleterre — Cumberland, Durham, Northumberland et Wesmoreland — la situation pouvait être pire : là, les cours d'assises se réunissaient une fois par an seulement. L'équivalent à Londres des cours d'assises des comtés, était la cour de l'*Old Bailey*. A cause du nombre de crimes à Londres au milieu du XVIIIe, la cour de l'*Old Bailey* se réunissait huit fois par an et, en conséquence, le problème de la détention provisoire n'était pas grave.

Les *misdemeanours* et les *felonies* les moins graves étaient jugées par les cours de *quarter sessions*. Chaque comté, chaque municipalité incorporée avait une telle cour qui se réunissait quatre fois par an, à l'Epiphanie, à Pâques, en été, et à la Saint-Michel. Les juges de ces cours étaient les juges de paix dans les comtés et les échevins dans les municipalités. Les juges de paix des comtés ne pouvaient jamais condamner quelqu'un à mort ; mais les cours de quelques municipalités avaient ce pouvoir. A cause des quatre réunions par an des cours de *quarter sessions*, l'attente en prison pour l'inculpé était, peut-être, d'un ou deux mois. Je dois remarquer ici que, pendant le XVIIIe siècle, on employait de plus en plus pour les très petites infractions, les *petty sessions*, c'est-à-dire une petite juridiction qui se réunissait une ou deux fois par semaine devant un ou deux juges de paix dans la maison de l'un d'eux ou dans une auberge. Ces procès étaient très rapides et il y avait rarement détention avant procès dans ces cas, parfois seulement l'inculpé était gardé chez le *constable* de la paroisse pendant un ou deux jours.

En théorie, rien ne pouvait arrêter le jugement devant une cour d'assise ou de *quarter sessions* une fois que quelqu'un avait rédigé l'*indictment*, c'est-à-dire un résumé d'instruction. Mais, de plus en plus, les historiens du système pénal anglais du XVIIIe siècle soulignent le pouvoir discrétionnaire des accusateurs (en général les victimes) et des juges (4). De temps en temps, il semble que les accusateurs et les juges de paix employèrent la période de la détention provisoire pour résoudre le cas sans entamer le procès. Souvent, pendant une guerre, le juge de paix essayait de persuader l'inculpé de s'engager comme soldat ou marin. S'il acceptait, l'accusateur économisait le coût de l'accusation et l'inculpé échappait à l'attente précédant le procès. De plus, il semble que, dans certains comtés, les juges de paix recouraient à la même solution

(4) King, 1984.

pendant les années de paix pour encourager les inculpés jeunes à s'engager à la compagnie du Levant par exemple (5). Naturellement il n'est pas possible d'affirmer toujours la raison pour laquelle un accusateur ne se présentait pas devant le tribunal : peut-être, le coût ou le dérangement, mais, de temps en temps, il semble que l'accusateur estimait que la détention provisoire avait été une punition suffisante.

Ce fut la libération d'un inculpé après un acquittement ou la non-comparution de l'accusateur qui démontrèrent une des plus grandes iniquités du système. Il y avait une prison dans chaque comté et dans la plupart des municipalités. Un groupe de juges de paix locaux étaient chargés par le comté ou la municipalité du contrôle de la prison. De temps en temps, ils étaient négligents ; de plus leurs visites étaient brèves ; en conséquence, la plupart des geôliers étaient soustraits à un contrôle exact. Les geôliers du XVIIIe siècle, comme beaucoup d'autres petits agents, étaient de petits entrepreneurs. Ils pouvaient augmenter leur salaire par des honoraires, en particulier le prix de la pension et de l'alimentation, et, en louant les lits ou les grandes salles aux accusés aisés. Jusqu'à la loi d'Alexander Popham en 1774, il était possible qu'un homme, libéré par une cour, reste en prison parce qu'il ne pouvait pas rembourser ce que lui demandait le geôlier. Malheureusement, il semble que quelques comtés aient tardé à appliquer cette loi (6). John Howard signale tous ces problèmes dans *The state of the prisons* publié en 1777. Les réformateurs, les disciples de Howard et Beccaria, abordèrent ces problèmes. Mais la réforme pénale en général fut lente parce qu'on avait peur de toute espèce de réforme pendant la période révolutionnaire et, peut-être encore plus, à cause du coût de la réforme pendant une décennie où l'on réduisait les dépenses (les années 80), puis pendant les deux décennies d'une guerre coûteuse (1793 à 1815). Ce ne fut qu'en 1815 que le parlement adopta la *gaol fees abolition act* qui supprima cette tradition des geôliers.

Howard et les autres réformateurs proposèrent la séparation des différentes sortes de détenus : les hommes des femmes, les récidivistes des jeunes, et naturellement les détenus préventifs des condamnés. Cette séparation fut introduite dans les nouvelles prisons modèles qu'établirent les réformateurs. Mais les prisons des comtés restèrent sous l'administration générale des cours de *quarter sessions* et la plupart des juges de paix ne furent pas des réformateurs et ne désirèrent pas augmenter les impôts locaux pour bâtir des grandes prisons nouvelles. Même dans les comtés où les

(5) Emsley, 1987, pp. 29, 143.
(6) Stockdale, 1977, p. 72.

réformateurs triomphaient, le nombre croissant de détenus au début du XIXe siècle occasionna des difficultés. De plus, beaucoup de geôliers et beaucoup de juges de paix chargés du contrôle des prisons ne firent pas de différence entre le condamné et le détenu préventif.

Les réformateurs des institutions pénales condamnèrent cette situation. En 1818, le quaker — et les quakers furent très importants parmi ces réformateurs — Thomas Fowell Buxton publia *An inquiry whether crime and misery are produced or prevented by our present system of prison discipline*. Il décrivit le détenu préventif dans un passage frappant :

> « Après le mandat de dépôt, on passe les menottes au prisonnier. Il y a peut-être une douzaine de malheureux en ligne ; on leur fait traverser les rues, souvent sur une grande distance, et une foule de garçons insolents les suivent en les insultant. Quand le prisonnier entre dans la prison on lui met les fers ; puis, on le jette dans un enclos où toutes les choses sont dégoûtantes et dépravées. Pendant la nuit, on le met sous les verrous dans une cellule étroite avec environ une demi-douzaine des plus mauvais voleurs de Londres, ou des mendiants dont les hardes sont pleines de parasites grouillants ; peut-être, est-il couché entre, d'un côté, un voleur et, de l'autre, un assassin, ou entre, d'un côté, un vénérien et, de l'autre, un contagieux. Il peut passer le jour sans air et sans exercice... Sans doute manque-t-il de nourriture, de bois, de vêtements. Il se peut que son procès soit très long... Il se peut qu'après un acquittement, il sorte de prison sans argent, sans les moyens de revenir chez lui (7). »

Mais ce passage contient tous les problèmes du système pénal non amendé, et pas seulement ceux des détenus préventifs. C'est le système entier qui, pour les réformateurs, est affreux. Plusieurs fois, ils condamnèrent le défilé public des prisonniers dans les rues vers la prison ou le tribunal. Mais ils craignaient surtout les foules qui suivaient ces défilés ; la situation des détenus préventifs était secondaire. En mars 1825, Sir Robert Peel, le ministre de l'Intérieur, admit que ces défilés constituaient un « outrage aux bonnes mœurs » et il proposa qu'à l'avenir les juges de paix emploient les voitures de place (8). Peel refusa de fournir ces voitures à cause de la dépense, mais, de plus en plus des autorités locales les achetèrent ou les louèrent.

Le fait que beaucoup de juges de paix et de geôliers ne fas-

---

(7) Buxton, 1818, p. 15 ; au sujet des réformes et des réformateurs anglais voy. Ignatieff, 1978.

(8) Parliamentary, History, 1825, t. XII, col. 1167 ; voy. aussi Webb, Webb, 1963, p. 79.

sent pas de différence entre le condamné et le détenu préventif posait d'autres questions. Ce dernier devait-il manger, vivre et travailler comme un condamné ? Les juges de paix de Nottinghamshire ordonnèrent que les prisonniers condamnés aux travaux forcés ne puissent recevoir qu'un quart des gains de leur travail tandis que les autres prisonniers et les détenus préventifs pourraient gagner la moitié (9). Mais la situation générale devint plus compliquée et difficile quand, vers la fin du XVIIIe siècle, la réformation par le travail devint l'idée fixe de beaucoup de réformateurs. Malheureusement, certains juges de paix et certains geôliers ne pensaient pas comme les réformateurs et, après l'installation des manèges de discipline dans beaucoup de prisons au commencement du XIXe siècle, la situation de certains détenus préventifs empira. L'affaire la plus célèbre advint dans le nord du Yorkshire. Le manège de la prison de Northallerton dans le North Riding du comté de Yorkshire fut loué à un meunier. Un détenu préventif se plaignit qu'on lui ordonnait de faire marcher le manège ; il employa un avocat célèbre pour le défendre. La cour de *King's Bench* déclara que les juges de paix pouvaient ordonner à tous les détenus de travailler parce que personne ne pouvait vivre oisif. Les réformateurs protestèrent. Une loi de 1823 édicta qu'on pouvait employer les détenus préventifs, mais seulement avec leur consentement. Les juges de paix du *North Riding* donnèrent le choix : le manège ou le régime au pain et à l'eau. La question du manège de Northallerton fut discutée aux communes en février, en mars et, encore une fois, en mai 1824. Un détenu préventif eut le bras cassé sur le manège et il fallut l'amputer. Sir Robert Peel admit les faits et convint que « si l'application du manège de discipline avant le procès n'était pas illégale, c'était en tout cas inadéquat ». Une loi de cette année interdit le manège avant le procès (10).

Malgré cette loi, la différence entre le condamné et le détenu préventif demeurait imprécise. Une loi de 1839 interdit de payer aux prisonniers une partie des fruits de leur travail ; mais un détenu préventif, une fois acquitté, pouvait recevoir cette part. Pendant les années 1850, il y eut des commissions d'enquête sur le mauvais traitement des prisonniers dans quelques prisons. Elles révélèrent que quelques directeurs des prisons punissaient les détenus préventifs comme les condamnés. Edward Plant, soupçonné comme *pickpocket*, fut emprisonné dans la prison de la municipalité de Birmingham en septembre 1852 ; son procès eut lieu en

(9) Webb, Webb, 1963, pp. 60-62.

(10) Webb, Webb, 1963, pp. 80-82 : *Parliamentary Debates, 1824*, t. X., col. 139, 247, 755 ; t. XI, col. 513.

octobre. Pendant le mois avant son procès, le directeur de la prison le punit deux fois. Une de ces punitions intervint parce qu'il avait violé les règlements de la prison lors d'un emprisonnement antérieur (11). L'enquête sur la prison du comté de Leicestershire révéla que les détenus préventifs avaient été punis parce qu'« ils toussaient l'un en direction de l'autre », « ils essayaient de se mettre en rapport », « ils essayaient de regarder par-dessus des stalles de la chapelle », « ils se retournaient très souvent dans la chapelle » (12). Mais, comme d'habitude, ce furent les abus généraux des prisons qui intéressèrent les réformateurs et les enquêteurs, pas la situation particulière des détenus préventifs.

La question de la détention avant procès fut posée directement au parlement en 1822. Deux députés, Sir Eliab Harvey et Charles Callis Western, soumirent aux Communes une pétition du jury d'accusation du comté d'Essex. La pétition relève que deux sessions d'assises par an étaient insuffisantes à cause de la longue attente de certains détenus préventifs. De plus, dit Harvey, il y avait une grande augmentation des procès pénaux ce qui amenait à ajourner le reste. Peel annonça que le gouvernement proposait de faire une expérience de trois sessions d'assises par an dans cinq comtés — Essex, Sussex, Kent, Hertfordshire et Surrey —. Tous les cinq sont proches de Londres. C'était en fait Londres et ses environs — toujours le centre du crime en Angleterre — où semblait se produire la plus grande augmentation de crime au commencement du XIXe siècle. Beaucoup de députés conseillèrent la prudence. Peel qui allait devenir le père du parti conservateur anglais, parla en conservateur, mais d'une manière caractéristique de la plupart des hommes politiques anglais du XIXe siècle : « Le système anglais est le système juridique le meilleur du monde et, à cause de ce fait, il nous faut faire attention quand on envisage de changer quelque chose (13). »

Personne n'a étudié le résultat de la session d'hiver dans ces cinq comtés, ou le résultat de l'introduction ultérieure d'autres sessions d'hiver ailleurs. Mais il semble qu'un autre changement dans le système des procès pénaux ait eu un effet profond sur le nombre des détenus préventifs. Au milieu du XIXe siècle, trois lois augmentèrent le nombre des petits délits que les *petty sessions*, les petites cours des juges de paix, pourraient juger : les

(11) *Parliamentary Papers*, 1854 (1809) xxxi *Royal commission appointed to inquire into... the prisoners confined to Birmingham borough prison*, pp. xx.

(12) *Parliamentary Papers*, 1854 (1809) xxxi Royal commission appointed to inquire into... the prisoners confined in Leicester county gaol and house of correction, pp. ix-xx.

(13) *Parliamentary Debates*, 1822, t. VI, col. 1316-1326.

juvenile offenders acts de 1847 et de 1850 et le *criminal justice act* de 1855. A cause de ces trois lois, beaucoup plus d'accusés furent jugés par des juges de paix en *petty sessions* sans jury. Comme je l'ai fait remarquer, le pouvoir des *petty sessions* fut augmenté pendant le XVIIIe siècle et pendant la première moitié du XIXe. Beaucoup de juristes étaient inquiets de cet accroissement de compétence. Ils firent valoir que la plupart des juges de paix manquaient d'une formation juridique. Comme d'habitude, ils surveillaient d'un œil jaloux les intérêts de leur corporation. Bien sûr, la peine n'était pas aussi sévère dans ces petits tribunaux que dans les *quarter sessions* ou aux assises, mais la procédure des *petty sessions* devenait de plus en plus formaliste et, ce qui est peut-être plus important, le législateur désirait accélérer le processus de poursuite, diminuer les coûts, et limiter le temps pendant lequel les récidivistes pouvaient corrompre les jeunes et les innocents en prison. Ces trois lois amenèrent une grande croissance des procès rapides et peu chers et, en même temps une grande diminution des détenus préventifs (14).

Bien que les *petty sessions* aient mieux respecté les formes légales, les juges de paix continuaient à avoir une grande liberté d'appréciation, en particulier envers les hommes « connus de la police ». Il y avait une autre espèce de détention préventive mais il est très difficile d'en évaluer le niveau et, malheureusement, les archives de beaucoup de cours de *petty sessions* n'existent plus. Au XVIIIe siècle, les juges de paix pouvaient employer contre les mendiants des lois comme celle de 1744 qui les autorisait à emprisonner « toutes personnes errant sans but et logeant dans les cabarets, les granges... ou en plein air, sans pouvoir se justifier ». Les juges de paix pouvaient user d'une telle clause de manière très large et l'utiliser pour rééduquer ou punir un individu. Au XIXe siècle, certains juges de paix et des agents de la police nouvelle utilisent encore ce genre de dispositions en particulier celles de la loi sur les mendiants de 1824. Au milieu du siècle, le colonel Gilbert Hogg, chef de la police du comté de Staffordshire, donna mandat aux agents d'arrêter les individus sur simple présomption ; il ajouta que c'était un bon moyen de prévenir le crime. La prévention du crime était l'idée fixe de la police nouvelle. Après une telle arrestation, il était possible que le suspect fût condamné par un juge de paix de *petty sessions*, parce qu'il semblait louche ; ces condamnations étaient de courte durée (peut-être trois mois) mais elles finissaient par s'accumuler. Le délin-

(14) Au sujet de l'augmentation des *petty sessions*, voir Emsley, 1987, pp. 157-162. Au sujet de la diminution de la détention préventive après la loi de 1855, voy. Mc Conville, 1981, t. I.

quant qui avait un dossier épais, même s'il s'agissait de délits insignifiants, était très menacé d'une arrestation, voire d'une condamnation sur simple présomption (15).

Rétrospectivement Sir Edmund Du Cane, le président de la commission des prisons, remarqua, en 1885, qu'il était curieux que, malgré toutes les réformes du système pénal pendant le XIXᵉ siècle, on n'ait guère tenu compte des détenus préventifs. Du Cane croyait que la loi des prisons de 1877 avait résolu le problème (16). Jusqu'en 1877, la plupart des prisons anglaises furent sous la responsabilité des administrations locales, les municipalités ou les comtés ; seules quelques prisons, comme Pentonville ou Dartmoor, où on pouvait trouver les grands récidivistes ou les condamnés pour de grands crimes, étaient sous la responsabilité directe de l'État. En 1876, le gouvernement de Disraeli proposa de centraliser et de nationaliser le système. Ce projet de loi de 1876 fut retiré. Beaucoup d'administrateurs locaux ne l'appréciaient pas et, comme d'habitude, beaucoup d'hommes politiques étaient inquiets : c'était un autre exemple de la croissance du pouvoir de l'État au détriment des autorités locales. Parmi les objections, quelques députés parlèrent des détenus préventifs ; ils remarquèrent que si l'on fermait beaucoup de petites prisons locales, il serait très difficile pour les amis, les parents, ou l'avocat de beaucoup d'accusés de leur rendre visite ; de plus le coût d'une telle visite serait plus cher (17). En 1877, le gouvernement présenta un projet de loi modifié. Encore une fois, le thème des détenus préventifs fut discuté ; en particulier quand Henry B. Sheridan, le député de Dudley en Worcestershire, insista pour que la loi contienne des règles strictes pour protéger ces malheureux. Sheridan et ses partisans montrèrent que beaucoup d'abus persistaient. Sheridan parla d'un accusé qui désirait préparer sa défense mais auquel un surveillant ordonna de faire son lit vingt fois par jour. R.A. Cross, le ministre de l'Intérieur, lui répondit qu'en effet, son projet de loi protégeait les détenus préventifs (18). L'article 39 de la loi exigea « une différence claire » entre le détenu préventif et le condamné. Le premier pourrait garder livres et documents, communiquer avec ses amis, ses parents et son avocat, acheter son alimentation (s'il le désirait). De plus, un surveillant ne pourrait pas lui ordonner d'accomplir une tâche inhabituelle. La moitié des députés se satisfit de cette disposition et du projet tout entier.

---

(15) Emsley, 1987, pp. 192, 232.
(16) Du Cane, 1885, p. 73.
(17) *Hansard Parliamentary Debates*, 1876, t. 230, col. 298, 310 et 893.
(18) *Hansard Parliamentary Debates*, 1877, t. 233, col. 335-355.

Vraisemblablement, quelques injustices persistèrent. Les détenus préventifs aisés pouvaient vivre mieux que les pauvres. Les agents de police et les surveillants demandèrent de petites gratifications. Les autorités des prisons lurent les lettres des détenus préventifs et, de temps en temps, il semble qu'ils donnèrent à la police ou au plaignant quelques passages des lettres concernant la défense (19). Mais probablement la plupart des hommes politiques étaient d'accord avec Du Cane : le problème était résolu.

Mais Du Cane avait posé une question intéressante : pourquoi le détenu préventif avait-il été oublié, malgré toutes les réformes ? D'abord il y a la question du coût. Les réformes du système pénal étaient très coûteuses, qu'il s'agisse des nouvelles prisons comme Millbank et Pentonville, ou d'une commission permanente, etc. Pendant le XIXe siècle, le gouvernement central et les autorités locales étaient très économes même au sujet des questions pénales ou de la police. En 1839, les juges de paix de Bedfordshire décidèrent qu'à cause du coût de leur police nouvelle, il serait impossible de construire une nouvelle prison, ou même d'améliorer l'ancienne (20). En Lancashire, le coût des réformes pénales amena de grandes protestations de ceux qui payaient les impôts locaux, même s'ils diminuaient en général pendant la première moitié du XIXe siècle, et si le comté de Lancashire, au cœur de la révolution industrielle, était riche (21). Si quelqu'un avait proposé l'établissement des prisons spéciales pour garder les détenus préventifs, il aurait été difficile d'en trouver le financement.

De plus, pour les réformateurs, le problème le plus important était la punition et puis la réformation des condamnés. Ils avaient des idées fixes et, en général, ils ne parlaient des détenus préventifs que lorsqu'un abus se produisait contre un de ces malheureux.

Il y a peut-être également une question de classe. La plupart des hommes en prison, soit condamnés, soit détenus préventifs, étaient des jeunes hommes des catégories les plus pauvres de la classe ouvrière. C'était là que les hommes politiques et les écrivains du XIXe siècle trouvaient la classe criminelle et les classes dangereuses. Ce groupe social n'était jamais organisé, il ne s'exprimait pas avec facilité : il n'avait jamais l'oreille d'un groupe de députés. On ne l'entendait jamais au Parlement. Faisait contraste ici la situation de l'autre catégorie de malheureux qui restaient en prison souvent avant le procès, les débiteurs. Il y eut des protestations à leur sujet pendant toute la période. Beaucoup soutenaient que l'emprisonnement pour dette était inconstitutionnel.

---

(19) Priestley, 1985, pp. 15-16.
(20) Stockdale, 1977, pp. 162-163.
(21) Delacy, 1986, chap. VI, *passim*.

Il y avait, en même temps, une compassion générale pour les débiteurs. Presque tout le monde courait le risque de s'endetter et, le débiteur était exempt de blâme. Dans les romans du XVIIIe et du XIXe siècles, on peut trouver le héros en prison comme débiteur, plus souvent que le traître. Le détenu préventif, peut-être était un embarras ; mais, en général, il était invisible et on ne l'entendait pas. En conséquence, la plupart du temps, on pouvait l'oublier.

ORDRE ET LIBERTÉ EN ITALIE : DISCIPLINE DE LA DÉTENTION PRÉVENTIVE ET SAUVEGARDE DE LA LIBERTÉ INDIVIDUELLE APRÈS L'UNITÉ

Luigi LACCHE'

I — DÉTENTION PRÉVENTIVE ET JUSTICE PÉNALE DANS L'ITALIE LIBÉRALE

« La liberté individuelle est garantie. Nul ne peut être arrêté et emmené devant la justice, sauf dans les cas prévus par la loi, et dans les formes que la loi prescrit. ». L'article 26 du *statuto Albertino* fixe un des principes constitutionnels les plus significatifs du nouvel État libéral. Mais l'énonciation, quoique fondamentale à un niveau général, renvoie à une intervention éventuelle et indéterminée du législateur (1). La liberté est garantie, mais quels sont ses contenus ? La sanction législative renvoie, en réalité, à un législateur bien exercé à tisser la trame d'une étroite géométrie de l'ordre.

De nombreux juristes critiquèrent l'imprécision improductive du *statuto* (2), en se référant souvent à l'article 26. Dans le cadre constitutionnel de l'État libéral ces affirmations acquirent une importance encore plus grande. Sur la toile de fond des critiques précoces et vigoureuses contre le régime de la détention préven-

(1) Cf. Violante, 1976, fasc. 4, p. 493.

(2) P. ex. Lucchini, 1872, 2 : « Mais le *statuto* aurait dû être plus clair et plus explicite, tandis que la disposition de l'article 26 constitue un appui fatal à des exceptions trop larges prévues par des lois ultérieures qui, fourvoyant l'esprit du pacte national, peuvent causer ce qui en effet s'est passé : c'est-à-dire qu'elles réduisent la liberté personnelle à un mot vide et dépourvu de toute sanction pratique. »

tive, entre les années 1860 et 1870, il est possible d'apercevoir un rappel constant à l'extrême imprécision de ce principe constitutionnel fondamental.

Le régime de la détention préventive attire l'attention d'un grand nombre de juristes pour ses profils stratégiques et pour son rapport immédiat et sensible avec les exigences de sauvegarde de la liberté personnelle.

Le problème central de la détention préventive est un problème de régime, de frontières, de limites stables dans lesquelles on peut circonscrire le débat et régler concrètement les aspects les plus controversés. A quelques exceptions près, la science juridique libérale opère à l'intérieur du même périmètre conceptuel : par conséquent la discussion, qui d'ailleurs ne manque pas de vivacité et parfois d'âpreté, se développe dans le système (3) et ne prend jamais des tons « extrémistes » pour une abolition totale et inconditionnelle de la détention préventive. Les criminalistes qui luttent pour la réforme proposent plutôt une restriction de la détention préventive aux limites les plus étroites des nécessités processuelles.

D'ailleurs, il ne faut pas oublier que le problème de la détention provisoire est très étroitement lié à la consolidation des institutions pénitentiaires. C'est seulement lorsque la prison devient l'instrument punitif principal qu'émerge un véritable problème de détention préventive. L'identification dramatique entre la prison préventive et la prison comme endroit où l'on purge une peine a comme effet d'anéantir le principe de civilisation juridique selon lequel l'accusé est présumé innocent jusqu'à un jugement irrévocable. La culture du soupçon et la confusion durable entre accusé et coupable sont à la base de cette *hérésie juridique* du libéralisme : c'est-à-dire une série de contradictions et de pièges logico-juridiques internes à la pensée libérale (4) et capables de préciser certains points particulièrement significatifs du rapport ordre-liberté.

En réalité, la séparation nette entre prison comme détention judiciaire et prison comme peine est déjà un postulat important de l'Illuminisme juridique italien le plus mûr, celui de Beccaria, de Filangieri, de Pagano. Ce principe trouve clairement une application admirable et pratique dans l'article 29 du code pénal de Pietro Leopoldo de Toscane (1786).

Cependant, malgré ces grandes expressions de la pensée rela-

(3) Cf. Sbriccoli, 1973, pp. 653, 657.

(4) P. ex Merlino, 1974, pp. 257 ss. appelle *hérésies juridiques et constitutionnelles* le chapitre qu'il dédie à l'analyse de l'admonestation, de la résidence forcée et de l'association de malfaiteurs.

tives à la procédure pénale, il n'est pas difficile de lire la situation des états pré-unitaires dans un sens un peu encourageant ; la règle générale dans la période d'instruction du procès est la détention de l'accusé. Seule la Toscane, en harmonie avec la tradition illuministe remontant à Leopoldo et grâce à une science criminelle très évoluée, assure (cf. le *motu-proprio* du 2 août 1838 et le *Regolamento* du 22 novembre 1849) une législation adéquate en matière de détention préventive.

Et pourtant, c'est seulement après l'unité du pays que l'on assiste à l'« explosion » d'un véritable problème de la détention préventive. L'unité politique et la modernisation lente et pleine de contrastes des différentes structures socio-économiques de l'Italie semblent accroître, paradoxalement, la crise de la justice.

Les codes d'instruction criminelle de 1859 et 1865 doivent être considérés en liaison avec de graves épisodes de révolte, sinon de véritable guerre civile (le brigandage méridional), et avec les nombreuses difficultés du jeune État italien. Sans aucun doute, le *code d'instruction criminelle pour les états de Sa Majesté le roi de Sardaigne* (1859) a encore un régime de détention préventive très sévère ; et on ne peut pas dire que la dialectique liberté-ordre se soit instaurée (5). Francesco Carrara va parler, à cet égard, d'un régime du procès caractérisé par la « détention de tous à cause de tout ».

Le législateur de 1865 essaya d'apporter des modifications au régime antérieur qui était dur et aveugle (6), surtout en agissant sur les automatismes de l'arrestation et sur le caractère conservatoire de la détention préventive à travers une symétrie partielle dans l'extension des cas de liberté provisoire. L'utilisation de la chambre du conseil comme instrument de contrôle des dispositions judiciaires et de légitimation des mandats d'arrêt devait introduire, en outre, un mécanisme qui rééquilibre, dans un sens plus libéral, le système des mandats. Mais la *camera* eut une valeur symbolique plutôt qu'opérationnelle. Un juriste remarqua que, dans le système du code de 1865 : « La liberté de l'accusé a les caractéristiques de l'exception, du privilège et elle est entourée par tellement d'obstacles et d'exceptions, qu'en réalité le privilège est vraiment un privilège très personnel (7). » En effet, l'architecture globale de ces deux codes, au delà des améliorations indéniables apportées par le code de 1865, marque une priorité accordée à l'autorité et à la sécurité publique.

Mais c'est justement sur la base du code du milieu des années

(5) Cf. Amato, 1967, p. 184.
(6) Voir les remarques précises de Casorati, 1869, pp. 436-437.
(7) Fagiuoli, 1873, p. 25.

1860 que commence à naître et à grandir, avec une force toujours plus grande, le débat doctrinal sur le problème épineux de la détention préventive. L'idée commune à certains des juristes libéraux les plus connus est que les tentatives de réforme avaient été trop limitées et trop « timides » : on pouvait faire plus et mieux. Entre 1865 et 1876, un projet de réforme du système se dessine à travers des difficultés et des polémiques destinées à durer même dans les années ultérieures.

La doctrine italienne construit ses théories en partant de deux concepts fondamentaux : l'un est celui d'injustice nécessaire, l'autre est celui d'immortalité de la détention préventive. La première expression qui semble empruntée des juristes français tels Mesnard et Dalloz, veut indiquer le caractère douloureux de la détention préventive, mais en même temps la nécessité de cette institution dure pour le fonctionnement de la justice. *Vice versa*, Francesco Carrara reconnaît à la détention préventive une valeur de nécessité toujours limitée et conditionnelle : lorsque les raisons de la procédure (interrogatoire des accusés, formation du procès écrit, vérité probatoire, impossibilité pour l'accusé d'accomplir de nouveaux délits ou de fuir) manquent et que toute activité utile a été épuisée, le fait de persister dans la détention préventive est ce qu'il y a de plus injuste (8). « Si ces nécessités constituent la seule justification possible de cette injustice, il est évident que celle-ci n'est pas tolérable et que c'est un acte de véritable tyrannie quand ces raisons précitées font défaut (9). » La véritable hérésie juridique est représentée par l'abus de la détention préventive, par sa généralisation injuste : une détention de tous et pour tout. Lucchini insiste sur cet aspect avec des accents très critiques. Le risque le plus grave est celui de voir l'emploi de la détention préventive comme une institution de sécurité publique : l'étroite nécessité procédurale cède le pas au souci de prévention (10). Lorsque la détention préventive, qui est un mécanisme très délicat, est utilisée de façon déformée, en infligeant des souffrances graves et inutiles, elle devient « immorale » selon la célèbre expression de Carrara : « La détention préventive doit être en somme absolument nécessaire ; elle doit être provisoire et cesser lorsque cessent les causes qui l'ont rendue inévitablement nécessaire (11). » Le principe de stricte nécessité procédurale de la détention préventive commence à s'imposer. La détention préventive ne peut pas être conçue comme moyen général de contrôle, comme ins-

(8) Cf. Carrara, 1871, p. 629.
(9) Cf. Carrara, 1874, a, vol. IV, p. 300.
(10) Cf. Lucchini, 1872, pp. 108-112.
(11) Borsani, Casorati, 1876, p. 427.

trument de prévention générale. Le concept d'immortalité traduit efficacement les conséquences de l'abus de son extension excessive et des conditions de vie très graves des accusés.

Mais Carrara parlait aussi d'immoralité en se référant aux effets de la détention préventive ; elle est cause de démoralisation du peuple. « La détention préventive démoralise les gens honnêtes qui en sont malheureusement victimes (12). » La prison abat la dignité personnelle de l'accusé ; la promiscuité fait de la prison une école de scélératesse et de pervertissement. Celui qui est accusé injustement est poussé à renier les valeurs de la justice : sa bonne réputation, qu'il a perdue malgré sa remise en liberté ou son acquittement, ne lui est pas rendue par l'opinion publique. Et, malgré les tentatives d'appliquer le régime cellulaire et de séparer les détenus en détention préventive de ceux qui ont été condamnés, la promiscuité prédominante est la source des inconvénients les plus graves.

En outre, on ne peut pas ignorer les effets économiques qui dérivent de l'usage aveugle de la détention préventive ; il appauvrit le pays et les familles des accusés ; il fait vivre ceux-ci dans l'oisiveté forcée tandis que le gouvernement se voit contraint d'employer des moyens toujours plus importants pour leur entretien. Le résultat consiste en une justice qui ne fonctionne pas, un système pénitentiaire trop punitif, une destination erronée des finances publiques (13).

La critique contre le régime de la détention préventive doit être lue au sein d'une polémique plus générale contre les formes inquisitoriales qui dominent la procédure pénale : le secret, la procédure écrite et la sujétion de la défense dans les phases cruciales du procès. Les idées de certains juristes — comme Lucchini — s'inspirent du modèle anglais, très vénéré, où la publicité et le débat garantissent légalité et certitude. L'assistance de la défense est invoquée au nom d'un procès pénal plus équilibré. « Il faut donc concéder un défenseur, mais pour une défense qui demeure à l'intérieur des limites d'une juste défense. De cette façon, l'on satisfera à l'ordre de la justice absolue qui veut l'égalité juridique et formelle. Le juge d'instruction a l'aide du ministère public et de la police judiciaire ; l'accusé a l'aide de son défenseur (14). »

La justice apparaît donc comme un mécanisme qui conditionne fortement la vie sociale du pays. C'est une justice qui opère de façon générique ; la facilité dans les arrestations en est un indicateur. Il s'agit d'un système indifférent : l'autoritarisme domi-

---

(12) Carrara, 1874, a, IV, p. 302 ; Carrara, 1874, b, IV, pp. 314 ss.
(13) Lucchini, 1872, pp. 144-181 ; De Luca, 1894, p. 293.
(14) Tolomei, 1874, p. 67.

nant et le caractère purement formaliste des principes libéraux rendent l'action judiciaire aveugle.

Le débat du code de 1865, qui anime dès la promulgation la scène de la science de la procédure pénale italienne en matière de détention préventive, constitue le début d'un cheminement doctrinal et parlementaire qui, à travers le projet Vigliani (et d'autres moins importants), va amener à la réforme de la détention préventive et de la liberté provisoire. Après trois ans de discussions, la loi du 30 juin 1876 sanctionne une volonté de réformisme modéré et de pragmatisme.

II — UN PROJET JURIDIQUE POUR LA RÉFORME DU SYSTÈME DE LA DÉTENTION PRÉVENTIVE : LA LOI DU 30 JUIN 1876

Le projet de loi présenté par le garde des Sceaux Paolo Onorato Vigliani en 1873 et approuvé définitivement, après maintes vicissitudes, le 30 juin 1876 sous le ministériat de Pasquale Stanislao Mancini, influence profondément l'histoire parlementaire, institutionnelle et doctrinale des institutions procédurales touchant à la liberté personnelle. Les travaux préparatoires, le débat, les polémiques, les réfutations d'ordre technique et doctrinal rendent les années 1870 et une bonne partie des années 1880 très agitées et fort significatives quant aux résultats législatifs et à la production scientifique.

Le projet Vigliani fut salué, malgré ses inévitables défauts, comme le premier pas courageux vers l'affirmation complète des garanties de liberté fondamentales. « Le principe dont s'inspire le projet ministériel est sain, libéral et infiniment civilisé et humanitaire... (15). » Pour la première fois, la règle générale est renversée : l'état ordinaire des accusés est celui de liberté, et l'état exceptionnel celui de détention. A la limitation de la détention préventive dans des limites plus rigoureuses correspond, en outre, une extension des cas où l'on concède la liberté provisoire. Sans aucun doute, la loi de 1876 se base sur un projet articulé de modifications et d'amélioratoins qui vont au delà de ces indications synthétiques. Mais à côté des bonnes et remarquables qualités de la loi, les juristes même favorablement impressionnés, en soulignèrent les lacunes persistantes, le caractère limité de ses améliorations, les possibilités ultérieures de réforme. L'on avança des

(15) Manfredini, 1875, p. 162.

critiques, par exemple, à propos du fonctionnement de la *camera di consiglio* : pour la légitimation des mandats d'arrêt, on n'avait pas prévu un délai péremptoire ; l'on condamna constamment le rapport asymétrique entre règle et exception à l'intérieur de la loi ; l'on critiqua la liberté provisoire sous caution.

La loi de 1876 est, donc, ambivalente : elle est dans son ensemble, très significative, comme acte de volonté politique ; mais les améliorations indéniables n'arrivent pas à éloigner l'idée que, sous certains aspects certainement pas secondaires, la loi constitue une occasion ratée, du moins en partie.

Du reste, la science juridique italienne, malgré les nationalismes culturels naissants, considère avec beaucoup d'intérêt les expériences européennes les plus significatives à la fois comme un point de repère pour les solutions du point de vue théorique. Le rappel des législations étrangères est une occasion de stimulation et de confrontation : la loi de 1876, elle-même, ainsi que le régime contenu dans les codes de 1859 et de 1865, subit une lecture « internationale ».

La référence au système anglais a une valeur plus culturelle qu'opérationnelle : l'*habeas corpus*, la publicité du procès, le degré de liberté civile, le sage empirisme dans l'administration de la justice constituent les raisons, quoique un peu stéréotypées, d'une longue admiration. Plus concrètement, les législations de la France et de la Belgique représentent les modèles principaux de la réforme italienne. Les lois françaises en matière de détention préventive qui intéressent plus précisément l'Italie sont celles de 1856 (17 juillet) et de 1865 (14 juillet). Les critiques de quelques juristes italiens (16) n'empêchèrent pas que certaines caractéristiques techniques transalpines pénétrassent dans notre procédure et que se diffusât l'œuvre de beaucoup de spécialistes français.

Et pourtant ce fut la loi belge de 1874 qui — en raison de ses innovations et de sa proximité dans le temps avec la loi italienne — eut le retentissement plus grand dans notre pays. Ce n'est pas un hasard si la *Rivista penale*, la revue fondée en 1874 par Luigi Lucchini, publie deux interventions importantes de deux spécialistes belges — l'une de Pergameni (17), l'autre de Thonissen (18) — toutes deux pour illustrer, avec des accents et des résultats différents, les aspects les plus significatifs de cette loi.

---

(16) Carrara, 1880, p. 267, avance que « en matière de progrès pénal et des réformes correspondantes, la France, pendant ce siècle, a toujours été la lanterne rouge de toutes les nations civilisées ».

(17) Pergameni, 1874.

(18) Thonissen, 1874.

Au delà des différences évidentes dans le régime de la détention préventive et dans l'ensemble de la procédure, on observe une homogénéité fondamentale des valeurs idéologiques des modèles internationaux. La réforme italienne, elle-même, évolue sous le signe de certains « principes » : modération dans l'intervention législative, médiation politique, conservatisme social. Les partisans italiens de la réforme et, aussi, leurs adversaires, font un instrument des raisons et des résultats des réformes des autres pays européens, en parvenant à des résultats complètement différents et, justement à cause de cela, beaucoup plus significatifs.

> « Et l'on ne pourra pas s'opposer à nous avec cette idée dont on a fait maintes fois un abus aussi singulier pour beaucoup de questions ; je me réfère au respect qu'il faut avoir pour la diversité des tempéraments, des traditions, des systèmes de vie publique et privée de toutes les nations... (19). »

En réalité, la situation italienne n'était pas comparable à celle des autres nations réformatrices ; et pourtant les changements apportés au système français ou belge démontraient une possibilité de réforme sans que la société civile tombât — comme le disaient des adversaires apocalyptiques — dans l'anarchie. Ainsi, la diversité des conditions qui était pour les conservateurs un obstacle défavorable, pouvait devenir pour Lucchini, Sala, Casorati, par exemple, une raison de réforme.

Cependant, il est nécessaire de se libérer des oppositions faciles et extrêmes à la fois : tous les juristes les plus avisés pensent que le projet Vigliani est perfectible ; mais les pivots qui soutiennent la réforme sont les précautions, la prudence méthodologique, la façon de procéder progressivement. Ce réformisme stable, presque de type anglo-saxon, caractérise les propositions et les solutions. Le changement doit être efficace et décidé, mais il faut qu'on l'opère « avec de sages précautions et avec cet esprit de progrès graduel et non excessif qui est nécessaire dans une matière pareille... » (20).

Le projet et ensuite la loi ne satisfont pas complètement les attentes de réforme. L'humanitarisme pénal attend des épreuves meilleures, « ... mais, en tenant compte des conditions particulières de notre pays, et de l'expérience, qui nous apprend que les institutions ne se perfectionnent pas tout d'un coup, mais à travers des améliorations graduelles, on ne peut s'empêcher de penser que la réforme proposée, dans son ensemble, sert à améliorer

---

(19) Sala, 1875, p. 507.
(20) Gatteschi, 1879, p. 34.

remarquablement le système de détention préventive et à jeter la semence pour des innovations plus hardies dans le futur (21). »

La loi du 30 juin 1876 est, sans aucun doute, une très importante déclaration de libéralisme juridique. Une première lecture du texte législatif met en évidence les aspects innovateurs : l'abolition de la détention préventive en matière correctionnelle, l'augmentation des cas de liberté provisoire, un système de défense plus favorable à l'accusé pendant l'instruction du procès. Les qualités de la loi sont synthétisées dans l'affirmation selon laquelle la condition ordinaire des accusés est la liberté, et l'exception à cette règle est la détention. Pourtant, ce renversement des principes du code est soumis à des critiques dès que s'approfondit l'analyse du régime législatif. Luigi Casorati en met en évidence, très clairement, le « vice caché ». « Il est utile avant tout de remarquer les traits caractéristiques de la réforme de 1876, qui aboutissent essentiellement à ce concept : extension des cas de liberté de l'accusé pendant le procès criminel ; exceptions et freins à cette extension (22). »

Voici le véritable nœud de la réforme : son ambivalence. Si le régime de la détention préventive est plus libéral dans l'ensemble, on ne peut nier que les exceptions à la règle sont trop nombreuses et souvent injustifiées. Sur la base d'une stratégie à la fois ancienne et toujours actuelle, les oisifs, les vagabonds, les mendiants, les suspects sont toujours exclus des bienfaits de la loi. Et aussi, par exemple, les accusés de rébellion ou de résistance, d'outrage ou de violence envers les dépositaires de l'autorité publique ou envers les agents de la force publique. Cette disposition manifeste, de façon presqu'emblématique, la présence, dans la loi d'aspects autoritaires non secondaires dans le régime de la liberté personnelle. L'on invoque le principe d'autorité pour justifier une disposition rigoureuse et absurdement sévère. Mais, comme le souligne Gaetano Leto, le prestige de l'autorité publique n'a rien à voir avec la détention préventive de l'accusé. Et justement « beaucoup d'accusés d'outrage et de violence n'auraient pas été condamnés, si la condamnation, surtout à certaines époques, n'avait pas eu la valeur de la justification de la détention qu'ils avaient subi auparavant ! » (23).

Les destins et l'incidence réelle de la réforme sont fortement conditionnés, d'un côté par le pouvoir discrétionnaire des juges qui a augmenté, de l'autre par l'interprétation opérationnelle de la loi. En outre, il ne s'agit pas seulement d'instaurer une orien-

(21) Borsani, Casorati, 1876, vol. 2, p. 468.
(22) Borsani, Casorati, 1876, vol. 3, p. 548.
(23) Leto, 1900, p. 930.

tation favorable ou contraire à l'accusé — qui pourtant représente l'objectif immédiat — mais de piloter les mécanismes d'interprétation si délicats et décisifs pour le fonctionnement du système de justice, ou bien vers un anéantissement ultérieur des aspects « libéraux » de la loi qui chancellent déjà, ou bien vers une emprise pragmatique croissante de la liberté individuelle. L'histoire ultérieure de la détention préventive s'identifie, en grande partie, avec la dialectique ordre-liberté jouée entre les solutions hésitantes des tribunaux et l'interaction doctrinale. Le rapport qui en résulte est très dynamique et instable.

L'architecture de la loi de 1876 confirme une bipartition particulière et significative de la politique pénale de l'État italien : on a l'impression qu'en elle cohabitent les principes universalistes du libéralisme juridique et les principes préventifs typiques des lois de sécurité publique.

III — APRÈS 1876. VÉRIFICATIONS EMPIRIQUES, PROJETS DE LOI ET NOUVEAUX COURANTS CULTURELS

Les statistiques judiciaires italiennes en matière de détention préventive ne peuvent qu'offrir un tableau indicatif et approximatif de la situation en raison de leur difficulté à mesurer le nombre des détenus et la durée des détentions.

La première statistique de 1869 montre que, sur un total de 185 000 personnes arrêtées au cours de cette année, la moitié a été remise en liberté dans la même année. Ces données et les données ultérieures semblent confirmer une idée déjà avancée : le régime juridique qui règle les arrestations, surtout dans la période précédant la loi, est insuffisamment sélectif. Il s'agit d'un système de justice qui ne semble pas trop gêné de recourir à l'arrestation des citoyens. Le fait qu'un nombre si élevé d'accusés, pour les raisons les plus différentes, soit remis en liberté chaque année après avoir subi une période de détention préventive montre l'importance de l'arrestation dans la stratégie de contrôle social de la population. Par conséquent, la véritable hérésie juridique, dénoncée énergiquement par les juristes libéraux, ne réside pas dans la détention préventive en soi, mais dans la légèreté immorale avec laquelle l'on emprisonne les citoyens.

Il existe un problème de durée de la détention préventive, mais il est subordonné au problème plus grave des mécanismes d'arrestation. En général la détention préventive ne dépasse pas six mois ;

c'est seulement dans les cas les plus graves qu'on parle d'un ou de deux ans. D'autre part, il ne faut pas oublier l'importance du dualisme Nord-Sud. Les tribunaux de Naples, Palerme, Catanzaro, Trani, Catane, l'Aquila, avec des exceptions certes, doivent faire face à une criminalité endémique qui est l'expression d'un profond malaise social. La dynamique de la détention préventive en subit les effets.

La loi de 1876 ne peut pas résoudre complètement les problèmes liés au système de la détention préventive : si la *Rivista penale* en analysant en 1881 les statistiques, souligne une amélioration graduelle consécutive à l'application du nouveau régime, déjà dans les années 1890 l'usage de la détention préventive apparaît à un niveau plutôt élevé, malgré les indiscutables aspects positifs de la réforme.

En effet, la loi du 30 juin 1876 reste particulièrement significative par rapport au panorama normatif italien : il s'agit de l'unique loi en matière de détention préventive avant la réforme du code de 1913. L'histoire ultérieure équivaut à un catalogue de tentatives et de projets jamais réalisés. La tendance vers une réforme graduelle inspire les nouvelles propositions, mais avec une prudence croissante, à travers des changements partiels, et de simples retouches. Mais, comme le remarqua Luigi Lucchini, « ...le problème est que de certaines retouches (style ministériel), de certains remaniements par bribes et par morceaux, de certains rapiècements, il serait absolument fou d'espérer tirer quelques constructions » (24). Le projet Tajani (1886) et le projet Ferraris (1891) proposent de sensibles améliorations ; et pourtant, il n'est pas difficile d'apercevoir un nœud insoluble. Déjà, à partir des années 1880, la science pénale italienne subit un processus de segmentation. De nouveaux choix scientifiques et idéologiques, du positivisme à ce qu'on a appelé socialisme juridique, menacent la suprématie de l'« école classique ». Le développement dans un sens extrémiste du débat scientifique n'interrompt pas le mouvement de réforme, mais en change souvent les buts et en influence les traits les plus caractéristiques.

Entre les années 80 et 90, l'Ecole positive met au point une théorie spécifique de la détention préventive. Raffaele Garofalo, tout en amenant le discours à ses extrêmes conséquences, en synthétise les principes fondamentaux : il n'existe pas un *droit sacré* de l'accusé à la liberté jusqu'à une sentence de condamnation définitive. « Mais avant tout, il faut démontrer que la détention préventive n'est pas une institution barbare, incompatible avec la civilisation, destinée à être progressivement limitée et enfin

(24) Lucchini, 1887, p. 166.

complètement abolie, comme l'affirmèrent certains rhéteurs ou sophistes parmi ceux qui d'habitude ne regardent tous les problèmes sociaux que petitement et du point de vue de l'individualisme » (25).

Garofalo nie que la présomption d'innocence ait une valeur par rapport à la détention préventive : souvent « le jugement est rendu à l'avance et la condamnation est prononcée par le tribunal de l'opinion publique » (26). L'école positive récupère les raisons traditionnelles utilisées pour justifier la détention préventive et y ajoute la préférence à des concepts qui ne respectent pas la légalité, et à des aspects irrationalistes. La notoriété du délinquant, la conscience publique du crime, le sentiment public doivent guider l'action de la justice. Le renvoi au « tribunal du peuple » qui voit commettre les crimes et qui juge les délinquants avant la justice de l'État introduit dans le système pénal une tendance à l'aggravation et au renversement des principes de garantie du droit pénal classique.

IV — ASPECTS CONTRADICTOIRES DANS L'ŒUVRE DE RÉFORME : RÉPARATION DES ERREURS JUDICIAIRES ET PERSPECTIVES DU NOUVEAU SIÈCLE

Sur la toile de fond de l'immobilisme législatif qui suit la réforme de 1876, s'avère intéressant le débat sur les moyens pour réduire les effets négatifs de la détention préventive.

Avec le code Zanardelli de 1889 on arrive à l'introduction d'un « système juridique de calcul », pour utiliser une expression de Carrara (27) : la période de détention préventive subie par l'accusé était imputée en entier sur la durée de la peine infligée par un jugement définitif. Cette imputation sert à établir une relation exacte entre la détention préventive — qui en réalité signifie une captivité dure et pénible — et la peine infligée par la suite. En effet, si l'imputation intégrale est l'instrument évitant au condamné de supporter une période plus longue de détention, est vraiment dramatique, la situation de celui qui a subi une période de détention préventive qui ensuite s'est avérée injustifiée. C'est le problème de l'erreur judiciaire et de son éventuelle réparation.

Le débat sur la réparation des erreurs judiciaires acquiert son

(25) Garofalo, 1892, p. 199.
(26) Garofalo, 1892, p. 199.
(27) Carrara, 1874, b, pp. 327-346.

importance vers la fin du XIXe siècle et « explose » dans la première décennie du XXe siècle. Le rapport entre le régime de détention préventive et les propositions d'indemnisation est très étroit et très significatif : la réparation vise à nier la réforme de la détention provisoire et de la procédure pénale dans son ensemble. Paradoxalement, les mécanismes d'indemnisation, qui sont certainement humanitaires et aptes à avoir une incidence sur l'administration de la justice, opèrent dans un sens « conservateur ». De façon cohérente, en 1872, Luigi Lucchini, se disait opposé à la réparation : seule une profonde réforme de la justice et de la procédure pénale pouvait prévenir les erreurs (28).

Sous certains aspects, la discussion de la fin du siècle sur la réparation des erreurs judiciaires démontre un relâchement dans la volonté de réforme ; une partie de la science juridique a tendance à glisser sur le problème de l'injustice de la détention préventive et voit dans l'indemnisation une espèce de panacée apte à résoudre tous les défauts de la justice. Si on assiste à un remarquable accord autour de la nécessité d'une forme de réparation des erreurs judiciaires, on n'a pas une adhésion semblable à propos du fondement juridique de la réparation.

L'État lui-même doit être responsable de ses actions.

> « Bref, nous disons que l'État est soumis lui-même à l'empire de cette loi générale, qui impose de réparer le dommage qu'on a causé à autrui (29). »

Arturo Rocco considère les nombreuses théories élaborées pour établir un principe de responsabilité de l'État, comme dépourvues d'un réel fondement positif. Rocco part de la science administrative allemande et surtout de la théorie de Jellinek. Celui-ci distingue l'action de l'État qui opère ou bien comme personne juridique de droit privé ou bien comme personne juridique de droit public. L'administration de la justice rentre dans la deuxième sphère de l'action de l'État : en ce cas, il n'est pas possible de parler d'une responsabilité de l'État, parce qu'il agit dans l'exercice d'un pouvoir souverain *(jure imperii)*.

D'autre part, l'action de l'État peut être considérée comme injuste, certes, mais elle ne peut jamais être illégitime et contraire à la loi. En effet, la liberté que le citoyen possède par rapport à l'État n'est pas naturelle : au contraire, c'est une liberté juridique, c'est-à-dire circonscrite dans le droit objectif positivement établi (30).

---

(28) Lucchini, 1872, p. 259.
(29) Gregoraci, 1891, p. 178.
(30) Rocco, 1902, p. 422.

« Donc, puisque la liberté du citoyen se trouve devant un pouvoir discrétionnaire du magistrat, ce n'est pas un droit que le magistrat viole à travers l'exercice de ses pouvoirs, mais c'est un simple intérêt. C'est pour cela que si l'État poursuit un innocent, il lui cause un dommage, mais non pas un dommage juridique ; il viole un de ses intérêts, mais non pas un de ses droits subjectifs, il opère injustement, mais jamais illégitimement et de façon contraire au droit (31). »

Arturo Rocco, ayant rejeté et réfuté les théories non juridiques, en propose une qui configure le droit à la réparation comme un droit public subjectif individuel. Ce droit à la réparation est un droit civique. L'erreur judiciaire est considérée comme un malheur inhérent au système politique. L'État, comme dans le cas des calamités naturelles, doit intervenir en indemnisant celui qui a été accusé injustement.

« La réparation des erreurs judiciaires en faveur des victimes n'est qu'un rapport juridique, un droit et un devoir juridique public d'assistance entre État et citoyen ; c'est une assistance obligatoire que l'État doit fournir à ceux qui furent frappés par le malheur d'une erreur judiciaire (32). »

En réalité, la raison juridique proposée par Rocco semble plus une largesse piétiste qu'un droit à la tutelle de la liberté individuelle ; c'est plus une forme de bienfaisance qu'un droit civique.

Cependant, le plus surprenant est l'attitude de Luigi Lucchini. En 1872, lorsqu'il était un étudiant jeune et fougueux, il avait écrit une des œuvres fondamentales en matière de détention préventive et de tutelle de la liberté personnelle, se montrant l'interprète de réformes modérées mais riches en conséquences positives. En 1872, Lucchini s'était dit opposé à un mécanisme de réparation des erreurs judiciaires, non pas parce qu'il était insensible à la voix de l'humanitarisme pénal, mais parce qu'il était conscient de la signification profonde de la réparation. Elle déplaçait le problème des réformes concrètes de la justice à l'exigence, tout à fait sacrée, de reconnaître à celui qui a été injustement poursuivi un droit de compensation. Or, en 1903, Lucchini est le promoteur, au Parlement, d'une proposition de loi sur la réparation des erreurs judiciaires (33) qui accepte en entier les théories de Rocco.

Ainsi à trente ans de distance, le panorama apparaît-il radicalement changé. Le « changement de cap » n'est certainement

(31) Rocco, 1902, p. 426.
(32) Rocco, 1902, p. 545.
(33) Lucchini, 1903.

pas définitif et il ne bloque pas le chemin des réformes en matière de liberté personnelle. Cependant, le nouveau régime prévu par le code d'instruction criminelle de 1913 montre, dans le cadre d'un progrès indiscutable des exigences de liberté, des orientations qui sont le fruit de compromis « entre les vieilles motivations et les nouveaux principes » (34). L'histoire de la réparation elle-même, qui n'aboutit à rien de concret du point de vue législatif, témoigne, enfin, une volonté différente d'intervenir activement sur la justice italienne.

(34) Amato, 1967, p. 197.

EN 1933, IL EST TROP TARD...
L'ÉPHÉMÈRE LOI DU 7 FÉVRIER 1933

Martine KALUSZYNSKI, Philippe ROBERT

Pendant le siècle et demi que dure le code d'instruction criminelle, seul finalement le Second Empire réussit à modifier durablement ses dispositions sur la détention préventive. Et pourtant, quand la Troisième République s'établit, qui imaginerait qu'elle ne parviendra pas en fin de compte, à s'éloigner en cette matière, de la législation impériale ?

Le débat subit, en effet, avec le changement de régime, un infléchissement qui doit le recommander à la vigilance du législateur républicain et le placer parmi ses priorités réformatrices.

I — LES DIFFICILES EXIGENCES DE LA LIBERTÉ

Les réformes impériales répondaient, vraisemblablement, surtout à un souci d'efficacité judiciaire. Tandis que les correctionnalisations vidaient les assises, en correctionnelle, les poursuites exercées par le parquet occupaient la place laissée libre par l'effacement progressif des poursuites administratives et des citations directes par les particuliers (1).

Appliquer systématiquement à ce contentieux accru les procédures formalistes bâties surtout en considération de poursuites criminelles, voilà qui aurait conduit à engorger la répression. On a donc voulu éviter l'ouverture d'une information quand il s'agissait seulement de retenir jusqu'à un prochain jugement (flagrant délit) (2), accélérer l'information (suppression de la chambre du conseil), éventuellement disjoindre l'information de la détention.

(1) Voy. par ex., *Compte général*, 1989, pp. 15-17 ; Schnapper, 1988, *passim*.
(2) Carbonnier, 1938, p. 96 : la loi du 20 mai 1863 a créé une « procédure foudroyante ».

La République, elle, ne voit dans la détention préventive qu'un problème de libertés publiques. Au crépuscule de la Troisième, Jean Carbonnier écrira même (3) qu'il y a là un des rares points de procédure pénale à concerner réellement les libertés. Un autre texte majeur, celui qui nourrit tous les projets de réforme, le rapport (4) à la Société des prisons en 1901 est, de manière très caractéristique, confié, non à un pénaliste, mais à un agrégé de droit public, un spécialiste des libertés publiques.

Or, la République se veut, avant tout, liberté recouvrée et libertés élargies : libre élection des représentants et souverain exercice par ceux-ci de l'intégralité du pouvoir politique, mais aussi liberté de réunion, d'association, de syndicalisation, d'expression, — notamment par la presse —, liberté communale, laïcité enfin de l'État qui renvoit toute croyance au domaine privé et en libère la sphère publique...

Reste que la République hérite d'un État administratif que protège une législation fort peu libérale pour les « assujettis ». Et le droit pénal, notamment, fourmille de dispositions peu compatibles avec les libertés. L'infortuné Roger avait déjà soulevé le problème après la révolution de 1830, avec plus de constance que de succès : comment irriguer les lois ordinaires avec une liberté politique fraîchement acquise ? En 1904, l'ancien préfet Ferrand repose le problème dans *Césarisme et Démocratie*.

Ici, le bilan comporte plus de projets que de réalisations, et surtout durables. Un versant manque au monument législatif que la Troisième élève pour exalter les libertés. Machelon (5), on le sait, s'est emparé de cette incontestable carence pour instruire un procès plus global, soupçonnant les républicains de ne porter, au delà des grandes déclarations, qu'un amour très mesuré à la garantie des libertés individuelles concrètes.

Pour notre thème particulier, il importe de voir que la détention préventive n'est jamais traitée seule. On l'envisage toujours parmi l'ensemble des mesures d'arrestation et de détention qui scandent le processus pénal avant toute déclaration de culpabilité. Et, derrière les règles de procédure judiciaire, le débat pointe vite l'action policière et les multiples cas où elle met à mal la liberté d'aller et de venir. De multiples interpellations dénoncent, à l'occasion d'« affaires » ou de « bavures », des arrestations ou des détentions arbitraires (6). Le *Bulletin* de la Ligue des droits

---

(3) Carbonnier, 1938, p. 4. Cette édition correspond à la première partie d'un mémoire couronné en 1937 du prix Odilon Barrot par l'académie des sciences morales et politiques.

(4) Larnaude, 1901.

(5) Machelon, 1976.

(6) Voy. p. ex. le procès de la lanterne (interpellation Clémenceau du 3 mars 1879), les affaires Gyber (interpellation du 10 avril 1881) ou Foussier (interpella-

de l'homme se nourrit de ces « affaires » tout autant que de l'arbitraire policier envers des catégories entières, vagabonds, mendiants, nomades, surtout prostituées, totalement abandonnées aux usages de la police des mœurs. Comment changer ces comportements administratifs ? A ces juristes, il faut un texte dans l'univers du droit positif, une cible à leur mobilisation. Ce sera l'article 10 du Code d'instruction criminelle, expressément voulu par Napoléon (7) pour armer les préfets sans en faire des officiers de police judiciaire soumis à l'autorité des procureurs généraux.

En 1884, l'ouvrage pamphlet d'Y. Guyot (8) dénonce les pouvoirs excessifs de la police, singulièrement de la préfecture de police parisienne, et la complaisance d'une justice incapable de s'y opposer. Faustin Hélie n'est pas moins sévère :

> « Que devient l'indépendance de la justice, que deviennent les garanties que la loi a voulu accorder à la liberté individuelle, à l'inviolabilité d'un domicile, lorsqu'un préfet peut faire personnellement des actes de police judiciaire, dresser des procès-verbaux, décerner des ordres d'arrestation, procéder à des visites domiciliaires... Le préfet, agent révocable du pouvoir exécutif, ne se rattache par aucun lien à la justice. Il n'est point soumis à son autorité, il est étranger à ses règles. N'est-il pas à craindre que ce pouvoir exorbitant, surtout dans les temps d'agitation politique, ne devienne entre les mains des préfets "un moyen d'oppression contre les personnes dont ils soupçonnent les opinions, les liaisons, les démarches" ? Et même dans les temps les plus calmes n'est-il pas déplorable, n'est-il pas contraire aux principes qui régissent les institutions judiciaires que la justice reçoive son impulsion de l'administration, que celle-ci se mêle à ses actes, qu'elle usurpe une partie de ses attributions, qu'elle se substitue à sa place ? N'est-ce pas la plus étrange confusion des pouvoirs ? Et cette confusion devrait-elle exister quand il s'agit des droits les plus graves de l'autorité judiciaire ? (9).»

Or, l'article 10 sert à fonder les pratiques exorbitantes de la police et des préfets, singulièrement de la préfecture de police. Utilisé en matière d'espionnage, il l'est aussi dans la lutte politique. Plus étonnant, il intervient, semble-t-il, sans cesse pour justifier des pratiques de police judiciaire courante, au moins à Paris où la préfecture de police s'arroge le droit de filtrer procès-verbaux

---

tion du 29 mai 1903), etc. ; la répression de la manifestation des étudiants du Quartier latin le 27 mai 1882, de celle de Lonchamp en juin 1899...

(7) Esmein, 1882, p. 537. *Bulletin de la Société Générale des Prisons*, 1901, p. 443.

(8) Guyot, 1884.

(9) Hélie, 1866, pp. 111, 134 ; on verra aussi chap. 14 et 15 du vol. IV, pp. 594-703, sur l'instruction écrite.

et même déférements (10). Enfin, il sert de paravent à la police des mœurs et fonde un contrôle médico-policier totalement arbitraire... au nom de l'ordre et de l'hygiène publics. Plus généralement, l'article 10 procure un paravent de légalité à toutes les polices administratives qui contrôlent arbitrairement une catégorie marginale.

Dénoncée de toutes parts, une disposition aussi emblématique suscite pourtant bien des timidités. Contredisant la commission chargée de la réforme du code d'instruction criminelle, le projet de 1879 ne supprime l'article 10 que pour la province où on ne l'applique guère. Le projet de la Société des prisons ne va pas plus loin. Et les Chambres, quand elles votent l'abrogation en première lecture comme en 1884 et en 1909, oublient de mener le processus à son terme.

C'est que la police — en fait la police parisienne — défend, bec et ongles, une disposition qui lui donne toute latitude et couvre aussi largement la responsabilité de ses agents. En 1879, c'est Andrieux, le préfet de police, qui persuade le gouvernement de désavouer la commission extra-parlementaire (11). En 1901, à la Société des prisons, la préfecture a son agent, Puibaraud, qui exerce un chantage efficace :

> « Le jour où l'article 10 serait rayé de nos codes, la préfecture de police n'aurait plus qu'à déménager (12). »

L'enjeu se découvre peu à peu : c'est l'ordre à Paris. La police le garantit ; en contrepartie, elle exige qu'on ne s'immisce pas dans ses pratiques, qu'on ne touche donc pas au texte qui leur sert de couverture. Pour un régime qui a eu l'impression de naître laborieusement, qui se trouve sans cesse menacé et qui se juge fragile, l'enjeu est de taille : entre le souci de se démarquer des régimes autoritaires précédents et celui de défendre la République si longtemps attendue, l'hésitation est marquée. Les projets sur la détention préventive ont pâti du débat sur l'article 10.

Cette raison-là, tout le monde en convient. Elle est peut-être un peu plus complexe qu'on le pense d'ordinaire : n'y a-t-il pas aussi une certaine gaucherie de ce personnel politique de juristes des nouvelles couches envers l'administration ? Il sait fort bien y mener une politique des dépouilles pour faire place à la clientèle républicaine affamée de postes. On le trouve moins virtuose quand il s'agit de modifier des comportements administratifs profondément ancrés. S'il faut s'occuper de la police — et le radica-

(10) *Bulletin de la Société Générale des Prisons*, 1901, p. 639.
(11) Machelon, 1976, p. 190.
(12) *Bulletin de la Société Générale des Prisons*, 1901, p. 216.

lisme d'avant-guerre la développe beaucoup — mieux vaut s'attacher à étendre son travail de prévention qui s'inscrit dans une perspective plus large d'ordre social républicain.

Plus profondément, il faut peut-être pénétrer davantage dans l'idéologie républicaine avant de se borner à constater — ce qui n'est pas faux mais insuffisant — que les républicains ont préféré en la matière l'ordre aux libertés. Car ils sont profondément attachés à la liberté, mais ils la conçoivent surtout comme une liberté politique (13) : participer librement à l'élection des représentants, participer librement aux débats d'opinion et le faire utilement, éclairé par une instruction laïque et généralisée, voici le noyau dur de la liberté républicaine. Le reste importe moins vitalement et on finira bien par l'obtenir par surcroît si l'essentiel est assuré. Assurément importante, la rectification des lois particulières n'est donc pas prioritaire ou fondamentale.

Il ne faut pas négliger enfin, s'agissant de lois, les raisons proprement parlementaires. On sait combien la technique parlementaire de la Troisième peut être longue, mis à part quelques coups de sang (les lois scélérates) : faiblesse du *leadership* gouvernemental, ordre du jour et travail en commission peu rationnalisés, freinage du Sénat « républicain certes mais rural et conservateur » (14), peut-être surtout répugnance à légiférer quand on ne sent pas un ferme support d'opinion... A ne pas maîtriser le temps, on s'expose, comme en 1933, à légiférer à contretemps. Votée avant 1914, la réforme aurait été acceptée tout autant que celle, pourtant saturée d'effets pervers, de 1897. Quand le régime chancelle, elle apparaît comme une preuve d'inadaptation et d'archaïsme de la vie politique. Evidemment, les députés perfectionnistes de 1909 auraient eu du mal à deviner que le temps était tellement compté.

Ajoutons une raison particulière : la matière ne suscite pas les clivages politiques habituels. On trouve des propositions de droite comme de gauche, les débats parlementaires sont pauvres ou inexistants, les votes — quand on y arrive — souvent consensuels. Le sens commun verrait dans ce consensualisme un facteur favorable à la réforme. Peut-être se tromperait-il : un thème qui ne permet pas de mobiliser les clivages habituels n'anime pas la vie politique. Il est amorphe et ne trouve pas facilement un courant porteur.

Au delà de la révérence faite aux libertés, au delà des mobilisations sporadiques que suscite tel ou tel scandale, la réforme de la détention préventive anime surtout des cercles extraparlemen-

---

(13) Nicolet, 1982, *passim*, p. ex. 356.
(14) Nicolet, 1982, p. 174.

taires de spécialistes (de la justice ou des libertés). Il manque d'enjeu politique. Ils sont les seuls à trouver la matière réellement fondamentale pour les libertés de tous. Avant-guerre ils ne parviennent pas, contre toute vraisemblance, à mobiliser suffisamment les parlementaires. Et leur improbable victoire leur révèle crûment combien la Nation a maintenant d'autres préoccupations.

II — UNE MOBILISATION DE JURISTES

C'est à travers toute une série d'organes que le monde des juristes revendique une meilleure protection des libertés individuelles dans les lois pénales. Et la Ligue des droits de l'homme et la Société générale des prisons, deux autorités morales reconnues, en débattent attentivement. Plusieurs des petites thèses de droit de l'époque s'attachent aux garanties des libertés individuelles. On en traite à la *Revue de droit public*, notamment à travers les chroniques de Jèze ou de Rolland, mais aussi à la *Revue des deux mondes* (15) ou à la *Revue administrative*... H. Coulon se fait le chantre fougueux de la liberté individuelle, il multiplie les opuscules (16) pour recenser les réformes qu'elle exige en procédure pénale. La Société d'études législatives consacre des séances à ce thème, tout comme le fait l'Académie des sciences morales et politiques à l'occasion du fameux rapport du substitut Morizot-Thibault (17).

Examinons plus en détail quelques-uns des aspects les plus caractéristiques de ce débat extra-parlementaire.

Le 20 février 1898, à l'occasion de l'affaire Dreyfus, le sénateur Trarieux, entouré de personnalités comme J. Psichari, Joseph Reinach, Yves Guyot ou A. Ranc, crée la Ligue des droits de l'homme. Ce nouveau forum dénonce avec vigilance les atteintes aux libertés individuelles. En 1905, par exemple, plusieurs sections (Barcelonnette, Epinay-sur-Orge, Chambéry, Lausanne même) s'élèvent contre des arrestations arbitraires ou des bavures policières. Toute une partie du congrès national qui se tient la même année à Paris, est consacrée à la liberté individuelle : dans la foulée d'un rapport vigoureux, Tarbouriec, professeur au Collège libre de sciences sociales et membre du comité central, fait adopter trente-huit vœux sur les garanties des libertés et la réforme du code d'instruction criminelle (18).

---

(15) Voy. p. ex. Picot, 1903.
(16) Coulon, 1900, 1902, a, b, c, 1904.
(17) Morizot-Thibault, 1903.
(18) *Bulletin de la Ligue des droits de l'homme*, 1905, pp. 536-559, 892-911.

Le législateur ne se presse pas de les accueillir, la Ligue ne se décourage pas pour autant : lors du congrès de 1921 (19), elle appelle à la reprise du processus législatif pour transformer, enfin, en loi le projet que le Sénat avait voté en première lecture en 1909.

Et puisque le parlement ne se presse décidément pas, le congrès de 1923 revient à la charge. Après un discours d'Albert Chenevier et le rapport Violette (20), une résolution dénonce la détention préventive, demande l'indemnisation des incarcérations injustifiées, réclame que les demandes en révision soient désormais déposées à la Cour de cassation et non à la Chancellerie, exige la suppression de la police des mœurs, l'abrogation des lois scélérates, enfin l'abolition de toutes les juridictions d'exception, y compris les conseils de guerre.

Mais ce sont les débats de la Société générale des prisons qui importent le plus à notre propos. Mi-commission extraparlementaire privée, mi-société savante, elle est le véritable laboratoire de la législation pénale : les débats parlementaires paraissent souvent pauvres, la véritable discussion s'est déjà déroulée ailleurs, entre juristes spécialisés, tout le travail préparatoire est déjà fait.

C'est fréquemment que l'organe (21) de la Société témoigne de préoccupations pour le régime de la détention préventive et, plus largement, la protection des libertés en procédure pénale. Une contribution surplombe néanmoins de très haut toutes les autres : en 1901, après avoir organisé une enquête internationale, la Société débat d'un ample rapport Larnaude et accouche finalement d'un avant-projet de loi. Voilà la carrière dont on tirera désormais projets et propositions de loi, mais aussi les argumentaires qui vont structurer tous les débats postérieurs sur la détention préventive entre l'ordre et les libertés.

La Société a, il est vrai, bien fait les choses : d'abord un vaste tour d'horizon comparatif (22) grâce à ses correspondants étrangers — Paul Lerebours-Pigeonnière en fait la synthèse —, ensuite une enquête sur la pratique des juges d'instruction parisiens, Paul Jolly, de Valles, Pasques, Albarrel, G. Le Poittevin (23)..., enfin un rapport général (24) confié à un agrégé de droit public.

---

(19) *Id.*, 1921, p. 42 ; vœu déjà adopté par le Conseil municipal du Havre.

(20) *Id.*, 1923, p. 419.

(21) *In Bulletin de la Société Générale des Prisons*, voy. An., 1883, 1905, 1922 et aussi Mourial 1900 ; Rivière, 1901 ; Gigot, 1903 ; Prudhomme, 1903 ; Cuche, 1907.

(22) Voy. questionnaire, *Bulletin de la Société Générale des Prisons,* 1901, p. 239.

(23) *Id.*, p. 186, note 1.

(24) Larnaude, 1901.

Né à Condom en 1853, Ferdinand Larnaude a été chargé de cours à Aix en 1877, agrégé à Bordeaux en 1878 ; transféré à Paris en 1882, il y devient en 1893 titulaire de droit public (25). En 1910, il sera le doyen de la faculté de droit. Longtemps directeur de la *Revue de droit public,* il présidera la Société des prisons durant l'exercice 1927-1928. Modestement, il s'excuse d'occuper une place où l'on attendrait un technicien du pénal. Par delà la politesse du propos, on aperçoit nettement le changement d'accent : on ne s'intéresse pas à la détention préventive en soi ni à toute autre institution pénale (26) ; c'est la liberté individuelle qui importe ; à son aune, on inspecte les lois pénales soupçonnées de recéler des dispositions liberticides. C'est que la liberté est fragile :

> « Je termine ces préliminaires en attirant votre attention sur la nature très particulière, très délicate du droit en présence duquel nous nous trouvons ici. Il est loin d'avoir la robustesse du droit de propriété. Ce droit de propriété, c'est le bloc de roche dure, qu'on ne peut, pour ainsi dire, pas entamer. C'est, vous me permettrez la comparaison, le vieux chêne à la puissante ramure, au bois dur comme du fer. La liberté individuelle c'est, au contraire, une plante fragile, aux fleurs délicates, qu'on peut flétrir rien qu'en les effleurant, et flétrir pour toujours ! Il faut l'entourer de barrières protectrices ; il lui faut une protection toute particulière (27). »

Quels sont donc les « postulats du droit public moderne (28) » qu'il faut placer au fondement du débat ? Considérer la liberté individuelle comme un droit que la loi doit sanctionner en prévoyant des garanties, des armes pour sa défense. Au législateur donc d'arbitrer entre le besoin de protéger la liberté de l'individu et les nécessités de la sécurité publique. Ferdinand Larnaude n'est pas de ces libéraux à tout crin tels Henri Coulon ou Emile Garçon (29) ; avec un visible souci de modération, il traite successivement de l'arrestation — notamment du fameux article 10 —, de la mise en détention, de sa durée et de son règne — qui « ressemble terriblement » à une peine — (30), de la liberté provisoire.

---

(25) Parmi ses travaux, on peut citer des études sur l'enseignement des sciences politiques (1895), le droit de grâce (1899), le droit public et la législation comparée (1900), la réforme des lois sur les aliénés (1904), les syndicats des fonctionnaires (1906), la loi sur les accidents du travail et de l'agriculture (1906), les sciences juridiques et politiques dans la science française (1916), l'unification législative (1928).

(26) Caractéristique est la faible place consacrée aux statistiques criminelles : à peine quelques chiffres relevés à la hâte (Larnaude, 1901, p. 212) et placés en toute fin de rapport quand tout est dit.

(27) Larnaude, 1901, p. 189.

(28) Larnaude, 1901, p. 187.

(29) *Sic* Carbonnier, 1938, p. 19.

(30) Larnaude, 1901, p. 211.

Au cours de la discussion qui suit (31), on voit intervenir des agrégés de droit, Berthélémy, Emile Garçon des magistrats, l'avocat général Mack, le conseiller Petit ; surtout, le comte de Ramel a l'occasion de rappeler l'économie de sa proposition de loi ; et l'homme de la préfecture de police, Puibaraud, entame habilement la défense de sa maison et de l'article 10. Néanmoins, la séance de janvier ne suffit pas à épuiser le débat ; on y revient encore en février (32).

Après quelques interventions de magistrats — le vice-président Mourral et surtout le juge d'instruction Jolly qui remarque : « vouloir... supprimer (la détention préventive) de vos codes, ce serait vouloir supprimer du même coup l'instruction préparatoire » — (33), on entend un véritable rapport bis d'Emile Garçon, puis des députés, Ribot, Cruppi, Ferdinand Dreyfus. On s'attache surtout à la responsabilité personnelle des agents : la mettre en cause assurerait leur docilité au vœu du législateur. Le débat n'est pas épuisé pour autant, il faut le poursuivre à la séance de mars (34) avec Georges Picot, secrétaire perpétuel de l'Académie des sciences morales et politiques, et surtout le fougueux avocat Henri Coulon, outre quelques magistrats et avocats... et Puibaraud qui continue sans relâche à prévenir toute réforme susceptible de toucher aux pratiques policières (35).

Finalement la première section de la Société traduit tous ces débats en avant-projet (36) de loi qu'accompagne un copieux exposé des motifs de Paul Lerebours-Pigeonnière (37). On y traite du droit d'arrestation, notamment on maintient au seul préfet de police une version restreinte des pouvoirs de l'article 10 ; mais F. Larnaude, E. Garçon et A. Le Poittevin, les trois agrégés de droit, ont du mal à venir à bout des abolitionnistes : ils doivent profiter de l'absence momentanée de l'un d'entre eux, le juge d'instruction G. Le Poittevin. On veut aussi réserver l'instruction à des magistrats ayant quelque bouteille... Seul capable de délivrer mandat, devrait-il risquer de voir sa responsabilité person-

(31) *Bulletin de la Société Générale des Prisons*, 1901, pp. 214-238.

(32) *Id.*, pp. 429-479.

(33) *Id.*, p. 433.

(34) *Bulletin de la Société Générale des Prisons*, 1901, pp. 636, 681.

(35) Avec succès : Larnaude conclut : « Je ne crois pas non plus qu'il faille demander la tête de la préfecture de police. C'est là encore un de ces grands remèdes qui risquent de faire plus de mal que de bien. Certes, je n'ai pas épargné les critiques à l'article 10 ; mais j'estime qu'on irait trop loin en les rayant de nos codes. N'oublions pas que la préfecture de police a développé une grande partie de ses services avec cet article 10 (*Bulletin de la Société Générale des Prisons,* 1901, p. 678).

(36) *Bulletin de la Société Générale des Prisons*, 1901, pp. 1173-1175.

(37) *Id.*, pp. 1130-1175.

nelle mise en cause, comme le suggérait E. Garçon ? Suivant Larnaude, la section a fini par s'arrêter à une responsabilité de l'État. Toujours possible si l'emprisonnement est encouru, le mandat sera limité à un mois renouvelable par ordonnance motivée.

Le terrain semblait alors déblayé. Les parlementaires, nombreux aux séances de la Société, paraissaient disposer désormais des données nécessaires pour réformer enfin le régime de la détention préventive.

Avant de plonger dans l'océan des avatars parlementaires, soulignons l'irruption d'un nouveau venu. Sous la monarchie de Juillet, le débat est monopolisé par des magistrats, avec, en mineur, quelques avocats. Ces deux catégories, la seconde surtout, sont encore les protagonistes des discussions sous le Second Empire. Certes, elles demeurent en scène à la Belle Epoque. Mais — même si l'avocat est le type de l'homme politique républicain et notamment radical —, c'est désormais l'universitaire qui mène vraiment le débat.

III — UN PROCESSUS LÉGISLATIF INTERMINABLE

Les travaux de la Société des prisons en 1901 vont inspirer notamment le projet déposé en 1907 par le gouvernement Clémenceau, donc la tardive et éphémère loi de 1933. A vrai dire, la détention préventive était apparue sur les tablettes du législateur républicain avant que s'agitent les sociétés de juristes, mais dans un autre cadre : la révision de la procédure pénale. Quand il devient clair que l'entreprise était irrémédiablement enlisée, que le morceau était trop gros pour les capacités réformatrices, on se préoccupe alors d'en détacher au moins, à coups d'initiatives parlementaires, les aspects qui importaient le plus à la libéralisation de la justice pénale. Cette stratégie réussit pour l'introduction de l'avocat dans l'instruction préparatoire ; elle échoue sur les autres plans. C'est alors que les juristes libéraux éprouvent le besoin de reprendre l'affaire à zéro par une sérieuse préparation extra-parlementaire. Commençons donc par rappeler rapidement cette première et infructueuse phase parlementaire.

1) L'impossible révision du code d'instruction criminelle

Le 27 novembre 1879, Le Royer, garde des Sceaux du gouvernement Waddington, dépose sur le bureau du Sénat un projet (38) modifiant le livre premier et une partie du deuxième livre du code d'instruction criminelle. Pour préparer cette initiative gouvernementale, Dufaure avait créé, l'année précédente, en octobre 1878, une commission extra-parlementaire chargée de remodeler les parties les plus défectueuses du code. Comme l'écrira bientôt Adhémar Esmein (39), la procédure de jugement est accusatoire et toute inspirée des innovations révolutionnaires, mais l'instruction préparatoire a été ramenée très près des traditions d'Ancien Régime. Les juristes libéraux aspirent à modifier cette partie-ci pour diminuer la contradiction entre les deux phases. En 1870 déjà, dans le cadre de la libéralisation de l'Empire, le ministère Ollivier avait chargé une commission de réformer la procédure pénale, mais l'entreprise s'était abimée avec le régime. Les réflexions étaient assez assurées cependant que la commission (40) Dufaure, — ses « jurisconsultes et... criminalistes éminents auxquels ont été adjoints plusieurs membres du parlement » — rende sa copie en quelques mois. Manipulé par Andrieux, le gouvernement n'ose pas, on l'a dit, suivre la commission dans l'abolition totale de l'article 10 (41). Pour le reste, le projet maintient l'instruction préparatoire et secrète, mais la rend contradictoire : après les excès opposés des législations révolutionnaire et impériale, le temps est venu d'une solution médiane, plus inspirée des droits belge, autrichien ou allemand que de l'anglais, mal adapté à nos mœurs (42). Il ressuscite la chambre du conseil, non plus comme instance de clôture, mais comme recours contre les décisions du juge d'instruction — qui n'y siège pas —... notamment les mandats qui sont désormais à temps : cinq jours non renouvelables pour celui de dépôt, trente jours renouvelables par la chambre du conseil pour le mandat d'arrêt (43).

Le 6 mars 1882, Dauphin trouve enfin le temps de déposer le rapport (44) de la commission dont entretemps Le Royer est devenu président. Le principe du contradictoire y est adopté, mais réduit à certains actes, de crainte — prémonitoire — de voir la substance de l'instruction glisser des juges aux policiers ; le débat est transporté à la chambre des mises en accusation. L'infatiga-

(38) *Journal Officiel*, 1879, Sénat, projets... 27 novembre, pp. 190-224.

(39) Esmein, 1882.

(40) Comprenant notamment Hélie, Bérenger, Picot, Goblet, Hérold, Laferrière, Desjardins.

(41) Sans vergogne le garde des Sceaux tire argument de l'usurpation du pouvoir de classement sans suite par le préfet de police pour proposer de maintenir à son profit l'article 10, voy., *Journal Officiel*, 1879, Sénat, projets..., 24 novembre, p. 195.

(42) *Id.*, p. 193.

(43) Esmein, 1882, p. 588.

(44) *Journal Officiel*, 1882, Sénat, projets..., 6 mars, pp. 50-96.

ble Andrieux a su persuader la commission de se borner à rogner l'article 10 sans le faire disparaître (45). Enfin, on adopte la périodisation des mandats, mais en élargissant les durées ; deux fois quinze jours pour celui de dépôt, soixante jours pour le mandat d'arrêt.

Un premier débat conduit la commission à présenter le 26 juin, par le truchement du même Dauphin (46), un rapport supplémentaire : elle propose de maintenir le nouveau texte hors du code pour n'en pas bouleverser l'ordonnance, reculade de forme mais qui témoigne de l'affaissement de l'esprit réformateur.

Jusque là, l'affaire semble pourtant bien engagée : le Sénat vote le projet en première lecture, la Chambre s'en saisit, commence à en débattre. Mais tout va s'enrayer : au Palais Bourbon, on apprécie, semble-t-il, médiocrement les prudences sénatoriales (47) ; on veut faire mieux, revenir au projet initial, le dépasser même. Ainsi Ribot fait voter la suppression de l'article 10 (48). Mais, du coup, rien ne sort.

2) Le temps des propositions parlementaires

Puisque la réforme globale paraît tarder, on tente, au moins, par des initiatives parlementaires, de parvenir à des améliorations partielles. Deux seulement verront le jour en cette fin de siècle : la plus connue introduit le contradictoire dans l'instruction ; elle ne concerne notre propos que par ses répercussions indirectes. L'autre, au contraire, touche directement la détention préventive.

Le 11 juin 1888 (49), F. Le Roy, éphémère député du Nord, et la Batie, avocat et non moins éphémère député de la Haute-Loire, reviennent sur l'imputation qui avait fait reculer, on s'en souvient (50), le législateur impérial. Déjà une loi du 28 avril 1832 a permis parfois d'imputer sur la durée de la peine celle des voies de recours. Pourquoi ne pas imputer la durée de la détention préventive ? En 1865, on a craint de devoir indemniser en cas de non lieu — mais les deux problèmes ne sont pas absolument liés —, surtout on craignait d'avouer combien cette détention ressemble à une peine, mais l'objection paraît maintenant verbale à nos deux proposants. Et ils trouvent l'argument qui fait mouche : les

---

(45) Machelon, 1976, p. 190.

(46) *Journal Officiel*, 1882, Sénat, projets..., 27 juin, pp. 7-39.

(47) Voy. le rapport Goblet : *Journal Officiel*, 1883, Chambre, Documents, 1784, voy. aussi les débats : *Journal Officiel*, 1884, Chambre, débats, 8 novembre.

(48) Voy. *Journal Officiel*, 1884, Chambre, Débats, 4 novembre, n° 2202.

(49) Voy. *Journal Officiel*, 1888, 11-6, Annexes, n° 2772, p. 749.

(50) Rejet de l'amendement Marie, Jules Favre, Picard.

juges en tiennent officieusement compte ce qui fausse le choix du *quantum* de la peine. Le 22 novembre, Duchesne (51) — qui deviendra procureur général de la Réunion, puis conseiller à Paris, après une infructueuse candidature boulangiste en 1889 — approuve la prise en considération. Le 21 mars 1889, l'avocat Caradec (52), lui aussi un futur battu, rapporte au nom de la commission d'instruction criminelle que préside le radical Guyot Dessaigne, un futur ministre (53) que nous retrouverons. Les arguments sont semblables à ceux de la proposition, mais on substitue à une imputation de droit une autre de plein droit, sauf disposition spécialement motivée. La Chambre vote conforme le 14 mai.

Au Sénat, le rapport (54) est présenté le 13 juillet par un futur magistrat, L. Morellet (55), pour l'heure éphémère sénateur d'Union républicaine. La commission *ad hoc* admet que la peine est excessive si le juge néglige la détention préventive, insuffisante dans l'hypothèse inverse, mais une minorité de ses membres répugne à l'automatisme de l'imputation. Du coup, le Sénat ne votera que le 18 février 1892 le texte qui deviendra après un ultime vote des députés (56), la loi du 15 novembre 1892.

Que la proposition Constans — la future loi du 8 décembre 1897 — ne touche guère à la détention préventive, on le voit à l'initiative de Georges Berry, avocat et conseiller municipal de Paris, républicain rallié mais anti-dreyfusard. D'accord avec le garde des Sceaux, il propose une mise en liberté de droit au bout de cinq jours pour les domiciliés non récidivistes qui encourent moins de deux ans d'emprisonnement (autrement dit pas grand monde). Il prévoit aussi un droit d'opposition contre les mandats devant le tribunal qui doit statuer dans les cinq jours (57). Il n'en sortira rien ; la réforme de 1897 se bornera à introduire l'avocat dans l'instruction et à restreindre la mise au secret (58). C'est indirectement qu'elle influe sur notre propos, par ses effets pervers : beaucoup supposent qu'elle a considérablement renforcé le poids de la police (59), en inclinant les parquets à préférer la citation directe après enquête officieuse à l'instruction, en éloi-

(51) *Journal Officiel*, 1888, Chambre, Annexes, 26 novembre, n° 3234, p. 600.
(52) *Journal Officiel*, 1889, Chambre, Annexes, 21 mars, n° 3622, p. 716.
(53) De la justice en 1889 et en 1906, des Travaux Publics en 1895-1896.
(54) *Journal Officiel*, Sénat, Annexes, 13 juillet, 252, p. 546.
(55) Procureur général de Poitiers en 1900, conseiller à la Cour de cassation de 1911.
(56) *Journal Officiel*, 1892, Chambre, Annexes, 25 février 1927, p. 344.
(57) *Journal Officiel*, Chambre, Annexes, 10 avril, n° 2427, p. 1206.
(58) Sur ce point, voy. p. ex., L. Robert, 1902.
(59) Machelon, 1976, p. 177 ; voy. Coulon, 1902, p. 6.

gnant aussi les juges d'instruction de procéder eux-mêmes au profit de commissions rogatoires en faveur de policiers non tenus à supporter la présence de l'avocat.

1897 semble être une date clef mais pas pour les motifs poursuivis par ses promoteurs : elle contribue peut-être à raréfier l'instruction, et donc les occasions de détention préventive (60), en tout cas à accroître le poids de la police dans la réalité pratique de l'une et de l'autre. Encore cette extraordinaire difficulté du législateur de la Troisième à maîtriser les comportements administratifs concrets sous le manteau du droit... peut être l'effet d'une confiance très large dans l'efficace de la loi.

Des propositions parlementaires ne persistent pas moins à tenter de réformer la détention préventive. Le thème n'est la propriété d'aucun bord du parlement. En veut-on quelques exemples ? En 1898, c'est le comte Fernand de Ramel qui tente sa chance : député du Gard, docteur en droit, avocat aux conseils, c'est un monarchiste libéral, fondateur de la droite constitutionnelle et président du groupe des droites. Libéral grand teint, il intervient en faveur de la liberté de la presse, des retraites ouvrières, de l'indemnisation des accidents du travail et de la réparation des erreurs judiciaires. Il exclut la détention préventive en cas de prévention correctionnelle pourvu que le maire certifie la domiciliation et qu'il n'y ait pas récidive. Pour le surplus, il laisse vingt jours pour instruire en matière délictuelle, quarante en matière criminelle. Lui aussi ressuscite la chambre du conseil comme organe de recours. Il prévoit une action civile en responsabilité en cas d'arbitraire. Prise en considération sans suite le 24 novembre 1898, sa proposition sera redéposée en 1906 (61).

---

(60) Encore que le nombre de prévenus détenus ne semble pas baisser nettement de 1898 à 1909. Voy. Barré, 1987, p. 18.

(61) *Journal Officiel*, 1898, Chambre, Annexes, 2 avril 1889, p. 534 et 24 novembre, 414, p. 317.

Journal Officiel, 1906, Chambre, Annexes, 12 Juillet, 283, p. 803.

Cosignent avec Ramel, Pierre Rudel — ancien magistrat qui a démissionné à cause des décrets contre les congrégations, monarchiste rallié —, Pierre Adigard, un avocat du groupe « progressiste », M. Flayelle, de l'Union nationale-républicaine, l'avocat aux conseils Gauthier de Clagny, d'abord boulangiste, ensuite nationaliste et révisionniste.

On pourrait rapprocher de cette proposition celle du marquis de Castelnau du Carrières, bâtonnier de Nîmes et hostile à la loi de séparation, en 1903. Elle est cosignée par J. Pion président de l'importante Action libérale populaire pour la défense des libertés légitimes qui aura deux cent soixante mille adhérents en 1906. Rallié, proche aussi d'Albert de Mun, il jouera, après la guerre, un rôle dans la création du bloc national. On y compte aussi un ancien collaborateur de J. Ferry, O. Grosjean — créateur de la ligue de la patrie française et anti-dreyfusard —, C. Benoist, journaliste au *Temps* et à la *Revue des deux mondes*, professeur à sciences po., futur membre de l'Action française, ou encore l'avocat Lerolle, séparatiste et philanthrope.

Mais, en 1904, c'est Clémenceau qui dépose au Sénat une proposition sur les garanties des libertés individuelles. Un exposé des motifs fleuve l'accompagne. De manière très caractéristique, il débute par une évocation de l'œuvre législative de la Constituante, compromise par « la nécessité de briser l'assaut furieux des forces coalisées du passé », mais assez vivace encore pour contraindre Napoléon à mettre des « ombres » pour masquer les « substances ». A travers l'histoire du privilège de juridiction de l'administration (article 75, Const. An VIII, puis tribunal des conflits), Clémenceau pointe lucidement le nœud du déficit de liberté : la faiblesse de la justice. « Par le plus audacieux des contresens, la séparation des pouvoirs sert en France à priver les libertés de garanties. » Et il passe en revue l'article 10 ; les arrestations administratives d'aliénés (62), de voyageurs sans passeport, de filles publiques ; les droits de la défense vidés par l'effet pervers de la loi de 1897 ; la détention préventive enfin où il se rallie aux mandats à temps et à la résurrection de la chambre du conseil (63).

Ancien vice-président de la gauche radicale à la Chambre, membre de la gauche démocratique au Sénat, G. Rivat (64) conclut à la prise en considération.

Encore une fois, il n'en sortira rien, mais les choses paraissent se précipiter. A la Chambre, outre les propositions Ramel et Castelnau, Joseph Cruppi en dépose une le 3 février 1905 (65). Cette fois, l'initiative n'est plus à droite : ancien magistrat puis avocat et futur ministre (66), le député de la Haute-Garonne est membre de la gauche radicale (67). Suppression de l'article 10, limitation de la durée des mandats, surtout pénalités pour arrestations, détentions et perquisitions illégales, c'est un projet vigoureux.

3) Projet gouvernemental et enlisement parlementaire

Devenu chef de gouvernement, Georges Clémenceau dépose le 18 janvier 1907, avec son garde des Sceaux, Guyot-Dessaigne, un projet sur les garanties des libertés individuelles (68). Il s'agit

---

(62) Le vote du Sénat en 1887 sur un rapport T. Roussel est resté sans lendemain.

(63) *Journal Officiel*, 1904, Sénat, Annexes, 16 décembre, n° 334, p. 57.

(64) *Journal Officiel*, 1905, Chambre, Annexes, 21 février, 27, p. 18.

(65) *Journal Officiel*, 1905, Chambre, Annexes, 3 février, 2231, p. 50.

(66) Du commerce (1908, 1909) des Affaires étrangères (1911), de la Justice (1911-1912).

(67) Futur sénateur radical et radical-socialiste et président de la commission de la réforme judiciaire.

(68) *Journal Officiel*, 1907, Sénat, Annexes, 18 janvier, 10, p. 2.

de tordre définitivement le cou à l'article 10, d'interdire la détention préventive si la peine encourue n'atteint pas trois mois, de la limiter à cinq jours pour les domiciliés non récidivistes sauf circonstances graves. Sinon, on emploie la formule du mandat à échéance : dix jours sur ordonnance, puis un mois renouvelable après débat en chambre du conseil. Mais on interdit aussi de laisser la police perquisitionner sur commission rogatoire. Enfin, on facilite les actions en responsabilité en interdisant au préfet d'élever le conflit et en assouplissant la prise à partie.

Le rapporteur (69) est un avocat de la gauche démocratique ; vice-président du Sénat, E. Monis est aussi un ancien et futur ministre (et même président du Conseil). Il fait masse de tout ce qui traîne devant le Sénat : la proposition Clémenceau bloquée par le refus de la Chambre haute d'abroger l'article 10, la sienne qu'il retire, celle de Girard qu'il intègre, enfin le projet gouvernemental. Son historique — très proche de l'exposé des motifs de Clémenceau en 1904 — remonte à 1789. Il fait écho aux critiques de Cuche : le délai de cinq jours et le nombre d'exceptions donnent au projet une tournure moins libérale qu'on l'imagine. Monis propose de remplacer ces cinq exceptions par la formule : « les nécessités de l'ordre public et de la sécurité publique ». D'ailleurs, on le sent hésitant, il signale « l'augmentation de la criminalité et l'impuissance de la justice » et paraît douter d'une réforme dont il vante pourtant la souplesse empruntée à la loi belge de 1894.

Quoiqu'il en soit, le Sénat vote le projet à l'unanimité le 2 mars 1909. Le 12 mars, il est transmis à la Chambre (70). Le 9 juillet, R. Péret fait rapport (71) au nom de la commission de la réforme judiciaire. Ici, douche froide, le ton est rien moins qu'enthousiaste : ces dispositions ne s'imposent pas toutes, toutes ne sont pas urgentes. Et de suggérer la seule abrogation de l'article 10... Mais elle ne vint jamais en discussion, non plus que le reste du projet.

4) L'inattendue résurrection du projet Clémenceau et son tardif triomphe

Passe la guerre. Sitôt l'amnistie, un avocat, député radical socialiste et membre de la commission de la réforme judiciaire, P. Meunier reprend en proposition (72) le projet devenu caduc.

(69) *Journal Officiel*, 1909, Sénat, Annexes, 6 avril, 119, p. 542.
(70) *Journal Officiel*, 1909, Chambre, Annexes, 12 mars, n° 2373, p. 283.
(71) *Journal Officiel*, 1909, Chambre, Annexes, 9 juillet, n° 2678, p. 1391.
(72) *Journal Officiel*, 1918, Chambre, Annexes, 13 novembre, n° 5213, p. 1818, n° 5328.

Sur son rapport, la Chambre vote sans débat le 16 juillet 1919. Le Sénat reçoit le texte le 22 juillet... c'est le 14 avril que le bâtonnier M. Busson-Billault, membre des droites, dépose un rapport (73) concluant à l'adoption en l'état. Mais on achoppe encore sur l'abrogation de l'article 10 dont, à nouveau, le Sénat ne veut plus.

Le processus est bloqué derechef. Alors député PC, futur ministre de la Santé en 1936, Lafont tente, en 1922 puis en 1924, de remettre en piste la proposition Meunier. En 1924, le garde des Sceaux Renoult dépose un nouveau projet (74) à la Chambre. L'histoire devient confuse. Finalement, tout se débloque : le 7 juin 1928 (75) puis le 7 juin 1932, la Chambre renvoit au Sénat le texte Meunier adopté derechef. Et, miracle, le 22 juin, le Sénat vote conforme. Le 30 décembre, sur un rapport Rolland, la Chambre adopte le texte sans débats.

Contre toute attente, la loi du 7 février 1933 faisait entrer dans le droit positif le vieux projet Clémenceau de 1901, en fait l'avant-projet de la Société des prisons de 1901.

L'article 10 est supprimé. Le domicilié non récidiviste qui encourt moins de deux années d'emprisonnement, doit être libéré après son premier interrogatoire. Sinon la détention ne peut excéder cinq jours que pour le non-domicilié, le récidiviste, celui dont on craint qu'il veuille se soustraire à la justice, celui qui est dangereux pour la sécurité publique, enfin si la manifestation de la vérité l'exige. Encore faut-il une ordonnance motivée. Au bout d'un mois, puis de mois en mois, le renouvellement relève de la chambre du conseil après débats. Le juge d'instruction peut toujours mettre en liberté. Mais il ne peut plus donner de commission rogatoire, pour perquisitionner ou opérer une visite domiciliaire, qu'à un magistrat, et doit interroger lui-même l'inculpé. Le législateur essaie de rattraper les effets désastreux de la loi de 1897. Enfin, la mise en cause de la responsabilité de l'État et celle personnelle de l'agent est un peu facilitée (76).

Après une si longue gestation, la détention préventive devrait, en toute logique, quitter les feux de l'actualité parlementaire. Point du tout ! Sitôt votée, la nouvelle loi soulève une tempête de protestations.

Commentateurs et magistrats critiquent sa lourdeur. Il n'est pas sûr qu'elle restreigne les cas de détention préventive : l'ordonnance motivée n'a probablement pas les vertus de verrouillage

---

(73) *Journal Officiel*, 1921, Sénat, Annexes, 256, p. 586.
(74) *Journal Officiel*, 1924, Chambre, Annexes, 822, p. 235.
(75) *Journal Officiel*, 1928, Chambre, 7 juin 1917.
Journal Officiel, 1932, Chambre, 7 juin.
(76) Voy. p. ex. Perreau, 1934 ; Sallé de la Marnierre, 1934, Carbonnier, 1938.

dont on la parait ; c'est seulement une formalité qui prend du temps. Le cœur du dispositif, c'est donc le mandat à échéances qui vise à abréger la durée. Mais les praticiens lui reprochent de paralyser la justice en obligeant à d'incessantes formalités, et même, paradoxe, d'allonger les informations. La complexité de la loi est encore accrue par ses obscurités — l'appel tantôt devant la chambre du conseil, tantôt devant celle des mises en accusation (77), l'incertitude sur les compétences des officiers de police judiciaire (78) — comme si le texte avait pâti de ses multiples avatars. En tout cas, l'effort supplémentaire ainsi demandé paraît particulièrement insupportable au moment où une politique déflationniste désorganise gravement l'organisation judiciaire (79).

Du coup, la loi de 1933 devient le bouc émissaire de toutes les difficultés du temps : « sans elle, il n'y aurait pas eu de scandale Stavisky ; sans elle, le gouvernement n'aurait pas été aussi faible devant les émeutes » (80). Il n'est pas exclu que la police, gravement mise en cause à diverses reprises, ait vu, avec quelque plaisir, se développer une controverse qui ramenait l'attention sur la justice et lui promettait de surcroît la prompte disparition des mesures de défiance.

Au delà des imperfections de la loi, au-delà même de sa probable erreur de cible, la réforme de 1933 présentait surtout l'inconvénient de venir trop tard, à une époque de crise où la liberté de l'inculpé apparaît comme un luxe hors saison. Le ton des débats de 1934 montre la force de cet argument.

5) Un triomphe à la Pyrrhus

Dès le 15 mai 1934, le garde des Sceaux Chéron dépose au Sénat un projet de révision qui fait l'objet le 21 décembre d'un rapport incendiaire de Boivin Champeaux (81) : les faits se sont chargés du procès de la loi de 1933 ; elle entrave le cours de la justice ; ce faisant, elle sacrifie « la liberté des honnêtes gens ». Il convient donc de revenir aux « sages prescriptions » du code d'instruction criminelle, c'est-à-dire à la législation du Second Empire.

(77) Sallé de la Marnierre, 1934, p. 571, note 1 ; cpr. Ancely, 1933, p. 97 ; Perreau, 1934, pp. 266 s.

(78) Cuche, 1935, p. 334 sq.

(79) Ainsi les commentateurs se gaussent-ils tous de cette chambre du conseil souvent réduite par les économies budgétaires à un juge suppléant et prétendant réformer les décisions du juge d'instruction — voy. p. ex. Cuche, 1935, p. 333.

(80) Carbonnier, 1938, p. 20.

(81) *Journal Officiel*, 1934, Sénat, 21 décembre, 1480-1482.

Les juges n'ont pas le temps d'accomplir les commissions rogatoires des juges d'instruction et les juges de paix n'y sont pas préparés. Quant à l'article 10, le rapporteur regrette que son rétablissement soit limité à la sûreté de l'État (82) ; signe des temps, il s'étend surtout sur les affaires d'espionnage. En matière de détention préventive, le projet se bornait à supprimer le régime de faveur du domicilié non récidiviste et à allonger les délais. La commission va plus loin : après les cinq jours initiaux, elle accorde au juge d'instruction un mois renouvelable une fois ; ensuite c'est la chambre des mises en accusation qui devient compétente. Quant à la chambre du conseil, on la supprime à nouveau : la liberté des honnêtes gens n'aura certainement rien à y perdre...

Le garde des Sceaux (83), c'est maintenant Pernet, renchérit : les cours sont unanimes à dénoncer l'échec de la réforme, pis le barreau y voit une cause de ralentissement de l'instruction : « à vouloir trop bien défendre des intérêts, il arrive qu'on les sacrifie ». Il faut veiller à la sécurité publique et à la rapidité de la justice.

Le 21 décembre, le Sénat adopte et, le 7 mars, la Chambre entend le rapport Belmont (84) : par esprit de suspicion envers les magistrats et leurs auxiliaires, on a énervé la justice. Il faut rendre au magistrat sa liberté d'antan. Quant à l'article 10, il permet d'atteindre les entreprises contre la défense nationale, le régime et l'ordre public ; mais le préfet devra communiquer la procédure au parquet dans les vingt-quatre heures. Il faut permettre à l'officier de police judiciaire de perquisitionner sur commission rogatoire. Enfin, après les cinq jours de détention préventive initiale, le juge d'instruction a droit à un mois et demi renouvelable pour un mois (85). Ensuite, c'est la chambre des mises en accusation qui est compétente après débats. Celle du conseil disparaît pour inutilité.

Le 12 mars 1935, le Sénat adopte définitivement, sans débats, le texte voté par la Chambre. Tout le monde se félicite de la nouvelle transaction entre ordre et liberté, Paul Cuche écrit : « La bienfaisante loi du 25 mars 1935 a effacé la trace des ravages exercés par la loi du 7 février 1933. »

Il manquait cependant le coup de pied de l'âne. Chez beau-

(82) Cuche, 1935, p. 330, juge la limitation peu contraignante. C'est lui qui écrit : « Je ne vois pas pourquoi ces actes provoquent plus d'émotion et d'inquiétude quand ils sont accomplis par un préfet, que quand ils le sont par un juge d'instruction ou un commissaire de police. »

(83) *Journal Officiel*, 1934, Sénat, 21 décembre, 1482.

(84) *Journal Officiel*, 1935, Chambre, 7 mars, 875-878.

(85) ...à charge d'appel, grâce à un amendement.

coup, ici aussi, il y avait matière à revanche. Profitant des pleins pouvoirs de guerre, un décret-loi du 18 novembre 1939 (86) anéantit ce qui reste de la législation républicaine. Beaucoup de juges d'instruction sont mobilisés et pourtant la répression doit être rapide : il faut donc revenir au système de 1865. Les domiciliés non récidivistes encourant moins de deux ans d'emprisonnement devront être libérés au bout de cinq jours. Ce cas mis à part, le juge d'instruction est libre, à charge d'appel, de détenir et de libérer à sa guise.

(86) *Journal Officiel,* 21 novembre 1939, 13266.

VERS UNE INSTABILITÉ LÉGISLATIVE CHRONIQUE ?

Jacques CAPDEVIELLE, Philippe ROBERT

En 1944, quel est l'héritage ?

De l'œuvre législative édifiée à grand-peine par la Troisième, rien ne subsiste : le décret-loi de 1939 a effacé toute trace de la réforme de 1933, même dans sa version édulcorée de 1935. On est revenu à la législation impériale, après avoir si longtemps proclamé que la liberté exigeait sa réforme.

Durant l'ultime décennie de l'entre-deux-guerres, un tel perfectionnement semblait, il est vrai, moins prioritaire : crise économique, crise politique, crise de société, montée des totalitarismes... il s'agissait moins d'étendre les garanties des libertés que de sauver, s'il se pouvait, la liberté, outre que beaucoup lui préféraient l'ordre.

De plus, le mécanisme de 1933 semblait un luxe inaccessible pour une institution judiciaire maltraitée depuis longtemps et encore affaiblie par les coupures budgétaires du début de la décennie.

Enfin, les prisons ne préoccupaient guère : avec un taux de détention masculine de 1,36 ‰ en 1936 (1), elles étaient à leur étiage.

A la Libération, au contraire, elles débordent comme jamais. Mais cet afflux est, à juste titre, considéré comme transitoire. Une fois réglé le contentieux né de la collaboration et de la Libération, nul ne doute de renouer avec le cycle vertueux du dépérissement carcéral. Quant à la liberté, c'est à grand-peine qu'elle a survécu, mais dans un pays ruiné qui doit consacrer ses énergies à la reconstruction de sa grandeur.

La réforme autonome de la détention préventive comme cheval de bataille des libertés, voilà un chapitre, provisoirement clos.

---

(1) Barré, 1986.

Mais dans l'héritage de la Troisième subsiste un projet de réforme des codes pénaux ; il y est question de notre sujet, au milieu de toute la procédure pénale. On s'en souvient, Dufaure avait mis en chantier une révision du code d'instruction criminelle, mais le projet de modification du livre premier s'était enlisé à la Chambre dès 1884. Le 23 décembre 1930, une commission extraparlementaire est nommée. Animée par Paul Matter, le plus haut magistrat de l'époque, peut-être aussi le plus respecté, elle aboutit au dépôt (2) le 13 juin 1938 d'un projet naturellement privé de toute carrière législative par le malheur des temps, mais source de référence et d'inspiration pour toutes les initiatives ultérieures.

I — LE CODE DE PROCÉDURE PÉNALE : LA RÉINTRODUCTION DU MANDAT À ÉCHÉANCES

Désormais, on va débattre, en effet, de la détention préventive au sein de commissions permanentes d'experts réunissant magistrats, avocats et universitaires.

1) Le projet Donnedieu de Vabres

Le 17 novembre 1944, dès la Libération, on installe une commission de réforme judiciaire. Sa section de procédure pénale est confiée à Henri Donnedieu de Vabres.

Agrégé de droit, directeur de l'Institut de criminologie de Paris, futur président du congrès international de criminologie de 1950, il règne alors sur les pénalistes universitaires en France. En outre, il siège au tribunal international de Nuremberg.

En 1949, l'imprimerie administrative de Melun publie un projet de réforme du code d'instruction criminelle qui semble, dans l'ensemble, suivre de très près le projet Matter.

On n'en retient d'ordinaire qu'un trait particulier auquel est resté attaché le nom de son promoteur. Henri Donnedieu de Vabres envisage, en effet, de faire éclater les fonctions d'instruction ; à la partie poursuivante, au parquet donc, et en fait à la police, les actes d'enquête ; à un juge de l'instruction, les actes juridictionnels, notamment les décisions de contrainte, telle la détention préventive. L'inventeur se réfère à des suggestions qu'il trouve chez Garraud ou Garçon : l'origine d'un tel système est clairement doctrinale, universitaire.

(2) *Journal Officiel,* 13 juin 1938, Chambre, annexe 4286.

Sur le moment, sa carrière est éphémère : consultées, les cours d'appel se montrent massivement défavorables, et même les facultés, qui en fait le microcosme des enseignants pénalistes. Du coup, Donnedieu s'incline : lors des séances des 19 novembre 1951 et 21 janvier 1952, il propose, lui-même, l'abandon de son invention. Elle est cependant appelée à une fortune durable comme référence dans le débat sur l'instruction préparatoire, soit comme pôle d'attirance, soit au contraire comme objet de répulsion.

2) Le creuset du nouveau code : la commission d'études pénales législatives

Remplacer le code d'instruction criminelle, Donnedieu de Vabres ne devait pas y parvenir plus que Matter ou Dufaure. Ce résultat extraordinaire — tous les autres codes napoléoniens survivent encore — était réservé à Antonin Besson.

Une carrière toute entière réalisée au parquet l'avait conduit au fauteuil de procureur général près la Cour de Paris en 1949, près la Cour de cassation en 1951, après avoir dirigé les Affaires criminelles à la Chancellerie de 1946 à 1948. Il allait devenir la caution prestigieuse de la Défense sociale nouvelle quand Marc Ancel (3) entreprendrait de ravaler la vieille Défense sociale du début du siècle aux couleurs d'un humanisme d'inspiration démocrate-chrétienne.

Le 4 mars 1952, on installe, sous sa présidence, une nouvelle commission extra-parlementaire dont le secrétariat est confié à un jeune magistrat que nous retrouverons, Pierre Arpaillange.

Le rapport final (4) propose de revenir au système, vainement tenté en 1933-1935, du mandat à échéances renouvelables. Mais, instruit par l'échec de l'entre deux guerres, on choisit un délai moins contraignant : deux mois. Surtout, la réforme est présentée moins dans le cadre d'un vaste débat sur les libertés individuelles que sous l'angle de la cohérence du droit.

Le rapport final envisage, en effet, la détention préventive sous l'éclairage (5) de deux propositions :

— Préjugé défavorable à l'inculpé, elle est difficilement compatible avec la présomption d'innocence ;

— On doit donc proclamer son caractère « exceptionnel ».

---

(3) Ancel, 1954.

(4) Rapport Besson du 23 juin 1955 (direction des Affaires criminelles et des Grâces — 1203. 2.A.B.).

(5) On voit le changement d'éclairage et de références par rapport aux exposés introductifs rédigés au début du siècle par Clémenceau ou Cruppi.

Ceci dit, le projet paraît s'attacher à limiter la durée des détentions préventives plutôt qu'à restreindre leur nombre (6).

Quand le projet de loi portant livre I du nouveau code, dit cette fois de procédure pénale, est déposé, l'exposé des motifs rappelle qu'il reprend aussi deux petites réformes votées depuis la Libération :

— Le juge doit statuer dans les cinq jours sur toute demande de mise en liberté ;

— L'appel par la partie civile est exclu du contentieux de la liberté.

3) Les débats parlementaires

La discussion parlementaire s'ouvre dans un climat tendu.

Certes, la surpopulation carcérale consécutive à la guerre a été effectivement résorbée : de soixante-deux mille détenus en 1946 — maximum absolu —, on est retombé à vingt mille en 1957. Dès 1954, d'ailleurs, le taux de détention masculine est revenu à 1,54 ‰ (7). D'ailleurs, la détention n'est guère abordée dans les débats comme un problème en soi.

Mais c'est tout le fonctionnement de la justice pénale qui est mis en cause.

Une série d'affaires, notamment une suite impressionnante de sévices policiers mais aussi de détentions préventives fort longues, occasionne de violentes campagnes de presse illustrées particulièrement par une série d'articles incisifs de Pierre Scize dans le *Figaro*. En 1955, une résolution Minjoz du groupe SFIO invite le gouvernement à déposer des projets de réforme du code pénal et de celui d'instruction criminelle, et lui fixe des lignes directrices : pour la détention préventive, un mandat de trois mois renouvelable pris par ordonnance motivée. Président de la commission de la Justice à l'Assemblée nationale, ce même Minjoz auditionne d'abord le directeur des Affaires criminelles et des Grâces, Bonnefoy des Aulniers, puis les ministres de la Justice et de l'Intérieur.

Quand s'ouvre le débat sur le projet de livre premier du nouveau code, ce ne sont que récriminations : les principes sont méconnus, les circulaires de rappel purement formelles et surtout les bavures policières monnaie courante.

Moyennant quoi, on ne s'écarte guère pour notre sujet du projet gouvernemental. Au nom de la commission des lois que préside Cupfer, le rapport est présenté à l'Assemblée par le célèbre

---

(6) Contrairement à la suggestion de Carbonnier, 1938, p. 102.

(7) Barré, 1986.

avocat Jacques Isorni, ancien défenseur de Pétain. Sa formule est soigneusement balancée :

> « Quelles sont les intentions de la réforme ? Assurer le plus possible, en dépit du pouvoir qui est quelquefois exigeant... l'indépendance du juge d'instruction ; assurer à l'individu en présence des forces de la répression, de leurs excès possibles, le maximum de droits, de garanties, sans pour autant entraver la tâche de protection qui incombe à ceux qui ont pour mission d'obtenir le respect de l'ordre, dans l'intérêt de tous. »

C'est en vain que Fauchon tente d'amender le texte pour confier le renouvellement à la juridiction de jugement afin de contrecarrer la tendance à couvrir passivement la prévention, c'est-à-dire à prononcer une peine d'emprisonnement au moins égale à la durée de la détention préventive. Celle-ci qui dépend des aléas de l'instruction, devient ainsi une sorte de minimum subreptice de la peine.

En rapprochant cette tentative des allusions d'Isorni, on saisit les deux préoccupations du moment :

— Les bavures policières entraînent des aveux arrachés de force et susceptibles de fausser ensuite l'instruction et le jugement de l'affaire ;

— Les instructions s'éternisent entraînant des détentions préventives fort longues... précisément les deux thèmes mis en lumière par les scandales dénoncés dans la presse, comme si l'enchaînement des conflits internes nés de la guerre froide et des guerres coloniales n'avaient jamais laissé le répit nécessaire pour rompre avec les mauvaises habitudes contractées sous l'Occupation. En même temps, ce contexte, notamment la guerre d'Algérie qui va bientôt emporter la Quatrième, limite le champ des réformes et incline à la prudence.

Quoiqu'il en soit, après l'Assemblée, le Conseil de la République parvient, sur rapport Charlet, à voter le livre premier. Les quatre autres ne connaîtront pas le processus parlementaire ; ils seront promulgués par ordonnance au milieu d'un train de réformes (8) tous azimuts que l'administration se presse de faire sortir à la faveur des pleins pouvoirs.

Le code de procédure pénale eut-il vu le jour sans cet intermède entre deux Républiques qui affranchissait provisoirement l'exécutif d'une procédure parlementaire, au reste profondément décriée pour n'avoir pas su rompre dans un pays affamé de modernisation, avec les impuissances de l'avant-guerre ?

---

(8) Notamment l'assistance éducative créée par une ordonnance 58 — 1301 du 23 décembre 1958.

Quoiqu'il en soit, le nouveau code n'en a pas fini avec les soubresauts qui accompagnent la liquidation de la guerre d'Algérie. Passe encore pour l'ordonnance du 13 février 1960 qui porte à trois mois la durée du mandat en matière de sûreté de l'État. Mais une autre du 4 juin l'allonge à quatre mois en toute matière, ce qui revient à restreindre la portée du texte à quelques longues instructions, criminelles le plus souvent : le maintien en détention n'y est guère discuté.

Le lien avec la guerre d'Algérie se fait ici ténu. Sous ce couvert qui empêche de sentir l'inflexion, une rupture se prépare. Sous la Quatrième, malgré les urgences, l'idéal de référence demeurait toujours une combinaison d'un humanisme rééducatif et d'un état de droit libéral.

Idéologie d'une élite libérale de la magistrature, la Défense sociale nouvelle incarne bien cet idéal jamais abandonné. Il triomphe avec le code de procédure pénale comme avec l'assistance éducative pour les mineurs.

La remise en cause n'est pourtant pas éloignée même si un arrêté du 18 novembre 1959 semble institutionnaliser cette politique criminelle en créant une Commission d'études législatives pénales et pénitentiaires toujours présidée par Besson.

II — LES LOIS DE 1970 ET 1975 : LA MOTIVATION DES ORDONNANCES DE MISE EN DÉTENTION

En avril 1961, Antonin Besson est désigné ès qualité pour diriger le ministère public du Haut Tribunal militaire chargé de juger les putschistes. Les magistrats s'accommodent mal de cette résurgence de juridictions d'exception et le pouvoir s'accommode mal des scrupules judiciaires. En août 1962, on se débarrasse de Besson en créant pour lui un placard doré de conseiller du gouvernement pour les affaires judiciaires qu'il quitte dès octobre pour s'inscrire au barreau.

1) La période Foyer

Le 7 décembre, le nouveau garde des Sceaux, Jean Foyer, un agrégé de droit farouche adversaire de la Défense sociale nouvelle, supprime la Commission d'études législatives pénales et pénitentiaires, probablement pour pouvoir éliminer Besson, Ancel, le théoricien de la Défense sociale nouvelle, et Amor, le père de la réforme pénitentiaire de 1945. En tout cas, ils sont écartés du Conseil de législation criminelle créé par arrêté du 20 avril 1963. Le président est le nouveau procureur général près la Cour de cassation, Maurice Aydalot qui a été successivement procureur (1951-1956), puis procureur général (1957-1962) à Paris. Le secrétaire général de son parquet général, Pierre Arpaillange, la cheville ouvrière du code de procédure, devient aussi membre de ce nouveau conseil.

Rien ne vient, pendant toute la République gaullienne, modifier le régime de la détention préventive. En 1964, la Chancellerie interroge le Conseil de législation criminelle, entre autres, sur le mandat quadrimestriel. On peut se demander s'il n'y avait pas sous cette consultation, quelque velléité de raidir davantage la procédure. Sur rapport de Vergne, un membre de la Cour de cassation, le Conseil conclut au *statu quo* législatif et conseille d'accroître les moyens des cabinets d'instruction. En 1967, on s'interroge au sein de la direction des Affaires criminelles et des Grâces sur la possibilité d'utiliser l'assignation à résidence comme alternative à la détention préventive... sans résultat, mais le thème était appelé à de beaux lendemains.

2) Vers la loi de 1970

Sitôt passée la commotion de mai-juin 1968, Pierre Arpaillange (9) devenu directeur des Affaires criminelles, fait créer un nouvel organisme consultatif (10) : le Conseil de législation pénale, toujours présidé par Maurice Aydalot.

Ce n'est désormais qu'une pièce dans un dispositif de modernisation par le haut : en même temps, Pierre Arpaillange confie à Paul Amor la présidence d'un comité de coordination des recherches criminologiques, dote sa direction d'un service de recherche et fait lancer un *audit* sur les statistiques pénales...

Des notes de sa direction sur la réforme de la justice pénale annoncent, le 13 septembre 1968 et 2 mars 1969, le futur « contrôle judiciaire » (11). Le 16 octobre 1968, un conseil interminis-

(9) Attaché au service de documentation de la Cour de cassation de 1954, secrétaire général de son parquet en 1962, il est devenu conseiller technique de Foyer en 1965 puis directeur de son cabinet en 1967 puis de celui de L. Joxe. Il cumulera en 1973 la direction des Affaires criminelles et celle du cabinet de Taittinger : à cette époque, la confiance de G. Pompidou fait de lui un véritable viceministre ou, si l'on préfère, un garde des Sceaux *in partibus*. Conseiller à la Chambre sociale de la Cour de cassation pendant tout le septennat Giscard, il devient, après l'élection de F. Mitterrand, successivement procureur général près la cour de Paris, puis près la Cour de cassation, enfin, en 1988, garde des Sceaux.

(10) Arrêté du 28 novembre 1968.

(11) Le terme aurait été inventé par Louis Joxe.

tériel est consacré à la justice et le dossier préparatoire est caractérisé par le recours à des données statistiques.

Les 29 janvier et 26 février 1969, on consulte, en toute hâte, le nouveau Conseil de législation pénale, sur un rapport Touren. Aydalot y revendique la paternité du changement de dénomination envisagé : détention provisoire au lieu de préventive. On consulte aussi les procureurs généraux et, nouveauté, les organisations professionnelles : l'Union fédérale des magistrats et le tout jeune Syndicat de la magistrature. En général, elles approuvent les dispositions qui élargissent les pouvoirs du juge et critiquent celles qui vont en sens inverse (12). Nous sommes dans un de ces moments où l'État se souvient brusquement des mérites de la concertation. Mais il faut aussi faire vite : montrer que la demande de changement de mai 1968 a été entendue ; profiter aussi de cette occasion pour pousser des réformes longtemps bloquées. D'ailleurs, le dépôt d'une proposition Grailly en octobre 1969 sert à houspiller le gouvernement.

3) La loi de 1970 et son contexte

La loi du 17 juillet 1970 intervient dans un contexte politique très particulier au regard de la dialectique « ordre/libertés ».

C'est en effet en assimilant ces deux termes, généralement antagoniques, et en s'en réclamant que le général de Gaulle a repris l'initiative politique pendant la crise de mai-juin 1968. Le 30 mai, agitant une menace qui fait l'amalgame entre les agents d'un complot international, les enragés de l'agitation étudiante et la menace du totalitarisme communiste, il a appelé le camp de l'ordre à se mobiliser pour la défense de la République et des libertés, et annoncé des élections législatives anticipées.

Compte tenu des turbulences sociales et idéologiques qui traversent alors l'opinion, le déplacement global des voix de la gauche à la droite — un peu plus d'un million de voix — reste relativement faible, plus faible par exemple que celui qu'on enregistrera avec la « vague rose » de 1981. Mais le scrutin majoritaire amplifie ce déplacement dans sa traduction en sièges. Au soir du 30 juin, l'Union pour la défense de la République — les gaullis-

(12) Innovation encore, le Syndicat de la magistrature organise une consultation dont il publie les résultats (*Justice*, 1969, n° 23) :

— Un accord sceptique sur le changement de dénomination et le contrôle judiciaire ;

— Des réserves sur le cautionnement, la suppression de la limitation à cinq jours quand la peine encourue n'atteint pas deux ans, les cas de détention provisoire et la possibilité d'observations écrites.

tes — obtient à elle seule deux cent quatre-vingt-treize parlementaires sur les quatre cent quatre-vingt-sept que compte l'Assemblée nationale. Le PCF, qui avait soixante-treize sortants, n'en a plus que trente-quatre. La FGDS passe de cent dix-huit députés à cinquante-sept et les trois députés sortants du PSU — dont Mendès France — sont battus.

C'est de fait cette victoire en sièges que retiennent la plupart des observateurs pour caractériser ces « élections de la peur ». Citons par exemple Pierre Viansson-Ponté (1984, 659) :

> « Au soir du 30 juin, c'est le raz-de-marée. La gauche enregistre la plus cuisante défaite, la plus complète débâcle qu'elle ait eu à connaître depuis bien longtemps. Le gaullisme fait entrer au Palais Bourbon le groupe le plus nombreux qui ait jamais forcé la porte d'une Assemblée française. Enfoncé le « Bloc national » de la Chambre bleu-horizon de 1919, enfoncé même le "parti ultra" de la Chambre introuvable de 1815. »

On connaît la suite immédiate. Maurice Couve de Murville remplace Georges Pompidou à la tête du gouvernement. A l'Education nationale, Edgar Faure impose, malgré l'opposition conjointe des gauchistes et des Comités de défense de la République, une ouverture sanctionnée par le vote, le 12 novembre 1968, de la loi d'orientation de l'enseignement supérieur. A l'Intérieur, en revanche, Raymond Marcellin affiche les forces de l'ordre et dénonce régulièrement les menaces subversives des groupes révolutionnaires. Pour ce qui nous concerne plus directement, René Capitant est garde des Sceaux et il nous faut faire ici un premier détour.

Agrégé de droit, animateur dans la Résistance du groupe « Combat », commissaire à l'Education nationale dans le gouvernement provisoire d'Alger en 1943, ministre de l'Education nationale en 1944, membre de l'Assemblée constituante puis député UDSR — formation où siège également François Mitterrand — en 1946, c'est un gaulliste de la première heure mais un gaulliste de gauche. A ce dernier titre, il défend ardemment la participation, ce projet gaulliste de troisième voie entre le capitalisme et le communisme, et s'oppose violemment à Georges Pompidou. Il s'est opposé à lui publiquement déjà à l'occasion de la campagne des élections législatives de 1967. En février 1968, il dénonce dans *Notre République* — l'organe des gaullistes de gauche — le « peu d'imagination réformatrice » du premier ministre, qu'« il emprunte d'ailleurs volontiers au CNPF ». Au début des événements de mai, il démissionne avec Edgar Pisani de son mandat parlementaire pour protester contre la politique du pouvoir. Cette attitude et son image progressiste lui valent de remplacer Louis Joxe à la Justice, à l'occasion d'un remaniement ministériel limité le 31 mai. Il est reconduit à ce poste dans le gouvernement Couve de Murville.

Officiellement, son passage à la Justice n'a guère de retentissement, Raymond Marcellin monopolisant avec les gauchistes l'attention des médias ; *Le Monde* crée une rubrique « *Agitation* » jusqu'en mars 1972. Capitant confirme son isolement au sein du gaullisme. Le général de Gaulle avait, le 24 mai, au cœur de la crise, annoncé un référendum sur la participation, auquel il avait dû renoncer.

Il envisage à nouveau cette réforme à l'automne 1968. L'article 11 de la Constitution limitant le recours au référendum aux questions concernant l'organisation des pouvoirs publics, l'application de la procédure référendaire à l'organisation de l'entreprise supposerait qu'une question préalable étende le champ de cet article 11. Cette solution, que suggère René Capitant, est finalement écartée sans même que le Conseil des ministres en débatte.

C'est moins son action officielle à la Justice que l'exploitation politique d'une affaire criminelle, sous son ministère, qui justifie ce détour par le garde des Sceaux de l'époque.

Fin septembre 1968, on découvre dans une décharge des Yvelines le cadavre de Stéphane Markovitch, ancien garde du corps et ami d'Alain Delon. Très vite, une rumeur filtre dans la presse. Pour *Le Figaro*, Markovitch aurait fait chanter certains participants à des soirées fines dans les environs de Paris, dont « de hauts fonctionnaires et même un ancien membre du gouvernement ou un de ses proches ». Claude Pompidou, la femme de l'ex-Premier ministre, est de plus en plus ouvertement mise en cause. Dans des notes publiées après sa mort, Georges Pompidou (1982, 255 sq) met implicitement en cause la complaisance de René Capitant et la réserve prudente du général et du gouvernement dans cette affaire. Il reproche au procureur Lajaunie et au juge Patard d'avoir délibérément orienté l'enquête vers la recherche de témoignages les compromettant, lui et son épouse, plutôt que vers celle des criminels. A l'inverse, *L'année politique* relève le caractère « exceptionnellement discret » de l'enquête du juge d'instruction de Versailles.

Finalement, Georges Pompidou finira par obtenir un communiqué du garde des Sceaux le disculpant, tandis que le général de Gaulle l'invite officiellement à dîner à l'Elysée, avec Claude Pompidou, en présence de Michel Debré et son épouse.

A travers ces péripéties judiciaires et journalistiques, Georges Pompidou a pu recenser ses fidèles, peu nombreux — Marie-France Garraud, Michel Jobert, Jacques Chirac, Edouard Balladur — et apprécier le rôle de Pierre Arpaillange. Son exceptionnelle longévité — même sous la Ve République — à des postes de responsabilité donne déjà la mesure du rôle de Pierre Arpaillange pendant toute cette période. Après son élection, Georges Pompidou lui témoignera son appui. Ainsi, le 21 septembre 1972, à l'occasion d'une conférence de presse, il couvrira implicitement Pierre Arpaillange accusé par René Pleven, son ministre, d'avoir organisé la fuite, dans la presse, d'un rapport confidentiel de la direction des Affaires criminelles et des Grâces intitulé « Pour une réforme d'ensemble de la justice pénale ».

En 1974, Charles Debbasch (1974, 165), dans un bilan faisant l'éloge du pompidolisme note « Jean Taittinger avec le concours de Pierre Arpaillange et d'une équipe d'une grande qualité ouvre à la Justice les voies nouvelles : celles où les plaideurs seront relayés par les citoyens de l'an 2000 ».

Quittons ce détour et revenons à l'année 1970.

L'Assemblée élue en 1968 est toujours en place. Le 15 juin 1969, à la suite de l'échec du référendum sur la régionalisation et de la démission du général de Gaulle, Georges Pompidou a été élu Président de la République, non sans que René Capitant lui ait manifesté une fois de plus son opposition (13). Jacques Chaban-Delmas est Premier ministre. La nomination du président de l'Assemblée nationale correspond à une inflexion du régime, c'est un geste en faveur du Parlement. Le nouveau Président souhaite également que la majorité « introuvable » de 1968 s'ouvre aux centristes qui se sont opposés à la régionalisation. C'est à ce titre que René Pleven occupe le ministère de la Justice.

Cette ouverture reste toutefois limitée. Très vite, des divergences apparaissent entre le Président de la République et les velléités réformatrices de son Premier ministre. En juillet 1970, précisément, à l'occasion d'une conférence de presse, Georges Pompidou prend ses distances avec la « nouvelle société » annoncée par Jacques Chaban-Delmas.

> « L'expression n'est pas de moi, je ne vois pas pourquoi je l'emploierais, n'est-ce pas ? (...) En tout cas, s'il y a une nuance (avec le Premier ministre), je dirais peut-être — cela tient à ma formation, ou encore à ma fonction — que j'attache plus d'importance à l'homme qu'à la société, et à la place de l'homme dans la société qu'à la forme même de la société (14). »

(13) Il écrit ainsi dans *Le Monde* du 18 mai 1969, sous le titre « L'enterrement des réformes » : « Chacun s'apprête à enterrer les réformes. Nul n'en attend évidemment de M. Poher qui n'en a jamais promis. Mais nul ne peut en attendre davantage de M. Pompidou qui proclame chaque jour sa volonté de changer le cours du gaullisme. Changement qui consiste à abandonner les grandes réformes que préparait de Gaulle. »

(14) Pompidou, 1984, p. 165.

Il est clair, depuis le début de l'année et en dépit des velléités de Jacques Chaban-Delmas, que ce septennat ne sera pas celui des grandes réformes progressistes, en matière sociale comme dans les autres domaines. Comment, dans ce contexte, expliquer la loi du 17 juillet sur la détention provisoire ?

L'encombrement croissant des prisons en est la cause principale, mais il n'explique pas la rapidité avec laquelle ce texte est adopté et l'indifférence qui l'accueille.

Les débats parlementaires en première et en seconde lecture, à l'Assemblée nationale et au Sénat, sont bouclés en moins d'un mois — du 28 mai au 7 juin.

Les intervenants sont peu nombreux : moins d'une douzaine de parlementaires au total pour les deux assemblées. Ces intervenants sont par ailleurs quasiment tous membres de la Commission des lois constitutionnelles, de la législation et de l'administration générale de la République, commission technique par excellence.

Presque tous, avant leur élection, exerçaient une profession juridique. Le plus souvent, ils étaient avocats. Ainsi Michel de Grailly, député UDR de Paris et rapporteur du projet en première lecture devant l'Assemblée nationale, Jean Delachenal, député républicain indépendant de Savoie ; Claude Gerbet, député républicain indépendant de l'Eure-et-Loir ; Raymond Zimmermann, député UDR du Haut-Rhin ; Edouard Le Bellegou, sénateur socialiste du Var. Seul Maurice Nilès, député communiste de Seine-Saint-Denis, fraiseur, fait exception.

Aucun des grands ténors de la majorité ou de l'opposition, ni même aucun des responsables de seconde main n'intervient dans des débats qui restent exclusivement techniques. L'opposition n'apparaît d'ailleurs pratiquement pas. Le principal amendement, qui exclut le recours à la détention provisoire en matière correctionnelle lorsque la peine encourue est inférieure à deux ans de prison, est présenté par le rapporteur, Michel de Grailly, et deux autres représentants de la majorité : Claude Gerbet et Raymond Zimmermann. Au Sénat, le débat reste également technique, se bornant à préciser les conditions d'indemnisation des victimes d'une détention provisoire abusive.

A l'extérieur des enceintes parlementaires, c'est surtout la demande de suppression, par le Sénat, de la Cour de sûreté de l'État qui retient alors l'attention. La transformation de la détention préventive en détention provisoire ne rencontre guère d'échos, à l'exception d'un long article de Robert Badinter dans *Le Monde* des 12 et 13 avril. Il voit dans ce dispositif, au delà d'une symbolique nominaliste, une mesure positive mais se montre sceptique quant à sa capacité à modifier la pratique judiciaire.

Dans les médias et pour l'opinion, cette réforme de la détention préventive est à l'évidence reléguée au second plan de l'actualité judiciaire, par les débats et les polémiques qui accompagnent le vote, le 29 avril, de la « loi anticasseurs ». François Mitterrand est, à cette occasion, monté en première ligne, déposant une motion préalable et dénonçant « cette grave atteinte au droit de rassemblement ». Michel Rocard, nouvellement élu et bénéficiaire de l'audience que lui donne sa récente victoire contre Maurice Couve de Murville dans les Yvelines, a fait de la surenchère. L'ensemble des organisations syndicales ont vigoureusement protesté. Même si la « Chambre introuvable » l'adopte par trois cent quatre-vingt-six voix contre quatre-vingt-quatorze, cette loi « anticasseurs » a mobilisé contre elle l'ensemble de la gauche et concentré sur elle l'attention des observateurs.

La dialectique « Ordre/Libertés » est toujours au cœur de la conjoncture politique en cette année 1970, mais elle se déploie davantage dans la rue — avec l'agitation gauchiste que nourrit la répression orchestrée par Raymond Marcellin — que dans l'instance judiciaire, davantage dans les bavures policières répétées que dans des dévoiements de la procédure.

Au gouvernement, Jacques Chaban-Delmas est isolé avec son projet réformateur, isolé face au Président de la République, isolé face à sa majorité parlementaire, isolé enfin face à certains de ses ministres comme Raymond Marcellin à l'Intérieur ou Olivier Guichard à l'Education nationale.

La façon dont est réformée la détention préventive s'explique dans ces conditions : c'est une mesure d'ouverture, d'autant plus possible dans ce contexte particulièrement conservateur qu'elle est réalisée discrètement, avec l'aval de l'Elysée, qu'elle est réalisée de façon expéditive, pratiquement sans débats, et qu'elle apparaît comme une mesure plus technique que politique tout en étant une première réponse à l'encombrement des prisons.

Deux ans plus tard, dans son rapport de 1972, Pierre Arpaillange ne désavoue pas cette mesure, tout en lui reconnaissant une portée limitée :

« Le nombre des décisions de mise en détention provisoire, bien qu'il ait diminué du fait de la réforme intervenue le 17 juillet 1970 — passant de 40 802 à 35 014 entre les années judiciaires 1969-1970 et 1970-1971 —, demeure encore trop important (15). »

4) La portée du texte et l'avis des juristes

Première partie d'un ensemble assez hétérogène — la deuxième

(15) Rapport reproduit *in* Arpaillange, 1980, pp. 256-289.

concerne la sûreté de l'État et la troisième la protection de la vie privée —, la réforme de 1970 comprend six dispositions :

— Elle institue le contrôle judiciaire, une surveillance sans incarcération déjà envisagée à plusieurs reprises sous la Troisième (16) ;

— Elle prévoit une caution divisée en deux parties ; l'une garantit classiquement la représentation, l'autre la réparation ; si l'inculpé en est d'accord, on peut la verser par avance à la victime ;

— En cas de prévention correctionnelle, si le contrôle judiciaire paraît insuffisant et si la peine encourue égale ou excède deux ans d'emprisonnement, une ordonnance peut ordonner la détention à condition de la motiver par les besoins de l'instruction, les nécessités de l'ordre public ou l'irrespect d'une décision antérieure de contrôle. On en reste au renouvellement quadrimestriel ;

— En cas de prévention criminelle, un simple mandat suffit ;

— La mise en liberté, simple ou sous contrôle, peut être ordonnée à tout moment d'office ou sur requête (17) ;

— Enfin une commission instaurée à la Cour de cassation peut accorder une indemnité à celui qui, absous, a subi, en outre, un préjudice grave et anormal.

Les commentaires des spécialistes sont assez réservés. M. Larocque (18), conseiller à la Cour de cassation, observe, avec quelque scepticisme, que tout repose sur l'efficacité du contrôle de motivation. Le procureur général J. Robert (19) déplore que la législation aille toujours sans évaluation de l'impact concret et il relève une régression en cas de prévention criminelle. Les universitaires sont dans le même ton. R. Badinter (20) craint que les changements soient purement nominaux en raison du poids des prédéterminations sur la décision du juge d'instruction ; il souhaite l'instauration d'un débat public. R. Merle (21) et J. Pradel (22) trouvent la loi ambiguë, tantôt plus libérale, tantôt plus rigide. La motivation laisse sceptique et le contrôle suscite des réserves, tant certaines de ses dispositions paraissent préjuger d'une condamnation.

(16) P. ex. par Larnaude (1901) et Carbonnier (1938, spéc. t. p. 107, p. 110).
(17) On doit alors statuer dans les cinq jours.
(18) Larocque, 1970.
(19) Robert, J., 1971.
(20) Badinter, 1970.
(21) Merle, 1971.
(22) Pradel, 1972.

5) Et rebelotte

Nul ne considère donc la question comme définitivement réglée par la loi de 1970, d'autant que les prisons sont maintenant au premier plan des préoccupations. Malgré une certaine baisse autour de 1971, on compte quand même 31 668 détenus en 1972. Et l'on ne peut plus maintenant y voir une séquelle de la guerre d'Algérie. La décennie écoulée a été caractérisée par une croissance des incarcérations. Maintenant, c'est l'allongement de la durée de détention qui commence à peser le plus lourd. L'explosion du contentieux pénal fait éclater le processus judiciaire, notamment en son point le plus sensible, la détention provisoire. D'ailleurs une série de révoltes secouera les maisons d'arrêt au cours de l'été 1974.

Du coup, Pierre Arpaillange tente de promouvoir une modernisation accélérée. En 1972, il propose une réforme d'ensemble de la justice pénale.

Sa note constate que l'afflux des affaires se traduit par une croissance très rapide du nombre d'abandons de poursuites, par un allongement des délais de règlement des affaires et de la durée de la détention provisoire ce qui se traduit par un engorgement des prisons. En outre, la délinquance de masse fait négliger la répression de la criminalité des affaires et du crime organisé. Le personnel et les moyens paraissent insuffisants, les lois désuètes (23). On incrimine la ville fourmilière vertigineuse où la surveillance et la détention deviennent illusoires, aussi le règne de la consommation à tout crin et la démoralisation liée au culte de l'argent, enfin la désagrégation sociale : les délinquants sont des « mésadaptés ». Il faut des moyens. Des choix aussi qui fassent taire les querelles idéologiques au profit d'une combinaison empirique de la punition, du traitement et de la prévention. Surtout, il faut définir les cibles prioritaires : les atteintes à la vie humaine par imprudence (accidents de la route ou du travail), la délinquance d'affaires, le crime organisé, la violence... au détriment de la délinquance banale contre les biens et des infractions à la morale (24).

---

(23) Bientôt P. Arpaillange devenu directeur du cabinet de Taittinger, va lancer la réforme du code pénal en confiant une première mission au procureur général près la cour de Pau, J. Robert. Sous le septennat suivant, le dispositif sera étoffé avec une commission dirigée par M. Aydalot et R. Touffait, le premier président de la Cour de cassation et son procureur général. Elle déposera un avant-projet avant d'être mise en sommeil par A. Peyrefitte jusqu'en 1981.

(24) On comparera ces choix avec les résultats d'une recherche sur les priorités répressives des Français, réalisée vers la même époque : un *consensus* se fait jour autour de la répression des violences physiques. Après surgit une claire opposition entre les non-salariés (commerçants, artisans, entrepreneurs, professions libé-

Le 4 juillet 1973, le Conseil de législation pénale est consulté sur une nouvelle réforme de la détention provisoire. Il montre peu d'enthousiasme et déplore la défiance envers les juges d'instruction. Le projet est quand même déposé. Il prévoit de limiter la détention à six mois si l'inculpé n'a pas été antérieurement condamné à plus de deux mois d'emprisonnement et s'il encourt moins de cinq ans. A la commission des lois de l'Assemblée, l'ancien garde des Sceaux, J. Foyer, se montre hostile. Gerbet voudrait permettre à la chambre d'accusation de déroger « exceptionnellement » à cette limite. En revanche, Terrenoire et Claudius-Petit suggèrent d'interdire la détention provisoire des mineurs, sauf s'ils ont plus de seize ans et sont poursuivis pour crime. De toute manière, le projet de loi ne viendra jamais en discussion. La mort de Georges Pompidou abrège le septennat.

On ne pouvait cependant en rester là.

6) La loi du 6 août 1975

Elle intervient dans un tout autre contexte politique que celui de l'après mai 1968.

La signature du programme commun du gouvernement, en 1972, a profondément redistribué les cartes à gauche. Une aspiration unitaire s'est développée qui culmine, en 1974, avec la campagne de François Mitterrand. Dès 1973, le gauchisme est marginalisé, le chantage à la menace subversive devient progressivement inopérant. Avant même l'élection de Valéry Giscard d'Estaing, le remplacement de Raymond Marcellin par Jacques Chirac à l'Intérieur, dans le second gouvernement de Pierre Messmer, consacre cette évolution. Jacques Chirac se sépare de l'état-major de Raymond Marcellin — Somveille, Lenoir, Biard — et réorganise son ministère en privilégiant les tâches d'administration du territoire et de tutelle des collectivités locales, plutôt que celles du maintien de l'ordre.

La dialectique « ordre/libertés » ne disparaît pas pour autant du débat politique, mais son contenu se transforme profondément.

Valéry Giscard d'Estaing a conduit sa campagne et inaugure son septennat sous le signe du libéralisme et du changement. Michel Poniatowski — ministre d'État chargé de l'Intérieur —

rales) qui privilégient la répression des atteintes patrimoniales (vols...) et les cols blancs (cadres supérieurs et moyens, intermédiaires, employés) qui mettent au premier plan la répression des atteintes à l'être social et souhaitent en contrepartie une libéralisation de toutes les infractions concernant les modes de vie (Robert, Faugeron, 1981, pp. 178-188).

s'engage à supprimer les écoutes téléphoniques ; en janvier, *Le Canard enchaîné* avait affirmé qu'un système d'écoute permanent était installé au domicile de François Mitterrand. Le nouveau président multiplie les initiatives, certaines réelles, d'autres symboliques. Citons, dans le désordre : la libéralisation de la contraception et de l'avortement, la création d'un secrétariat d'État à la condition féminine, l'abaissement de la majorité à dix-huit ans, l'engagement de ne pas poursuivre la presse pour des raisons politiques, l'organisation du défilé militaire du 14 juillet de la Bastille à la République, la réunion du Conseil des ministres du 4 septembre à Lyon, l'extension des possibilités de saisine du Conseil constitutionnel, une visite surprise du Président à la prison Saint-Paul de Lyon.

Ces mesures sont souvent surtout symboliques et elles vont très vite trouver leurs limites. Pour ce qui nous intéresse ici, la politique judiciaire, les limites de l'ouverture giscardienne apparaissent d'autant plus vite que Pierre Arpaillange est immédiatement évincé par le nouveau pouvoir.

Cette éviction peut surprendre mais c'est plutôt son maintien aussi longtemps à son poste qui est surprenant.

Pierre Arpaillange est un technocrate réformiste dont le profil n'est pas sans rappeler celui de Jacques Delors : même trajet social en ascension, même souci d'une approche technique des problèmes qui dépasse les clivages politiques, même conscience aussi de l'importance et de l'urgence des réformes à accomplir. Son rapport de 1972 illustre bien cette approche et frappe par sa modernité, son pragmatisme et la relative radicalité des mesures proposées. Dans une majorité qui se reconnaîtra davantage dans l'exploitation politique du sentiment sécuritaire et qui n'a jamais admis la politique d'un Edgar Faure ou d'un Jacques Delors, il ne peut être qu'en sursis, maintenu dans ses fonctions grâce à l'appui, au niveau le plus élevé, de Georges Pompidou.

Valéry Giscard d'Estaing aurait pu tenter de récupérer les compétences et l'expérience de ce réformateur zélé au service du libéralisme avancé dont il se réclame. Les rivalités potentielles qui l'opposent à Jacques Chirac ne le lui permettent pas. Comme le note Jacques Chapsal (1984, p. 43), la « chiraquisation » du gaullisme n'est pas sa « giscardisation ». Cette dernière reste à faire. La seule attribution du rang de ministre d'État à Michel Poniatowski — qui répète régulièrement à l'époque qu'il est ainsi « le premier des ministres » — illustre la précarité de l'alliance Chirac-Giscard. Pierre Arpaillange n'a jamais fait mystère de ses amitiés pompidoliennes. Il est resté trop longtemps à un poste trop élevé et bénéficie d'appuis trop ostensiblement gaullistes pour ne pas être un obstacle à la conquête de l'appareil d'État voulue par Valéry Giscard d'Estaing et son ministre de l'Intérieur.

Quoi qu'il en soit des limites du « libéralisme avancé » de Giscard d'Estaing en 1975, les événements de mai-juin 1968 semblent déjà très lointains. Le débat, par rapport à l'immédiat après 1968, s'est déplacé, des bavures de la répression policière aux dysfonctions de l'institution judiciaire. La dialectique « ordre/libertés » tend à quitter la rue pour envahir le fonctionnement de la justice. La conscience d'une crise de l'institution judiciaire est beaucoup plus étendue et beaucoup plus aiguë en 1975 qu'en 1970.

Plusieurs raisons concourent à ce déplacement.

Certaines sont propres à la justice, d'autres sont exclusivement politiques bien que, dans la pratique, les deux niveaux interfèrent fréquemment.

Parmi les raisons propres à la justice, il y a d'abord une reprise de l'agitation carcérale et un malaise croissant du personnel pénitentiaire. Cette dégradation de la situation des prisons a d'ailleurs commencé, dès 1971, avec les émeutes de la prison de Toul qui aboutissent le 8 janvier 1972 au dépôt du rapport Schmelck (1972).

Il y a ensuite une série d'affaires mettant en cause l'instruction : affaire Gabrielle Russier à Marseille, maintien en détention de Pierre Leroy par le juge Henri Pascal à Bruay-en-Artois, contre l'avis du parquet, en 1972 ; irrégularités de l'instruction au procès de Pierre Goldman, en 1974 ; suspension du juge Dujardin qui avait publié « Les secrets d'un juge d'instruction » dans *Le Nouvel Observateur*.

Le malaise de la Justice ne naît donc pas en 1974, il est antérieur mais il restait circonscrit. C'est l'évolution de la conjoncture politique tant nationale qu'internationale, qui lui donne une nouvelle audience.

Les élections législatives de 1973 ont révélé une sérieuse poussée de la gauche. François Mitterrand a réussi son OPA sur le PS et il n'est battu que de justesse en 1974. Cette dernière campagne lui permet d'apparaître, aux yeux de l'opinion, comme le leader incontesté de la gauche. Le rééquilibrage, au sein de la gauche, en faveur des socialistes et au détriment des communistes, devient encore plus manifeste à l'issue des élections législatives partielles d'octobre 1974. L'arrivée au pouvoir de la gauche apparaît de plus en plus inéluctable. Dans ce nouveau contexte, la dialectique soixante-huitarde et post-soixante-huitarde « provocation/répression » est définitivement révolue. Lorsque Michel Poniatowski, par exemple, inaugure en août 1974 des « opérations coups de poing », c'est plus pour répondre à l'inquiétude de l'opinion face à la délinquance que pour des raisons directement et explicitement politiques. Une autre dialectique, à l'initiative du camp conservateur maintenant sur la défensive, tend à s'imposer, qui oppose « l'ordre contraignant du programme commun » à « la défense des libertés ». Le débat sur les libertés n'oppose plus « l'État policier » à « la défense des libertés publiques ». Il se centre désormais sur les risques que ferait courir à la démocratie l'arrivée au pouvoir des socialo-communistes sur la base du programme commun. Ou, si l'on préfère, en sens inverse, il se centre sur les garanties présentées par les communistes et par les socialistes en matière de libertés démocratiques.

Signe de cette évolution : le premier congrès national du Syndicat des avocats de France, réuni à Grenoble du 9 au 11 novembre 1974, envisage moins le problème des rapports police-justice que l'élargissement de la justice dans le cadre d'un élargissement de la démocratie politique.

Des événements extérieurs contribuent encore à accentuer cette évolution. Le coup d'État de Pinochet d'abord, en 1973, qui met brutalement fin à l'expérience de l'unité populaire chilienne. Ensuite, la parution de *L'archipel du Goulag* en janvier 1974 et l'expulsion de Soljénitsyne le 13 février par les autorités soviétiques. Enfin, après la « Révolution des œillets » en avril au Portugal, des élections donnent l'année suivante une large majorité aux socialistes de Mario Soarès au détriment du PCP d'Alvaro Cunhal qui s'appuie sur certains membres du Mouvement des forces armées pour contester la légitimité des socialistes. François Mitterrand soutient activement et publiquement Soarès. La révolution portugaise alimente désormais la polémique apparue entre le PCF et le PS au lendemain des élections partielles d'octobre.

Ayant, dans cette polémique, besoin d'apparaître comme prenant ses distances avec les pays de l'Est, le PCF publie le 16 mai une *Déclaration des Libertés* de quatre-vingt-neuf articles, complétant et précisant les garanties inscrites dans le programme commun. La défense des libertés est au centre de sa campagne pendant tout le second semestre 1975. De son côté, le PS constitue un comité d'études et de réflexion pour une Charte des Libertés. En septembre, la Commission d'étude « Informatique et libertés » rend ses conclusions que le garde des Sceaux commente le 16, à l'occasion d'une conférence de presse. Le 29 septembre, Patrice de Charette fait incarcérer le directeur de l'usine Huiles-Goudron-Dérivés dans laquelle un accident du travail a causé la mort d'un ouvrier ; c'est le coup d'envoi d'une série d'initiatives prises par ceux que la presse dénomme les « juges rouges ». En décembre enfin, le Parlement constitue une commission chargée d'examiner des propositions de lois sur les libertés déposées par Jean Foyer, Gaston Defferre et Georges Marchais.

Ce rappel atteste de la rapidité et de l'importance de l'irruption de la défense des libertés dans le débat politique en 1974-1975. Cette situation retentit-elle sur les travaux qui accompagnent la loi du 6 août 1975 sur la détention provisoire ? Oui et non.

Il ne faut certes pas surestimer l'impact du débat politique plus général sur les libertés dans ces travaux. Cette loi ne rencontre apparemment aucun écho dans les médias, bien que les problèmes concernant le fonctionnement de la justice agitent l'opinion. L'ensemble des associations de magistrats et d'avocats manifestent, en effet, le 8 juillet contre la généralisation du juge unique, généralisation déclarée, lorsqu'elle s'applique en matière correctionnelle, non conforme à la Constitution par le Conseil constitutionnel le 23 juillet.

Le 25 juillet, le juge Henri Pascal est dessaisi de l'instruction de la catastrophe de Liévin pour irrégularité de procédure. Le malaise de la magistrature, déjà présent, s'aggravera en septembre lorsque Jean Lecanuet prononcera à Bayonne un discours sur « la mission du juge » : celui-ci ne doit pas invoquer des convictions philosophiques, morales ou religieuses corrigées par son expérience du milieu carcéral ; il doit, au contraire, se référer à la volonté collective, à l'opinion publique. Une polémique opposera le garde des Sceaux au Syndicat de la magistrature qui a écrit dans son organe *Justice* : « Notre intervention est inscrite dans les rapports sociaux dont elle subit les données et sur lesquels elle influe également. »

L'absence de tout écho à la loi du 6 août dans la presse est d'autant plus étonnante que les débats parlementaires qui l'accompagnent traduisent une certaine politisation alors que celle-ci est totalement absente en 1970.

Le projet de loi limite à six mois la détention provisoire si la peine encourue n'excède pas cinq ans. Dans son rapport, Claude Gerbet mentionne l'hostilité de l'Union fédérale des magistrats au projet et les réserves du Syndicat de la magistrature devant la notion — élastique et vague — d'ordre public. Il constate l'échec de la loi de 1970 : la Cour de cassation ne contrôle pas le bien-fondé des moyens, les habitudes judiciaires sont bien ancrées et les moyens sont insuffisants. Il accepte sans enthousiasme un projet qui permet au moins au détenu de connaître la limite maximale de son incarcération, mais tente, vainement, de revenir à la formule, plus laxiste, du projet de 1973.

Les interventions dans les débats sont un peu plus nombreuses : seize parlementaires, contre moins d'une douzaine en 1970, interviennent, à un moment ou à un autre, à l'Assemblée ou au Sénat. Ce n'est toutefois pas la foule des grands débats.

On note la présence, parmi les intervenants, de parlementaires appelés à jouer un rôle important dans le débat politique général sur les libertés. Ainsi Jean-Pierre Cot, député socialiste de Savoie, agrégé de droit public, membre du comité d'études et de réflexion pour une charte des libertés, mis en place par le PS.

Ainsi encore Raymond Forni, député socialiste du Territoire de Belfort et à l'époque un des animateurs du CERES, ou Lucien Villa, député communiste de Paris, secrétaire en décembre 1975 de la commission parlementaire chargée d'examiner les projets Foyer, Defferre et Marchais sur les libertés, et Eugène Claudius-Petit qui fera également partie de cette commission.

La gauche, quasiment absente en 1970, mène cette fois l'offensive. En 1970, les clivages politiques sont totalement absents des débats parlementaires qui conservent un contenu exclusivement technique. En 1975, Maxime Kalinsky, député communiste du Val-de-Marne, reproche à Jean Lecanuet d'oublier les principes de l'*habeas corpus* dont se réclame le mouvement réformateur ; il dénonce l'insuffisance des propositions gouvernementales, face à la profondeur de la crise du système judiciaire, expression elle-même d'une crise de société. Au nom du groupe socialiste et radical-socialiste, Raymond Forni mène une bataille d'amendements bien qu'il la sache condamnée par avance. Celle-ci est relayée au Sénat par Félix Ciccolini et René Chazelle, respectivement sénateurs socialistes des Bouches-du-Rhône et de Haute-Loire, mais tous les deux de formation juridique.

Au total donc, par rapport à 1970, une présence affirmée des élus de gauche mais qui reste encore l'apanage des professionnels du droit.

Dans son commentaire de la loi, Paul Couvrat (1975) professeur de droit pénal à l'Université de Poitiers, tire la sonnette d'alarme : l'entassement de réformes législatives aboutit-il à autre chose qu'à créer un régime effroyablement compliqué ?

III — LA LOI DU 9 JUILLET 1984 OU L'INTRODUCTION DU DÉBAT CONTRADICTOIRE

Finalement, la législation sur la détention provisoire va bifurquer dans une direction différente : au lieu de ravauder les conditions de la décision, on va la soumettre à un débat contradictoire (et, au-delà, on tentera, mais sans succès, de le transférer devant une juridiction collégiale). Mais il faudra un certain temps pour ce changement d'orientation : tout le reste du septennat Giscard d'Estaing passera à hésiter, de rapport en rapport, sur la voie à suivre.

Peu à peu, cependant, les acteurs politiques et administratifs perçoivent mieux la part de la détention provisoire dans l'encombrement carcéral, même s'ils ont du mal à réaliser que la durée pèse plus que le nombre d'incarcérations.

1) Des rapports hésitants

Dans ce second lustre des années 1970, aucune réforme législative nouvelle n'atteindra le régime de la détention provisoire. Pourtant la période est marquée par des inflexions majeures de la politique criminelle : au début, l'accent porte sur la libéralisation des modes de vie et la prévention (25) ; à la fin, il est mis principalement sur l'aggravation de la répression comme moyen de calmer les insécurités (26). Pour la détention provisoire, cependant, on hésite.

Aux lendemains de la loi de 1975, une note interne à la Chancellerie envisage et de revenir sur le butoir de six mois récemment institué, et de transférer au tribunal correctionnel le soin de statuer sur le maintien en détention.

Constitué à l'imitation des commissions présidentielles américaines mais dépourvu des moyens et des compétences correspondants, le comité Peyrefitte d'étude sur la violence, la criminalité et la délinquance ne paraît pas s'intéresser à la détention provisoire.

Cependant, devenu garde des Sceaux, A. Peyrefitte confie ce sujet à un parlementaire en mission, P. Sauvaigo (27), un avocat des Alpes-Maritimes apparenté au RPR. Son rapport s'ouvre par le couplet rituel : un mal nécessaire dans un domaine dont les valeurs de base vont à l'opposé. De manière moins convenue, l'auteur y voit la contrepartie d'une justice différée : la détention provisoire empêche que l'on crie au laxisme et bride les bouffées d'insécurité. Mais, dès lors, tout est dit et l'on voit bien qu'une nouvelle réforme ne serait pas dans l'air du temps : après s'être interrogé, avec hésitation, sur les mérites de la collégialité et ceux de la formule Donnedieu de Vabres, Sauvaigo conclut que les textes existants ne sont pas mauvais. Il relève, cependant, la fâcheuse sur-propension au suicide (28) des détenus provisoires. Et il ne lui reste finalement qu'à proposer un pot-pourri d'ajustements dans le détail desquels il n'est pas indispensable d'entrer ici.

---

(25) Avec la loi Veil sur l'interruption volontaire de grossesse et les suites données au comité d'études sur la violence, la criminalité et la délinquance par la création de comités nationaux et départementaux de prévention (Peyrefitte, 1977).

(26) Avec des lois de 1978 — sur les peines d'emprisonnement — et de 1981 sur l'aggravation de la répression des infractions réputées « violentes ».

En général, sur l'évolution de la politique criminelle, voy. Robert, 1984, pp. 189-219.

(27) Sauvaigo, 1980.

(28) Il est vrai que des travaux de démographes (Chesnais, 1976 ; Tournier, Chemithe, 1979) permettent de mieux connaître alors le suicide en prison.

Quelque temps plus tard, à vrai dire après l'élection présidentielle de 1981, la commission du rapport du Conseil d'État consacrera à la détention provisoire deux rapports (29). On s'y préoccupe surtout de dégonfler les statistiques, à l'instar de celles du chômage, en distinguant différentes sortes de détenus provisoires. Très curieusement pour une assemblée de juristes, les auteurs suggèrent de rétablir la distinction entre récidivistes et primaires, de concentrer tous les efforts sur ces derniers pour leur éviter au maximum la détention provisoire. Dans ce rapport comme dans le précédent, le plus significatif est peut-être l'apparition de recommandations organisationnelles : elles témoignent d'un certain scepticisme sur les vertus de la loi. Dans un cas comme dans l'autre, une attention spéciale est réservée à la détention provisoire des mineurs. Dans le même sens, Raoul Béteille, devenu directeur des Affaires criminelles et des Grâces, avait demandé quelque temps auparavant une recherche particulière sur la détention provisoire des mineurs de seize ans (30).

La fin du septennat est surtout dominée, pour notre propos, par la loi 81-82 du 2 février 1981 qui ne concerne la détention avant jugement que marginalement. Elle l'autorise en cas de flagrant délit même si la peine encourue est inférieure à deux ans ; elle prescrit à la Chambre criminelle de statuer dans les trois mois sur les pourvois touchant à la liberté ; enfin, elle confie à un juge le soin de délivrer mandat de détention provisoire au cours de la procédure de saisine immédiate.

Le 12 juin 1980, défendant la question préalable à l'occasion de la discussion de ce projet de loi « Sécurité et liberté », Raymond Forni — dont nous avons vu le rôle en 1975 — reproche à Alain Peyrefitte de « tourner le dos » aux conclusions libérales du comité d'études sur la violence qu'il présidait avant son arrivée place Vendôme. Il lui reproche aussi de s'opposer aux réformes proposées par la commission de réforme du code pénal et de se réclamer abusivement du rapport Arpaillange. L'auteur de ce rapport récuse alors effectivement toute parenté entre ses propositions et le projet gouvernemental. Alain Peyrefitte se réclame également des travaux de la commission Rivero sur *l'habeas corpus* — Jean Rivero prend à son tour ses distances avec le projet du gouvernement — et du rapport de Pierre Sauvaigo.

La discussion de ce projet place les problèmes judiciaires au premier rang de la scène politique et sensibilise fortement l'opi-

(29) L'un sur la détention provisoire de droit commun, rédigé par le conseiller Ravanel, l'autre réservé à celle des mineurs, dû à la plume du conseiller Errera (commission du rapport et des études, 1982).

(30) Voy. Robert, Zauberman, 1981, a.

nion. Elle va hypothéquer durablement, dans les années qui suivent, tous les débats concernant la justice.

Le septennat de Valéry Giscard d'Estaing avait commencé par une visite du Président aux prisonniers, à Lyon. Il s'achève avec l'adoption en février 1981, de la loi « sécurité et liberté ». En mai-juin 1981, pour la première fois sous la Cinquième République, la gauche arrive au pouvoir. Après l'intermède de Maurice Faure, Robert Badinter est nommé garde des Sceaux le 23 juin.

2) La loi 84-576 du 9 juillet 1984

Dès juillet, la Cour de sûreté de l'État est supprimée. En octobre, la peine de mort est abolie, le garde des Sceaux refusant de différer cette abolition jusqu'à l'adoption d'une peine de remplacement. Les conditions d'entrée et de séjour en France des étrangers sont assouplies.

Si nous sommes ici aux antipodes de la politique Peyrefitte, nous sommes aussi, d'un certain point de vue, éloignés de la démarche moderniste de Pierre Arpaillange. On se réfère surtout aux grands principes républicains auxquels la Troisième était attachée. Supprimer les juridictions d'exception et la peine de mort, réformer les codes, c'est bien le programme initial de la République radicale.

La polémique qui oppose, en avril 1982, le garde des Sceaux à Gaston Defferre est significative. Devant deux cent cinquante responsables de la police réunis place Beauvau, le ministre de l'Intérieur indique qu'il espérait bien que, malgré l'abolition de la loi « sécurité et liberté », les contrôles d'identité resteront des actes administratifs non soumis à l'autorité judiciaire. Il déclare également, à cette occasion, souhaiter que les policiers puissent faire usage de leur arme après sommation, autrement que dans les seuls cas de légitime défense. La réaction de Robert Badinter est immédiate. Il déclare que ces propos n'engagent que Gaston Defferre. Pierre Mauroy doit intervenir et arbitrer, donnant partiellement raison à Gaston Defferre sur les contrôles d'identité mais le désavouant quant à la possible utilisation par les policiers de leur arme, en dehors des cas de légitime défense.

L'opposition donne à cet incident une portée d'autant plus grande que l'abrogation de la loi « sécurité et liberté » (31) lui donne une caisse de résonance au Parlement, tandis qu'une série

(31) Par la loi 83.466 du 10 juin 1983 qui abroge notamment la possibilité de mise en détention provisoire pour les flagrants délits n'encourant pas deux ans d'emprisonnement.

d'attentats sensibilise l'opinion : attentat contre l'ambassade d'Israël et assassinat d'un diplomate israélien à Paris, explosion d'une voiture piégée rue Marbeuf en avril 1982 faisant un mort et plusieurs blessés, attentat de l'ASALA en juillet de la même année à Paris et à Orly en juillet 1983, attentats contre la gare de Marseille et dans le TGV en décembre 1983.

Malgré le contexte à l'évidence défavorable, le garde des Sceaux a aussi imposé l'abrogation de la loi « sécurité et liberté », ce « texte liberticide » pour reprendre l'expression utilisée par Raymond Forni, président de la commission des lois, en 1982.

Comment expliquer ce « républicanisme » hérité d'une autre République chez un homme comme Badinter ? Par son âge et sa formation — avocat à Paris en 1951, agrégé de droit à Dijon en 1966, puis à Paris à partir de 1974 —, il devrait plutôt s'identifier à la modernité technocratique des années soixante et rejoindre l'approche d'un Jacques Delors ou d'un Pierre Arpaillange.

En fait, le courant moderniste des années soixante n'est pas unidimensionnel, tant s'en faut, comme le montre le foisonnement des clubs qui l'exprime à l'époque.

Au delà des nuances, deux grandes sensibilités s'y opposent.

D'un côté, la sensibilité moderniste *stricto sensu* qui entend disputer au gaullisme l'entreprise de modernisation économique et politique commencée en 1958 et renforcée par la réforme constitutionnelle de 1962 sur l'élection du Président de la République au suffrage universel. La filiation démocrate chrétienne y est largement dominante. Le club Jean Moulin en est l'épine dorsale et ce mouvement culmine avec les « Assises de la Démocratie » réunies à Vichy en avril 1964, et la tentative avortée de la candidature de « Monsieur X » — Gaston Defferre — à l'élection présidentielle de 1965.

De l'autre côté, la filiation radicale l'emporte. Dès 1951, Charles Hernu a regroupé la gauche du parti radical en fondant le club des jacobins. En 1960, François Mitterrand participe à la création de la Ligue pour le Combat Républicain, présidée par le sénateur Ludovic Tron.

En 1963, le club des jacobins et la Ligue se regroupent au sein du centre d'action institutionnel (CAI). Ecarté des Assises de Vichy parce que trop lié à François Mitterrand, le CAI organise une rencontre concurrente en juin 1964 à Paris : la « Convention préparatoire des institutions républicaines », qui est en fait le congrès constitutif de la Convention des institutions républicaines CIR, la formation politique à partir de laquelle François Mitterrand prend un rôle dirigeant dans la Fédération de la gauche démocrate et socialiste, puis conquiert la direction du PS à Epinay. Pour cette sensibilité, prime la référence aux valeurs républicaines traditionnelles.

C'est dans cette sensibilité que Robert Badinter est socialisé à la politique. Il fait partie des instances dirigeantes de la CIR. En 1966, lorsque la gauche non communiste, à l'initiative de François Mitterrand, annonce la création d'un « contre gouvernement », il en fait partie comme représentant de la CIR.

Par ailleurs membre du comité directeur de la Ligue des droits de l'homme et co-dirigeant d'un cabinet d'affaires avec Jean-Denis Bredin, il manifeste l'influence des valeurs républicaines chères à la Troisième République.

Longtemps perçu comme avocat d'assises engagé dans des procès qui connaissent un grand retentissement, il apparaît en 1980 comme un des adversaires les plus acharnés du projet « sécurité et liberté ». Il dénonce, dans *le Monde* du 10 mai 1980, cette « opération politique judiciaire » qui réduit le pouvoir des juges et méconnaît les droits de la défense.

Dans ces conditions, il est normal qu'une fois garde des Sceaux, ses premières mesures consistent à faire voter l'abrogation de la peine de mort et la modification de la loi « sécurité et liberté ». C'est l'occasion d'une relance du débat politique qui avait accompagné l'adoption du projet d'Alain Peyrefitte. Du coup, les dispositions concernant la détention provisoire passent au second plan. Elles seront adoptées pratiquement sans débat.

Parallèlement à la grande commission de révision du code pénal — désormais présidée par le garde des Sceaux —, R. Badinter a confié à J. Léauté (32), agrégé du droit pénal et directeur de l'Institut de criminologie de Paris II, une autre commission chargée des problèmes de procédure (33). Après avoir étudié la réforme de la loi sécurité et liberté, ce comité consacre à la détention provisoire ses séances des 17 février, 4 et 25 mars 1983, 15 février 1984. Innovation de taille, une enquête est lancée dans les deux plus grands ressorts — Paris et Aix — et un rapport commandé à un centre de recherches (34). Ces travaux soulignent l'enchaînement des décisions policières (garde à vue suivie de déferement) et de la mise en détention et leur ciblage sur une population à statut précaire (étrangers, chômeurs) qui paraît n'offrir

---

(32) Tenu à l'écart par A. Peyrefitte, J. Léauté a démissionné alors de la commission de révision du code pénal. Avec R. Badinter et P. Arpaillange, il fera partie du groupe de juristes qui va mobiliser l'opinion à propos de la loi sécurité et liberté. Sur le débat occasionné par cette loi, voy. notamment Cimamonti, 1982 et Lazerges, 1982.

(33) En tout huit magistrats (Arpaillange, Brunschweig, Jéol, Malaval, Davenas, Estève, Feuillard, Rolland), trois avocats (Jouffa, Leclerc, J.-P. Lévy), trois agrégés de droit pénal (Delmas-Marty, Léauté, Levasseur), un chercheur (Ph. Robert), un policier (Denis).

(34) Voy. Robert, 1982, 1983 a et b.

aucune garantie de représentation. Y. Jouffa, avocat et futur président de la Ligue des droits de l'homme, rappelle le vœu d'un colloque tenu en 1973 par Droit et Démocratie : rééquilibrer le parquet et la défense. R. Badinter observe que la détention provisoire touche certes aux libertés, mais qu'elle concerne aussi la sécurité de prisons surchargées (35) où l'on craint une explosion analogue à celle de l'été 1974. Finalement, la commission s'oriente vers un débat contradictoire préalable à la mise en détention provisoire. Le garde des Sceaux se targue de l'accord des organisations professionnelles de magistrats. Bizarrement, la communication au conseil des ministres se réfèrera à la procédure *d'habeas corpus* pourtant peu comparable.

Rapporté à l'Assemblée par le député PS Jean-Pierre Michel (36), ancien secrétaire général du Syndicat de la magistrature, le projet prévoit un débat contradictoire, immédiat ou différé de cinq jours si la défense le souhaite, avant toute mise en détention provisoire. Mais le débat n'est pas répété lorsqu'il faut statuer sur des demandes de mise en liberté. Au Sénat, le rapporteur Rudloff est assez réticent, il craint des effets pervers. Au total, cependant, le projet passe sans guère être débattu.

La doctrine ne montre guère d'enthousiasme : les lois, écrit P. Chambon (37), tombent dans le vide et J. Pradel (38) se demande s'il s'agit d'un utile pas en avant.

Peut-être eût-il fallu pour une fois, moins de pessimisme : depuis 1985, se fait jour un important — quoique très lent — renversement de tendance : le nombre des incarcérations provisoires se met à décroître continûment (39). Faut-il en rapporter le mérite à la loi du 9 juillet 1984 ? Difficile de trancher avec certitude surtout à partir des seules données globales. On ne peut exclure l'hypothèse cependant : en prescrivant de débattre préalablement des raisons favorables ou défavorables, la loi peut avoir entraîné une recomposition partielle des pratiques.

(35) En 1985, 42 934 détenus en moyenne et un taux de détention masculine de 2,29 ‰. On est revenu au niveau de 1895, voy. Barré, 1986.

(36) Il présente deux amendements, le premier prévoyant la reprise du débat au bout d'un an de détention provisoire, l'autre supprimant le caractère suspensif d'un appel du parquet contre une décision de mise en liberté.

(37) Chambon, 1985.

(38) Pradel, 1985.

(39) 1984 : 72 316 ; 1985 : 66 332 ; 1986 : 67 727 ; 1987 : 65 181 ; 1988 : 64 804 ; 1989 : 64 054.

IV — PROPOS D'ÉTAPE : IL PLEUT DES LOIS

Peu sensible à cette évolution, le législateur — c'est-à-dire en fait les ministres successifs et leurs bureaux — entre dans une spirale d'hyper-inflation législative. Nous n'en décrirons pas les méandres ici : outre que la plupart de ces lois ne sont jamais entrées en vigueur, il faut savoir arrêter quelque part un travail autrement sans fin et aussi garder un minimum de recul pour ne pas sombrer dans la chronique anecdotique.

Rappelons seulement les grandes lignes de ces avatars. A la fin de 1985, peu avant les élections législatives, R. Badinter fait voter sans difficulté (40), une loi 85-1303 du 15 décembre 1985 qui défère, en principe, le contentieux de la détention provisoire à un collège de juges d'instruction. Mais l'entrée en vigueur en est différée. Et son successeur, Albin Chalandon, l'empêche en faisant voter une loi 87-1062 du 30 décembre 1987 qui maintient la collégialité mais en exclut les juges d'instruction. Il a plus de mal que son prédécesseur (41) : la grogne des juges d'instruction est relayée à la Chambre par des magistrats députés (42) y compris dans les rangs de la majorité. A vrai dire, la loi est probablement votée parce que son entrée en vigueur est différée et que la proximité de l'élection présidentielle la rend douteuse. Pari gagné : le nouveau garde des Sceaux, Pierre Arpaillange, fait voter une loi 89-461 du 6 juillet 1989 qui abroge celle de son prédécesseur (43).

(40) A l'Assemblée, le rapporteur, Ph. Marchand fait état de l'approbation des organisations professionnelles de magistrats et signale qu'il faudrait créer cent cinquante nouveaux juges d'instruction. Au Sénat, le rapport Girault n'approuve qu'avec davantage de réticences : il rappelle l'échec de la chambre du conseil au XIXe et sa suppression sous le Second Empire.

(41) Au reste lui-même a une attitude assez ambiguë. Son initiative précédente, la loi 86 — 1019 du 9 septembre 1986 ne touche qu'incidemment à la détention provisoire, mais c'est pour en étendre la possibilité aux flagrants délits encourant au moins un an d'emprisonnement (un retour partiel à la loi sécurité et liberté). En outre, A. Chalandon lance un programme de construction de nouvelles prisons — qu'il voulait initialement privées — et qui n'est pas de nature à incliner les juges à moins emprisonner.

(42) P. ex. J.-L. Debré au RPR, J.-P. Michel au PS.

(43) Elle oblige aussi à motiver la mise en détention provisoire en fait et en droit et en toute matière, même criminelle. Elle favorise la réalisation d'enquêtes rapides destinées à éclairer la décision du juge (un peu à l'instar du système mis sur pied pour les mineurs), restreint la détention provisoire des mineurs et instaure enfin des délais maximum mais généralement calculés larges et en tout cas selon un système complexe. De toute manière, ses instigateurs mêmes pensent que cette réforme est provisoire et incomplète, qu'elle a surtout pour but d'empêcher l'entrée en vigueur de la loi précédente, qu'il faudra y revenir. Voy. Commission justice pénale et droits de l'homme, 1989.

Chaque fois, un garde des Sceaux qui sent venir le terme de son mandat obtient de chambres, plus ou moins résignées mais pas dupes, le vote de dispositions dont chacun sait qu'elles n'entreront pas en vigueur. Il y faudrait un nombre de créations de postes de magistrats et de greffiers qu'aucun gouvernement n'a l'intention serait-ce d'envisager.

Il est vrai que, malgré la baisse du nombre des détentions provisoires, le taux français rapporté à 100 000 habitants, demeure le plus élevé d'Europe occidentale, presque double de ceux de nos grands partenaires britanniques ou allemands. Mais la raison de cet apparent paradoxe échappe souvent : la durée des détentions provisoires pèse plus que leur nombre.

Or, elle n'a cessé de croître, au moins jusqu'aux toutes dernières années où l'on enregistre une très légère érosion. Seulement, cette durée doit peu au régime de mise en détention initiale ; ce n'est pas le fruit d'une décision positive, mais l'effet, presque mécanique, de l'allongement des durées de chaque phase du processus pénal, non seulement de l'instruction mais aussi du jugement et encore de l'examen des voies de recours. Avec leurs délais calculés très larges et truffés de dérogation, les lois pèsent peu sur cet état de fait.

Au fil de ces quatre décennies, la détention provisoire ne fait pas problème tout le temps de la même manière. Pour rendre sensible le glissement d'accent, on peut se risquer à distinguer trois temps.

C'est d'abord un point de procédure à réformer, un parmi d'autres : des scandales y poussent, aussi le désir de montrer un souci des libertés, mais sans pression carcérale particulière : les prisons se vident... La matière est cependant symboliquement sensible : sitôt les tensions qui accompagnent la liquidation du conflit algérien, une ordonnance vide de sa portée la principale disposition du nouveau code en la matière.

Escamotée une décennie dans l'aigreur des rapports entre la république gaullienne et la justice (44), le problème réémerge aux lendemains de mai 1968, cette fois comme un aspect de la crise de la justice pénale : l'explosion incontrôlée du contentieux disloque des processus vieillis. C'est là une modernisation accélérée que l'on songe alors, un changement par le haut, une réforme de la justice par elle-même (45)... une modernisation pour rejoin-

---

(44) Au début, c'est la lune de miel : création d'un Centre national d'études judiciaires, revalorisation des rémunérations, promulgation de réformes attendues depuis longtemps. Les choses se gâtent avec la création de tribunaux d'exception sommés de participer à la liquidation de l'affaire algérienne, que le chef de l'État évoque une renaissance de la justice retenue qui ne procèderait que de lui n'arrange pas les choses. Elles se gâtent encore quand, en pleine crise de 1968, le Premier ministre annonce clairement que c'est lui qui fait libérer les détenus.

(45) Arpaillange, 1980, p. 51.

dre la modernité, et d'abord une modernisation des points faibles, telle la détention provisoire.

Une décennie encore et cette détention préalable apparaît surtout comme la responsable de la poudrière pénitentiaire. Freiné avec quelques succès pendant le premier lustre des années 1970 quand on le croyait encore accidentel, l'encombrement carcéral s'aggrave à partir du milieu de la décennie. Désormais, seules des grâces et des amnisties à répétition ralentiront momentanément son inexorable croissance. Et l'on découvre peu à peu la part déterminante qu'y prend, en France, la détention provisoire.

En trois temps, le débat a, au moins partiellement, pivoté : c'est d'abord, comme traditionnellement, un problème de libertés publiques. C'est ensuite aussi une question de modernisation de la justice, l'un de ses principaux points faibles. Plus tard, on y découvre enfin le ressort de l'encombrement des prisons. Le débat traditionnel entre l'ordre et les libertés ne s'évanouit pas : nous l'avons vu à l'œuvre dans chaque débat parlementaire. Mais il se double d'une controverse sur la modernité : notre détention provisoire paraît d'autant plus archaïque que nul en Europe de l'ouest n'en fait un aussi large usage. Reste que les porteurs des deux argumentaires ne se superposent peut-être pas absolument.

APRÈS DEUX SIÈCLES OÙ EN SOMMES-NOUS ?

Philippe ROBERT

Le droit appréhende la détention provisoire comme une décision instantanée d'une autorité judiciaire qu'il s'agit d'encadrer en la coulant dans des formes, des conditions et des limites. Gênante puisqu'elle envoie en prison quelqu'un qui n'a pas été jugé, elle est cependant réputée indispensable. C'est la théorie du mal nécessaire. La législation a donc pour objet constant de la rendre exceptionnelle et fugace.

Otons maintenant les lunettes juridiques et interrogeons-nous sur la place de la détention provisoire au sein des pratiques pénales.

Sa brièveté est de moins en moins évidente : au cours des vingt dernières années, sa durée moyenne est passée de 2,3 mois (1969) à 3,7 mois (1989) (1) malgré une légère érosion depuis 1985 (2) (3).

Quant à la rareté, elle est manifeste si l'on rapporte les détenus provisoires aux jugés aux assises et en correctionnelle (4). Mais le tableau change si l'on considère seulement les affaires mises à l'instruction : près de la moitié des inculpés sont placés sous mandat de dépôt. Et le trait s'accuse encore si l'on se tourne vers les incarcérations : deux fois sur trois, on entre en prison sur mandat. On peut même pousser le raisonnement plus loin : une incarcération sur six est causée par les brèves détentions provisoires qui peuvent intervenir dans les procédures rapides si le jugement

(1) A la fin du siècle précédent, neuf fois sur dix, elle n'excédait pas un mois. Moins de la moitié des détentions provisoires actuelles sont encore dans ce cas. Voy. Robert, 1985, b, 97.

(2) Grâce probablement à un moindre recours à l'instruction préparatoire qui doit faciliter une évacuation plus rapide des affaires (106 403 inculpés en 1984, 84 939 en 1988), voy. Commission justice pénale et droits de l'homme, 1989, 39).

(3) En 1989, la durée moyenne globale de détention est de sept mois. Voy. Tournier, Leconte, 1990.

(4) Données extraites de la base SEPT : Tournier, Leconte, 1990.

n'est pas immédiat. Autrement dit, seule une incarcération sur six concerne un individu déjà condamné. La détention provisoire est donc le moyen ordinaire d'entrer en prison. Globalement rare, elle devient, au contraire, pratique courante dans cette « filière » (5) particulière qui débouche sur la prison.

Cette filière remonte vraisemblablement plus haut dans le processus : ce sont dans l'ensemble les mêmes infractions qui entraînent des forts taux de garde à vue policière et d'écrou judiciaire. Et l'on sait toute la pression qu'exercent les services de police pour tenter d'éviter que soient remis, même provisoirement, en liberté ceux qu'ils choisissent d'arrêter et de présenter au parquet (6).

On croit d'ailleurs voir (7) les mêmes raisons dominer la décision policière de présentation (8) au parquet et celle, judiciaire, de mise sous écrou : nationalité étrangère, défaut de domicile, de profession, d'emploi... Ces traits de précarité signent l'absence de garanties de représentation d'une population considérée comme flottante (9).

Plus précisément, quelques travaux (10) (malheureusement rares et anciens) discernent deux profils de détention provisoire : une volonté de réaction immédiate à des infractions violentes et surtout un désir de ne pas relâcher des gens qu'il apparaît difficile de repérer ensuite si on les libère. L'anticipation des délais sans cesse croissants d'instruction et de jugement, la connaissance du nombre de jugements prononcés par défaut faute de citation réelle, la conscience des difficultés d'exécution des peines (11)... tout incline à placer d'emblée en détention provisoire, ceux qu'on estime mériter un emprisonnement, si on ne peut pas les juger sur le champ.

Avec cette rapide description, je n'ai pas voulu esquisser une énième version du *lamento* sur l'inefficacité de la loi ou la mau-

---

(5) Notion opérationnalisée surtout par Aubusson de Cavarlay, 1987.

(6) C'est la fameuse accusation de laxisme : on les arrête, ils les relâchent. Statistiquement fantasmatique, elle traduit la hantise d'un désaveu et la volonté de se prémunir contre les éventuelles accusations d'inefficacité que pourrait susciter le très faible taux d'élucidation des plaintes des particuliers.

(7) Synthèse *in* Robert, 1985 a) pp. 102-103, et b) ; cf. Lévy, 1987.

(8) On distingue, on le sait, la simple transmission de la procédure (du « procès-verbal ») de la présentation — ou déferement — sous contrainte d'un suspect au parquet.

(9) D'où la tendance de certains auteurs qui observent une corrélation entre crise économique et recours à l'emprisonnement, à supposer qu'elle s'explique par l'accroissement d'une population à statut précaire offrant peu de garanties de représentations. Voy. Laffargue, Godefroy, 1989.

(10) Voy. Coll., s.d. ; Robert, Zauberman, 1981, 1982, synthèse *in* Robert, 1985, b.

(11) Voy. p. ex. Bernat de Celis, 1988.

vaise volonté des praticiens, mais plutôt montrer comment fonctionne le juridique.

La détention provisoire apparaît finalement comme une pratique particulièrement immergée dans les enchaînements et les anticipations d'un processus.

Pour l'appréhender, le droit l'arrache à la concrétude enchevêtrée des pratiques. Il la construit comme une abstraction. Entendons-nous, cet effet d'abstraction n'est pas une perversion, au contraire, la juridicisation l'implique : c'est le préalable à la production d'une norme juridique. Les choses se gâtent seulement si l'on est dupe du procédé, si l'on sombre dans le juridisme, si l'on prend l'abstraction juridique pour une photo des pratiques. On oublie alors que les normes sont pour les comportements un cadre pas une grille de lecture.

Que le législateur raisonne sur une construction abstraite — une institution juridique —, il ne saurait faire autrement. Qu'il ne sache plus ôter ses lunettes juridiques pour comprendre les pratiques et il aura du mal à normer ces dernières.

Toutefois, la loi a des effets propres qui ne se limitent pas à la production de normes juridiques, trois essentiellement : faire une loi remplit d'abord une fonction d'affichage (on s'occupe du problème). S'y ajoute souvent une fonction substitutive (toute autre intervention serait plus coûteuse). Enfin, on tente d'y ajouter une fonction idéologique (satisfaire ses électeurs, certains secteurs de l'opinion, certains groupes socio-professionnels ou de pression). Ces fonctions présentent l'avantage d'être quasiment instantanées, de bien s'inscrire sur la scène politique qui fonctionne à court terme. Et si d'aventure les fruits ne passent pas les promesses des fleurs, on ne s'en avisera que plus tard : les promoteurs auront, sinon quitté la scène, du moins changé de rôle (12).

Souvent dans notre histoire, les réformateurs ont surtout été mus par le désir d'afficher un beau souci des libertés (ou, au contraire, de l'ordre) notamment dominant sous la Constituante, la monarchie de Juillet, les IIIe et IVe Républiques. Plus délicates s'avèrent les conjonctures où l'on essaie — aussi et surtout — de résoudre un malfonctionnement, de dénouer un effet pervers. Ainsi sous le Second Empire, on tente d'empêcher que la montée en puissance du ministère public s'accompagne d'un recours automatique à la détention préventive. Sous la Ve République, on voudrait éviter que le fonctionnement de plus en plus malaisé du processus pénal entraîne un allongement démesuré des détentions provisoires.

---

(12) Avéré pour les politiques, ce trait l'est aussi de plus en plus pour les dirigeants administratifs de haut vol : le rythme de leurs carrières, les dispense désormais d'avoir à contempler les résultats de leurs initiatives.

Le défi devient alors redoutable : comment parvenir à encadrer, à normer des pratiques dont les déterminants sont diffus, épars, largement ailleurs que dans la décision instantanée sur laquelle on s'acharne ? Alors, la loi cherche moins, en fait, à encadrer les pratiques qu'à dissuader : en hérissant la décision de difficultés et de complications, on tente d'amener les professionnels à y moins recourir. Particulièrement intéressant est le cas de la loi de 1984. On le sait, sa promulgation a été suivie, à partir de 1985, d'une baisse nette et durable du nombre de mises en détention provisoire. Mais, rapportée au nombre d'inculpés, la proportion des mises en détention n'a que très légèrement fléchi. De même celle des contrôles judiciaires n'a que faiblement augmenté. C'est le nombre d'inculpés qui a fortement baissé. Tout se passe donc comme si le parquet avait été dissuadé, par la perspective du débat contradictoire, de recourir aussi largement à l'instruction quand il souhaite un emprisonnement immédiat. Il est donc possible que cette loi ait eu — le cas n'est pas fréquent — un effet dissuasif, faiblement sur la mise en détention, plutôt sur l'ouverture d'une information. Le législateur, il faut bien le dire, se préoccupe assez peu souvent, d'évaluer ces effets (13).

L'impulsion législative n'a souvent d'autre socle que des impressions ou des convictions.

Que les pratiques de détention provisoire aient des déterminations qui débordent le moment de la décision, l'idée fait, toutefois, lentement son chemin. Si le moulin législatif continue néanmoins à tourner, c'est que la cible réelle s'est déplacée : il ne s'agit plus tant de peser sur les pratiques de mise en détention provisoire que de changer de modèle judiciaire, au moins pour la minorité d'affaires soumises à instruction préparatoire.

La solution Badinter de 1985 imaginait un compromis qui juridictionnalisait davantage la mise en détention sans bouleverser l'instruction. Le système Chalandon de 1987 et, plus encore, les propositions Delmas-Marty vont plus loin dans la séparation entre ceux qui enquêtent et ceux qui statuent (notamment sur la détention provisoire). Cette réémergence de la solution Donnedieu de Vabres s'inspire d'une conception duelliste de la justice : à l'accusation et à la défense d'accumuler les moyens à charge et à décharge, le juge se bornant à trancher entre leurs prétentions. On parle d'influence anglo-saxonne ; on peut certes déceler, dans ce mouvement, une certaine américanisation, une attraction, ici

---

(13) Et les rares tentatives d'évaluation ratent facilement leur but, parce qu'on les conçoit sur un schéma simpliste stimulus (loi)-réponse (comportement) qui interdit évidemment d'apprécier et les effets de cadrage et, plus encore, ceux de diffusion... ou leur absence.

comme ailleurs, d'un modèle culturel hégémonique. Les résultats risquent cependant d'être fort différents : même si l'on déférait à l'accusation les tâches d'enquête et à un juge de l'instruction les décisions contentieuses, le processus deviendrait peu « anglo-saxon » en réalité : là des polices locales jalouses de leur autonomie, ici une administration étatique centralisée, là un ministère public embryonnaire (Angleterre et Galles) ou issu d'élections locales (États-Unis), ici un corps étroitement hiérarchisé, dépendant du seul gouvernement central et assurant bien d'autres missions que l'accusation (de l'audiencement à l'exécution des peines en passant par la co-direction des juridictions), de sorte qu'il occupe une position hégémonique sur chaque étape du processus judiciaire là un complexe droit de la preuve, ici à peu près rien de semblable... Si l'on comprend la logique qui pousse à défaire l'ambiguïté du juge d'instruction, à la fois enquêteur et jugé, commencer par là expose peut-être à de redoutables effets pervers : accroître par exemple, l'hégémonie du ministère public.

Dans l'optique de cette recherche, le plus fructueux consiste probablement à jeter, pour terminer, un coup d'œil sur le jeu des acteurs collectifs. Tâche malaisée : le changement d'orientation se développe fort lentement (14) et en louvoyant ; les jeux des uns et des autres ne se dessinent pas encore nettement (15). On ne peut qu'esquisser quelques constatations.

La position des avocats paraît claire et facile à analyser : entre la réforme de l'aide judiciaire et celle de la procédure d'instruction, l'enjeu consiste à développer une forme d'intervention jusqu'ici un peu négligée en France. Et c'est pour eux que la référence à la société américaine est la plus pertinente.

Celle des agrégés de droit et des membres du Conseil d'État paraît moins immédiatement évidente. Elle est plus symbolique ; probablement l'enjeu consiste-t-il surtout à revendiquer pour eux la tâche de législateur de fait, dans un domaine où la magistrature était traditionnellement hégémonique.

On a présenté la police comme discrètement hostile aux projets de réforme. Le trait est étonnant et demande confirmation : ce corps serait probablement le grand bénéficiaire du déferement de l'enquête à la partie poursuivante. Au pire, il n'y perdrait rien. Il faut donc attendre pour y voir plus clair.

La position de la magistrature est la plus inattendue. Apparemment, on voit s'esquisser un clivage syndical : le Syndicat de la magistrature semble plutôt favorable, l'Union fédérale des

---

(14) La dernière loi de 1989 n'y participe pas du tout non plus que le projet Sapin de 1991.

(15) C'est d'ailleurs pourquoi nous avions dû exclure de notre recherche l'examen détaillé des réformes les plus récentes.

magistrats et l'Association professionnelle de la magistrature paraissent hostiles (16). Au delà, on semble bien discerner de lourdes réticences au sein de ce corps. En logique, on l'imaginerait pourtant plutôt favorable à une réforme qui tente de restituer au jugement sa place centrale en rendant plus difficile son anticipation (17). Certes, on peut bien imaginer des réticences sectorielles chez ceux que le changement toucherait directement, les juges d'instruction notamment. Mais au delà... ?

En fait, de telles réformes sont, semble-t-il, largement perçues au sein de la magistrature comme des agressions inspirées par d'autres professions. Les réactions des magistrats-députés, lors du débat de 1987, en offrent un bon indicateur. De telles crispations se retrouvent un peu partout dans une fonction publique qui estime, à tort et à raison, que la sortie de crise s'est opérée à ses dépens et que le monde politique a trop malmené la notion de service public. Ainsi a-t-on dû, de l'éducation à la police, apaiser les ressentiments avant de songer à réformer. Dans la magistrature, la difficulté prend un tour un peu particulier. Alors qu'il était encore procureur général près la cour de Cassation, P. Arpaillange s'était inquiété de voir les magistrats devenir les bouffons de la République (18), la formule a eu un grand écho dans la magistrature où beaucoup considèrent qu'elle est d'une actualité permanente.

Pareille situation colore de manière très particulière les réactions devant les réformes.

Toute occupée à défendre la nouvelle hégémonie de la loi, c'est-à-dire du législateur, la pensée révolutionnaire a surtout vu dans la justice un concurrent potentiel, probablement parce que forgée par des assemblées de juristes — « philosophiques » portés à s'exagérer le rôle des parlements d'ancien régime. La République a recueilli cette défiance qui l'a dissuadée de détruire l'astucieuse phagocytation napoléonienne de la justice au sein de l'exécutif. Elle en était d'autant plus écartée que les décrets sur les congrégations religieuses ont été l'occasion d'un choc frontal extrêmement dur entre le nouveau personnel politique et la magistrature. Et même disparue l'hégémonie parlementaire, la République des énarques n'a pas mieux réussi à définir la place de la justice que celle des avocats.

Pendant longtemps, le déficit de justice perturbait peu les régulations sociales : l'excellence des gestions administratives compen-

(16) En rupture avec la position des forces politiques de la droite classique, plutôt favorables, semble-t-il à cette orientation.

(17) Si tant est que le système Donnedieu de Vabres abrège les détentions provisoires. A vrai dire, il est difficile de faire des supputations sur ce point.

(18) *Le Monde*, 8-9 novembre 1987.

sait. Maintenant que ce mode de régulation montre ses limites, l'insuffisance de l'offre de justice commence à devenir gênante. Elle obère le développement dans les relations sociales d'une normativité juridique plus autonome de l'administratif (19).

Notre parcours à travers les avatars du droit de la détention provisoire est fort révélateur. On s'échine à encadrer de plus en plus les pouvoirs des juges dans l'espoir de courber leurs comportements et de mieux garantir les libertés. Les pratiques paraissent se jouer de ces tentatives juridiques comme si les crispations sur la détention provisoire exprimaient la vanité de toute réforme tant que l'on ne parvient pas à redéfinir la place de la justice dans la vie publique et dans les relations sociales.

(19) Porte à faux bien traduit p. ex. par Soulez-Larivière (1987).

Bibliographie

AGULHON (A.), 1830 dans l'histoire du XXe siècle français. *Romantisme*, 1980, pp. 28-29, 15-27.

ALLARD (A.), Histoire du droit criminel. La détention préventive au XVIe siècle, *Belgique Judiciaire*, 1867, t. XXV, n° 31, 28 avril, col. 529-543.

AMATO (G.), *Individuo e autorità nella disciplina della libertà personale*, Milano, Giuffrè, 1967, p. 184.

ANCEL (M.), *La défense sociale nouvelle*, Paris, Cujas, 1954.

ARNAUD (A.J.), *Essai d'analyse structurale du code civil,* Paris, Pichon et Durand Auzias, 1973.

ARONSTEIN (C.S.), De quelques manières d'affermir la liberté, *Journal des tribunaux*, 1969, pp. 223-239.

ARPAILLANGE (P.), *Une simple justice*, Paris, Julliard, 1980.

AUBUSSON DE CAVARLAY (B.), *Les filières pénales : étude quantitative des cheminements judiciaires,* Paris, CESDIP, 1987.

BACHRACH (P.), BARATZ (M.), Decisions and non decisions : an analytical framework, *in American political science review,* 1963, 57, pp. 632-647.

BADINTER (R.), Un pré-jugement : la détention préventive, *Le Monde*, 12-13 avril 1970, p. 11.

— Ed., *Une autre justice ; 1789-1799*, Paris, Fayard, 1989.

BARRE (M.D.), 130 années de statistique pénitentiaire en France, *Déviance et société*, 1986, 10, 2, pp. 107-128.

— *La population carcérale en France sous la IIIe République,* communication inédite au séminaire de R. BADINTER et M. PERROT, « La prison républicaine », Paris, EHESS, 1987.

BARRE (M.D.), TOURNIER (P.), *Erosion des peines perpétuelles*, Paris, CNERP, 1982.

BARRE (M.D.), TOURNIER (P.), coll. LECONTE (B.), *Recherches sur le temps carcéral*, Paris, CESDIP, 1987, pp. 22-23.

BEATTIE (J.M.), *Crime and the courts in England (1660-1800)*, Oxford, Oxford University Press, 1986.

BEKAERT (H.), Cinquante ans de procédure pénale en Belgique et à l'étranger, *Revue de droit pénal et de criminologie*, 1957, pp. 88-90.

BELLET (M.), *Des progrès de la législation criminelle en France depuis un siècle. Discours prononcé lors de l'audience solennelle de rentrée de la Cour impériale de Toulouse, le 3 novembre 1865,* Toulouse, imprimerie E. Ratier, 1865.

BERNARD (P.), De la détention préventive pendant l'instance correctionnelle, *Revue critique de législation et de jurisprudence,* 1863, XXII, pp. 177-187.
BERNAT DE CELIS (J.), *Peines prononcées, peines subies*, Paris, CESDIP, 1988.
BERTRAND (E.), *De la détention préventive et de la procédure criminelle en France et en Angleterre*, Paris, Cosse et Marchal, 1863.
BESSON (A.), VOUIN (R.), ARPAILLANGE (P.), *Code annoté de procédure pénale ; titre préliminaire et livre I,* Paris, Librairies techniques, 1958.
BLANC (L.), *Révolution française : histoire de dix ans, 1830-1840,* Paris, G. Bailière, 1877, 5 vol., 12e édition.
BONNEVILLE DE MARSANGY, *De l'amélioration de la loi criminelle* (première partie), Paris, Cotillon, Cosse et Marchal, 1864.
BORSANI (G.), CASORATI (L.), *Codice di procedura penale italiano commentato*, liv. I, vol. II, Milano, Pirola, 1876.
BOUGARD (M.), De la détention préventive. Loi du 20 avril 1874, discours de rentrée à la cour d'appel de Liège, le 14 octobre 1874, *Belgique judiciaire,* 1874, t. XXXII, col. 1562-1571.
BOUZAT (P.), PINATEL (J.), *Traité de droit pénal et de criminologie*, Paris, Dalloz, 1963.
BREWER (J.), STYLES (J.), *An ungovernable people : The English and their law in the seventeenth and eighteenth centuries,* London, Hutchinson, 1980.
BUXTON (T.F.), *An inquiry whether crime and misery are produced or prevented by our present system of prison discipline,* London, J. and A. Arch, 1818.
CARRARA (F.), *Programma del corso di diritto criminale, parte generale*, Lucca, Giusti, 1871.
— Immoralità del carcere preventivo, in *Opuscoli di diritto criminale*, vol. IV, Lucca, Giusti, 1874.
— Foglio di lavoro per la commissione sulla riforma carceraria, in, *Opuscoli di diritto criminale*, vol. IV, Lucca, Giusti, 1874.
— Carcerazione preventiva, *Giornale delle Leggi*, 1880, 11, pp. 266-269.
CARBONNIER (J.), *Instruction criminelle et liberté individuelle. Etude critique de la législation française,* Paris, E. de Boccard, 1938.
— *Sociologie juridique*, Paris, Armand Colin, 1972.
CASORATI (L.), Di alcune principali riforme introdotte dalla vigente procedura penale italiana, *Archivio giuridico,* 1869, 4, pp. 436-460.
CASTAN (N.), La justice expéditive, *Annales ESC,* 1976, XXXI, 2, pp. 331-361.
CERFBERR DE MEDELSHEIM, *La vérité sur les prisons, lettres à M. de Lamartine, député 1840-1843*, Paris, 1844.
CHESNAIS (J.-C.), *Les morts violentes en France depuis 1826 ; Comparaisons internationales,* Paris, PUF, 1976.
CHAMBON (P.), Analyse et réflexions sur la loi 84-576 du 9 juillet 1984, tendant à renforcer les droits des personnes en matière de placement en détention provisoire et d'exécution d'un mandat de justice, *JCP,* 1985, 1, 3174.
CHAPSAL (J.), *La vie politique sous la Ve République*, Paris, PUF, 1984.

CIMAMONTI (S.), *Le processus d'élaboration et de discussion de la loi du 2 février 1981 « renforçant la sécurité et protégeant la liberté des personnes », essai d'analyse sociologique.* Mémoire pour le DEA de droit pénal et de sciences criminelles, Aix, 1982, Université d'Aix-Marseille.

CLEMENDOT (P.), *Le département de la Meurthe à l'époque du Directoire,* Raon-l'Etape, imp. Fetzer, 1966.

COLL, *La détention préventive au tribunal de la Seine,* Bordeaux, ENM, s.d.

— *Détention provisoire, contrôle judiciaire et garde à vue*, Paris, PUF, 1971.

COMMISSION PÉNITENTIAIRE INTERNATIONALE, *Questions et résolutions traitées et votées dans les huit congrès pénitentiaires internationaux,* 1872-1910, Groeningue, 1914.

COMMISSION DU RAPPORT ET DES ÉTUDES, *Note sur certains problèmes relatifs à la détention provisoire des inculpés majeurs et mineurs,* Paris, Conseil d'État, 1982.

COMMISSION JUSTICE PÉNALE ET DROITS DE L'HOMME, *La mise en état des affaires pénales, rapport préliminaire,* Paris, ministère de la Justice, 1989.

Compte général de l'administration de la justice criminelle en France pendant l'année 1880 et rapport relatif aux années 1826 à 1880, Genève-Paris, Slatkine, 1989, publié et commenté par M. Perrot et Ph. Robert, (1re édition : Paris, 1882).

COUAILHAC (M.J.), *Les magistrats dauphinois, 1815-1870,* Grenoble, U. de Grenoble, Centre de recherche d'histoire économique, sociale et institutionnelle, 1987.

COULON (H.), *Une réforme nécessaire : le jury correctionnel*, Paris, Marchal, Billard, 1900.

— *De la liberté individuelle, exposé des motifs d'un projet de loi,* Paris, Marchal, Billard, 1902, a.

— *Modifications essentielles à apporter à la loi de 1897 et projet de loi*, Paris, Marchal, Billard, 1902, b.

— *L'article 10 du code d'instruction criminelle ; son abrogation urgente*, Paris, Marchal, Billard, 1903, c.

— *De l'inconvénient devant la justice française de faire éclater son innocence avant le moment opportun*, Paris, Marchal, Billard, 1904, d.

COUVRAT (P.), Les méandres de la procédure pénale, (commentaire de la loi du 6 août 1975), *Dalloz*, 1976, IX, pp. 43-50.

CUCHE (P.), Projet de loi ministériel sur les garanties de la liberté individuelle, *Bulletin de la société générale des prisons*, 1907, pp. 764-778.

— Chronique de législation et de jurisprudence criminelle, *Rev. crit. législation et jurisprudence*, 1935, LV, pp. 329-336.

DALLOZ (D.), *Répertoire méthodique et alphabétique de législation, de doctrine et de jurisprudence*, Paris, Bureau de la jurisprudence, 41 vol, 1846-1873 (Ve instruction criminelle, t. XXVIII, pp. 18904).

DARNTON (R.), *Bohème littéraire et Révolution : Jacques Pierre Brissot de Warville espion de police*, Paris, Gallimard, 1983.

DEBBASCH (C.), *La France de Pompidou*, Paris, PUF, 1974.

DELACY (M.E.), *Prison reform in Lancashire 1700-1850,* Manchester, Manchester University Press, 1986.
DE LE COURT (F.), De la détention préventive. Loi du 20 avril 1874. De diverses questions et difficultés que présente son application, discours de rentrée de la cour d'appel de Bruxelles, le 15 octobre 1874, *Belgique judiciaire, 1874,* t. XXXII, col. 1442-1484.
DE LUCA (F.), Il carcere preventivo et l'economia sociale, *La scuola positiva*, 1894, 4, pp. 293-295.
DEROME (Th.), *Considérations sur la loi relative à l'instruction des flagrants délits devant les tribunaux correctionnels,* Paris, Durand, 1864.
DONNEDIEU DE VABRES (H.), *Traité élémentaire de droit criminel et de législation pénale comparée,* Paris, Sirey, 1943.
DU CANE (E.), *The punishment and prevention of crime*, London, Macmillan, 1885.
DUMONT (A.), Le contrôle juridictionnel de la détention préventive, in coll., 1971, pp. 17-24.
DUPONT-BOUCHAT (M.S.), Stratégies de maintien de l'ordre en Belgique et en France au XIXe siècle : la doctrine de la défense sociale, in HEYEN (E.V.) Ed. *Historische Soziologie der Rechtswissenschaft*, Sonderdruck, Vittorio Klostermann, Frankfurt am Main, 1986, pp. 79-105.
DURKHEIM (E.), *Les règles de la méthode sociologique*, Paris, PUF, 1970 (1re édition : 1895).
DUVERGIER (J.B.), *Collection complète des lois, décrets, ordonnances, règlements et avis du Conseil d'État* (1788-1904), 2e édition, Paris, Guyot et Scribe, 106 vol., 1834-1904.
EMSLEY (C.), Repression, « terror » and the rule of law in England during the decade of the French Revolution, *English Historical Review*, 1985, C, pp. 801-825.
— *Crime and society in England 1750-1900,* London, Longman, 1987.
ESMEIN (A.), *Histoire de la procédure criminelle en France*, 1re édition, Paris, 1882 ; réédition : Frankfurt am Main, Sauer et Auverman, 1969.
EULOGE (G.A.), *Histoire de la police des origines à 1940*, Paris, Plon, 1985.
FAGIUOLI (A.), *Sulla limitazione del carcere preventivo e sulle garanzie della libertà individuale del processo penale, relazione dell'avvocato Achille Fagiuoli pel congresso giuridico, letta nella generale adunanza della Curia e della Magistratura del circondario di Legnago nel 27 agosto 1873 ed approvata in ogni parte*, Venezia, Tipografia della Gazetta, 1873.
FERRAND (J.), *Césarisme et démocratie,* Paris, 1904.
FERRIÈRE (C.J. DE), *Dictionnaire de droit et de pratique,* Paris, veuve Brunet, 1779.
FUNCK BRENTANO (F.), *Les lettres de cachet à Paris ; étude suivie d'une liste de prisonniers de la Bastille (1659-1789),* Paris, Imprimerie nationale, 1903.
GAILLARD (J.), *Paris, la ville (1852-1870),* Paris, Champion, 1977.

GALLIHER (J.F.), The study of the Social Origins of Criminal Law. An inventory of Research Findings, *in* R.F. Simon, S. Spitzer Eds, *Research in Law and Sociology ; A research annual*, Greenwich, JA/Press, 1980, vol. 3, pp. 301-319.

GAROFALO (R.), La detenzione preventiva, *La scuola positiva*, 1892, 2, pp. 199-215.

GARRAUD (R.), *Traité théorique et pratique d'instruction criminelle*, 3 vol., Paris, Sirey, 1912.

GATTESCHI (C.), La nuova legge 30 giugno 1876 sui mandati di comparizione e di cattura e sulla libertà provisoria, *La legge*, 1879, 19, pp. 31-34.

GIGOT (A.), Les garanties de la liberté individuelle, *Bulletin de la Société générale des prisons*, 1903, 1072-1082.

GILLET et DEMOLY, *Analyse des circulaires, instructions et décisions émanées du ministère de la Justice (12 janvier 1791-23 juillet 1875)*, t. 2, Paris, Imprimerie et Librairie Générale de jurisprudence Marchal, Billard et Cie, 1876.

GIRARD (L.), *Napoléon III*, Paris, Fayard, 1986.

GIRARD (L.), SERMAN (W.), CASET (E.), GOSSEZ (R.), *La Chambre des Députés en 1837-1839*, Paris, Publications de la Sorbonne, 1976.

GODWIN (W.), *Les choses comme elles sont ou les aventures de Caleb William*, Paris, Ed. H. Veyrieu, 1979 , (1re éd. anglaise, 1794).

GREGORACI (G.), Della riparazione degli errori giudiziari, *La giurisprudenza italiana*, 1891, 43, pp. 167-235.

GUIRAL (P.), *Adolphe Thiers* ou *De la nécessité en politique,* Paris, Fayard, 1986.

GUYOT (Y.), *La police*, Paris, Charpentier, 1884.

HADJINICOLAOU (N.), La liberté guidant le peuple de Delacroix devant son premier public, *Actes de la recherche en sciences sociales,* 1979, 28, pp. 3-26.

HAY (D.), Property, authority and the criminal law in HAY (D.), LINEBAUGH (P.), THOMPSON (E.P.), *Albion's fatal tree : Crime and society in eighteenth century England*, London Allen Lane, 1976.

HAGAN (J.), The Legislation of crime and Delinquency ; A Review of Theory, Method and Research, *Law and Society Review*, 1980, 14, 3, pp. 603-628.

HEBBERECHT (P.), Le processus de criminalisation primaire, *Déviance et Société*, 1985, 9, 1, pp. 59-77.

HÉLIE (F.), *Traité de l'instruction criminelle ou théorie du code d'instruction criminelle*, 8 vol., Paris, Plon, 1866.

HOPKINS (A.), On the sociology of criminal law, *Social Problems,* 1975, 22, pp. 608-629.

HUGO (V.), *Choses vues 1849-1869,* Gallimard (folio, n° 91), 1872.

IGNATIEFF (M.), *A just measure of pain : the penitentiary in the industrial revolution 1750-1850,* London, Macmillan, 1978.

JANSON (P.), *Discours parlementaires,* 1905, t. I, La procédure pénale, la détention préventive, le jury et la peine, discours prononcé le 24 avril 1890 à la Chambre, pp. 445-449.

JARDIN (A.), TUDESQ (A.J.), *La France des notables*, 2 vol., Paris, Le Seuil, 1973.

JULIEN-LAFFERRIÈRE (F.), *Les députés fonctionnaires sous la monarchie de Juillet*, Paris, PUF, 1970.

KELSEN (H.), *Théorie pure du droit ; introduction à la science du droit*, Neuchâtel, La Baconnière, 1953.

KERBERTIN (DE), *Installation de M. le P.P. Camescasse et de M. le P.G. Bardon. Allocutions et discours. Discours prononcé lors de l'audience solennelle de rentrée du 3 novembre 1864*, Rennes, imprimerie A. Leroy, 1864.

KING (J.P.R.), Decision-makers and decision-making in the English criminal law, 1750-1800, *Historical Journal*, 1984, 27, pp. 26-58.

LAFFARGUE (B.), GODEFROY (T.), Economic cycles and punishment : unemployment and imprisonment ; a time series study : France, 1970-1985, *Contemporary Crises*, 1990, 13, pp. 371-404.

LAMBERT (L.), *Précis de police judiciaire*, Paris, édit. Police revue, 1959.

LANDREVILLE (P.), *Acteur social et création de la loi, in Coll. Acteur social et délinquance* (en hommage à Christian Debuyst), Liège-Bruxelles, Mardaga, 1990, pp. 191-206.

LANDRON (G.), *Etude sur le tribunal criminel du Maine-et-Loire (1792-1795)*, Poitiers, U. de Poitiers, 1986, DEA Histoire du droit, mémoire.

LARNAUDE (F.), Rapport sur les garanties de la liberté individuelle, *Bulletin de la Société Générale des Prisons*, 1901, pp. 185-214.

LAROCQUE (M.), Le contrôle juridictionnel de la détention préventive, *in* Coll., 1971, pp. 119-154.

LASCOUMES (P.), *Pluralité des acteurs, pluralité d'actions dans la création contemporaine des lois, in Coll. Acteur social et délinquance* (en hommage à Christian Debuyst), Liège-Bruxelles, Mardaga, 1990, pp. 145-163.

— La formalisation juridique du risque industriel en matière de protection de l'environnement, *Sociologie du Travail*, 1989, 31, 3, pp. 315-335.

LASCOUMES (P.), PONCELA (P.), LENOEL (P.), *Au nom de l'ordre ; une histoire politique du code pénal*, Paris, Hachette, 1989.

LASCOUMES (P.), ROTH (R.), SANSONETTI (R.), *L'incrimination en matière économique. Trois exemples de processus : cartels, petit crédit, initiés*, Genève, U. de Genève, CETEL, 1989.

LAZERGES-ROTHE (Ch.), L'objectivation dans le droit pénal moderne à propos de la loi « sécurité et liberté », *Déviance et société*, 1982, VI, 3, pp. 227-258.

LEBEUF (M.E.), *Analyse de la production des normes pénales du code criminel canadien dans le domaine de la circulation routière*, Montréal, U. de Montréal, CICC, 1988.

LEFEVRE-PONTALIS, De la liberté individuelle, *Revue des deux mondes*, 1860, t. IV (livraison du 15 août), pp. 938-969.

LE POITTEVIN (G.), *Code d'instruction criminelle annoté*, Paris, Librairie de la Soc. du recueil général des lois et arrêts, 1911-1915.

LEQUIN (Y.), Les citadins et leur vie quotidienne, *in Duby G. Ed. Histoire de la France urbaine*, t. IV : *La ville de l'âge industriel*, Agulhon (M.) Ed., Paris, Seuil, 1983, pp. 273-355.

LETO (G.), Di una deplorevole disposizione in tema di libertà provvisoria, *Il Filangieri*, 1900, 25, pp. 927-932.

LÉVY (R.), Un aspect de la mutation de l'économie répressive au XIXe siècle : la loi de 1863 sur le flagrant délit, *Revue historique*, 1986, CCLXXIV/1, pp. 43-77.

— *Du suspect au coupable, le travail de police judiciaire*, Genève-Paris, Méridiens, 1987.

LIMELETTE (L.), Détention préventive, *Belgique judiciaire*, 1874, t. XXXII, col. 1330-1338.

LOCRE (J.G.), *La législation civile, commerciale et criminelle de la France ou commentaire et complément des codes français*, Paris, A. Durand, 1827-1832, 31 vol. (instruction criminelle, t. XXIV à XXVIII).

LUCCHINI (L.), *Il carcere preventivo ed il meccanismo istruttorio che vi si riferisce nel processo penale. Studio di legislazioni comparate e moderne seguito da uno schema-progetto di legge dell'autore*, Venezia, Naratovich, 1872.

— Rassegna parlamentare italiana, modificazioni di alcune disposizioni sulle detenzioni preventive e sulla libertà provvisoria, *Rivista penale*, 1887, p. 25.

— Provvedimenti per la prevenzione della recidiva e per la riparazione degli errori giudiziari, *Rivista penale*, 1903, p. 57.

MABILLE (X.). *Histoire politique de la Belgique. Facteurs et acteurs de changement*, Bruxelles, CRISP, 1986.

MC CONVILLE (S.), *A history of English prison administration*, London, Routledge and Kegan Paul, 1981.

MACHELON (J.P.), *La République contre les libertés ?*, Paris, Fondation nationale de sciences politiques, 1976.

MAGNOL (J.), Une institution belge qui n'a pas réussi à s'implanter en France : la réglementation de la détention préventive au cours de l'instruction préparatoire, *Revue de droit pénal et de criminologie*, 1940, 20e année, n° 3, pp. 129-146.

MAGNOL (J.), *Cours de droit criminel et de science pénitentiaire*, Paris, Rousseau, 1949.

MANFREDINI (G.), Il progetto di legge Vigliani intorno alla custodia preventiva e alla libertà provvisoria, *Rivista penale*, 1875, 2, pp. 158-177.

MARTIN, *Discours prononcé lors de l'audience solennelle de rentrée du samedi 4 novembre 1865*, Rouen, impr. Julien Lecerf et Duval, s.d.

MARTUCCI (R.), *La Costituente ed il problema penale in Francia* (1789-1791), Milano, Giuffrè, 1984.

MATHARAN (J.L.), *Suspects et suspicion, 1792-1794*, Paris I, 3 vol. 1985.

— V° suspects, *in* Soboul (A.) Ed., *Dictionnaire historique de la Révolution française*, Paris, PUF, 1989, pp. 1004-1008.

MERLE (R.), La garde à vue, *Gazette du Palais*, 1969, II doctrine, pp. 18-19.

— La liberté et la détention au cours de l'instruction dans la loi du 17 Juillet 1970, *Revue de science criminelle*, 1971, pp. 567-576.

MERLE (R.) et VITU (A.), *Traité de droit criminel*, t. II, *Procédure pénale*, Paris, Cujas, 1979, 4e édition.
MERLIN (de Douai) (Ph.A.), *Répertoire universel et raisonné de jurisprudence*, Paris, Garnery, 1812, 15 vol., 4e édition.
MERLINO (F.S.), *Politica e magistratura dal 1860 ad oggi in Italia*, Milano, Feltrinelli, 1974.
MONNIER (R.), De l'an II à l'an IX : les derniers sans-culotte, résistance et répression à Paris sous le Directoire, *in* Coll. *Mouvements populaires et conscience sociale*, 1985, Paris, Maloine (presses du Palais royal), pp. 590-602.
— Le peuple juge, *in* Boucher (Ph.), *La révolution de la justice, des lois du roi au droit moderne*, Paris, J.P. de Monza, 1989, pp. 171-190.
MORIZOT-THIBAULT (C.), De *l'habeas corpus* français en ce qui concerne le droit d'arrestation spontané, *Bulletin Académie Sciences Morales et politiques*, 1903.
— *De l'instruction préparatoire (étude critique du code d'instruction criminelle)*, Paris, Librairie générale de droit et de jurisprudence, 1906, t. XXV, 566.
MOURIAL (A.), La détention préventive, *Bulletin de la Société Générale des Prisons*, 1900, pp. 701-708.
MOURIER, *De la détention préventive. Discours prononcé lors de l'audience solennelle de rentrée, le 3 novembre 1864*, Chambéry, 1864.
NANDRIN (J.-P.), Le juge unique en Belgique. Quelques jalons historiques d'une révolution tranquille, *Revue interdisciplinaire d'études juridiques*, 1989, 23, pp. 97-113.
NICOLET (C.), *L'idée républicaine en France, (1789-1924), essai d'histoire critique*, Paris, Gallimard, 1982.
NYE (R.A.), *Crime, Madness and Politics in Modern France : The Medical Concept of National Decline*, Princeton NJ, Pinceton UP, 1984.
PADOA SCHIOPPA (A.), La giuria all' Assemblea Costituente francese, *in* Padoa Schioppa (A.), Ed., *The trial jury in England, France, Germany, 1700-1900*, Berlin, Duncker et Humblot, 1987, pp. 75-163.
PERGAMENI (H.), La legge del 20 aprile 1874 sul carcere preventivo, *Rivista penale*, 1874, t. I, pp. 46-58.
PERREAU (B.), Les manifestations récentes de l'activité législative en France dans le domaine de la procédure pénale et de l'instruction criminelle — II — Loi du 7 février 1933 sur les garanties de la liberté individuelle, *Rev. crit. législation et jurisprudence*, 1934, LIV, pp. 257-276.
PETIT (J.G.), *Ces peines obscures ; la prison pénale en France, (1780-1875)*, Paris, Fayard, 1990.
PEYREFITTE (A.), *Réponses à la violence*, Paris, Press Pocket, 1977.
PICOT (G.), Recherches sur la mise en liberté sous caution, *Revue critique de législation et de jurisprudence*, 1861, XX, pp. 56 s. ; 1862 : XXI, pp. 142-169, XXI, pp. 530-554 ; 1863, XXII : pp. 233-252 ; 1863, XXII, pp. 323-349 ; 1863, XXII, pp. 410-433.

— Observations sur le projet de loi réorganisant la mise en liberté provisoire, *Revue critique de législation et de jurisprudence*, 1865, XXVI, pp. 344-365.
— Les garanties de nos libertés ; la liberté individuelle, *Revue des deux mondes*, 1903, 15-7, pp. 241-269.
PINARD, *L'histoire à l'audience, 1840-1848*, Paris, 1848.
PLESSIS (A.), *De la Fête Impériale au mur des fédérés, (1852-1871)*, Paris, Seuil (Coll. Points), 1973.
POMPIDOU (G.), *Pour rétablir la vérité*, Paris, Flammarion, 1982.
— *Entretiens et discours, (1968-1974)*, Paris, Flammarion, 1984.
PRADEL (J.), La réforme de la détention préventive, commentaire de la loi 70-643 du 17 juillet 1970, *Gazette du Palais*, 1972, 5-6, 2-6 ; 9-11, 3-6 ; 12-13, 2-10.
— La loi du 9 juillet 1984 sur le recul de la libération provisoire : un pas en avant utile ?, *Dalloz*, 1985, Chr. II, pp. 7-12.
PRIESTLEY (Ph.), *Victorian prisons lives ; English prison biography, 1830-1914*. London, Methuen, 1985.
PRINS (A.), Projet de révision du Livre I du code d'instruction criminelle, Rapport présenté au nom du Conseil de législation, 1914, *in* WODON et SERVAIS, 1934, pp. 551-564.
PRINS (A.) et PERGAMENI (H.), Réforme de l'instruction préparatoire en Belgique, 1871, *in* WODON et SERVAIS, 1934, pp. 231-235.
Provvedimenti per la prevenzione della recidiva e per la riparazione degli errori giudiziari, *Rivista penale*, 1903, 57, pp. 751-753.
PRUDHOMME (W.), Un nouveau projet de loi sur les garanties de la liberté individuelle, *Bulletin de la Société Générale des Prisons*, 1903, pp. 1368-1381.
QUÉTEL (C.), *De par le Roy ; essai sur les lettres de cachet*, Toulouse, Privat, 1981.
Rassegna parlamentare italiana. Modificazioni di alcune disposizioni sulle detenzioni preventive e sulla libertà provvisoria, *Rivista penale*, 1887, 25, pp. 165-168.
REGNAULT (E.), *Histoire de huit ans*, 3 vol., Paris, 1870, 3e édition.
REINHARD (M.), *Le département de la Sarthe sous le régime directorial*, Saint-Brieuc, Les presses bretonnes, 1936.
RÉMOND (R.), *Les droites en France*, Paris, Aubier Montaigne, 1982.
REYNAUD (G.), Détention préventive. Mandats judiciaires. Ordonnances de prise de corps, Revue critique de législation et de jurisprudence, 1863, XXIII, pp. 63-79, 349-370, 535-554.
RIVIÈRE (A.), La détention préventive devant le Parlement, *Bulletin de la Société Générale des Prisons*, 1901, pp. 588-593.
ROBERT (A.), *et al., Dictionnaire des parlementaires français*, Paris, 1889-1895, 5 vol., t. V.
ROBERT (A.), COUGNY (G.), *Dictionnaire des parlementaires franais*, Paris, Bourloton, 1889.
ROBERT (A.), BOURLOTON (E.), COUGNY (G.), *Dictionnaire des parlementaires français*, Paris, Bourloton, 1890.
ROBERT (C.N.), *La détention préventive en Suisse romande et notamment à Genève*, Genève, Georg, 1972.

ROBERT (J.), Premières réflexions sur la détention provisoire instituée par la loi du 17 juillet 1970, *JCP*, 1971, I, 2370.
ROBERT (L.), *De l'interdiction de communiquer au cours de la détention préventive*, Paris, Giard et Bière, 1902.
ROBERT (P.), *Dictionnaire alphabétique et analogique de la langue française*, Paris, Le Robert, 1973.
ROBERT (Ph.), *Brèves observations sur la détention provisoire*, Paris, SEPC, 1982.
— *De la détention provisoire*, Paris, SEPC, 1983, a.
— *La détention provisoire à Paris et à Aix en janvier 1983*, Paris, SEPC, 1983, b.
— *La question pénale*, Genève-Paris, Droz, 1984.
— *Les comptes du crime ; les délinquances en France et leurs mesures*, Paris, Sycomore, 1985, a.
— La détention avant jugement des lois et des pratiques, *in Coll. Les atteintes à la liberté de l'inculpé : détention provisoire et contrôle judiciaire*, Bordeaux, Editions Bergeret, 1985, b, pp. 105-128.
— Un « mal nécessaire » ? La détention provisoire en France, *Déviance et société*, 1986, X, 1, pp. 57-63.
— L'utilisation du concept d'acteur social dans l'étude du crime, *in Coll. Acteur Social et délinquance* (en hommage à Christian Debuyst), Liège-Bruxelles, Mardaga, 1990, pp. 107 129, a.
— *L'Economie pénale, Sociétés contemporaines*, 1990, 1, pp. 71-77, numéro spécial « Histoire et sociologie », b.
ROBERT (Ph.), FAUGERON (C.), *Les forces cachées de la justice ; la crise de la justice pénale*, Paris, Centurion, 1981.
ROBERT (Ph.), ZAUBERMAN (R.), Une solution, plusieurs raisons : la mise en détention provisoire des mineurs de seize ans, *Annales de Vaucresson*, 1981, pp. 229-261, a.
— La détention provisoire des mineurs délinquants : des textes et des pratiques, *Revue de science criminelle et de droit pénal comparé*, 1982, 1, pp. 83-104, b.
ROCCO (A.), La riparazione alle vittime degli errori giudiziari. Natura e fondamento giuridico, *Rivista penale*, 1903, 56, pp. 395-435.
ROGER (J.F.), *Fables sénégalaises recueillies de l'Oualof et mises en vers français avec des notes destinées à faire connaître la Sénégambie... et les mœurs des habitants*, Paris, Neveu, 1822, *in* 12e, 288 p, Ye 32317.
— *Keledar, histoire africaine recueillie et publiée par M. le baron Roger*, Paris, Neveu, 1828, *in* 8e XVI.271, p. y2 63407 ; 2e édition, Paris, Moreau, 1829, 2 volumes, y2 63408-63409.
— *Recherches philosophiques sur la langue oualofe, suivies d'un vocabulaire abrégé français-oualof, Paris, Dondey Dupré, 1829, in-8e 175 p., X 31316 (ed. Annales universelles de la législation et de la jurisprudence commerciales*, t. I-VII, Paris, 1824-1830, in-8e, F 28227-28233).
— *Observations critiques sur le budget du ministère de la Marine pour 1834, Paris, Dumont et Laguionie, 1834, in-8e, 23 p. ; LF 225 34 (extrait du Journal de la marine et des voyages*).

— *La mendicité, boutade*, Paris, imprimerie de Bruneau, 1841, in 16e, yc 51227 (extrait : *Annuaire pour la société philotechnique pour 1841*).
— *Notes sur la culture des limoniers aux bords du lac Garda,* Paris, Bouchard-Huzard, 1844, *in* 8e, 8 p., S 33845 (extrait des *Annales d'agriculture française*, mars 1844).
RONCAYOLO (M.), « Logiques urbaines » et « La production de la ville, le modèle hausmannien », *in* DUBY (G.), *Ed. Histoire de la France urbaine*, t. IV : AGULHON (M.), *Ed. La ville de l'âge industriel*, Paris, Seuil, 1983, pp. 17-118.
ROUGERIE (J.), Le Second Empire *in* Duby (G.), *Ed., Histoire de France*, Paris, Larousse, 1970.
ROUSSELET (M.), *La magistrature sous la monarchie de Juillet,* Paris, Sirey, 1937.
ROUSSET (G.), De la création de chambres correctionnelles d'un seul juge à l'effet d'abréger la détention préventive, *Revue critique de législation et de jurisprudence,* 1862, XXI, pp. 207-229.
SALA (E.), Considerazioni intorno al progetto di legge sul carcere preventivo e sulla libertà provvisoria degli imputati al Senato del *Regno, Rivista penale*, 1875, 3, pp. 505-534.
SALLE DE LA MARNIERRE (E.), L'*habeas corpus* anglais et la liberté individuelle en France, *Revue historique de législation et jurisprudence,* 1934, LIV, pp. 570-617.
SANGNIER (G.), *Le district de Saint-Pol de Thermidor à Brumaire,* Blaugermont, chez l'auteur, 1946 (2 vol.).
SAUVAIGO (P.), *Sur les moyens d'améliorer les conditions d'utilisation de la détention provisoire*, Paris, ministère de la Justice, 1980.
SAVELSBERG (J.J.), The making of criminal law Norms in Welfare States ; Economic Crime in West Germany, *Law and Society Review*, 1987, 21, 4, pp. 529-561.
— Rationalities and Experts in the Making of Criminal Law against Economic Crime, *Law and Policy*, 1988, 10, 2-3, pp. 215-252.
SBRICCOLI (M.), Dissenso politico e diritto penale in Italia tra Otto e Novecento. Il problema dei reati politici dal « programma » di Carrara al « trattato » di Manzini, *Quaderni fiorentini*, 1973, 2, pp. 607-702.
SCHMELCK (R.), *Commission d'enquête sur les incidents de la maison centrale de Toul*, Paris, ministère de la Justice, 1972.
SCHNAPPER (B.), L'activité du tribunal criminel de la Vienne (1792-1800), *in Coll., La Révolution et l'ordre juridique privé, rationalité ou scandale ?* (Actes du colloque d'Orléans, 11-13 septembre 1986), Paris, PUF, 1988, 2 vol., t. II, pp. 623-638.
— L'action pénale, le ministère public et les associations : naissance et contestation d'un quasi-monopole (XIXe-XXe siècles), *Archives de politique criminelle*, 1988, 10, pp. 19-34.
— *De Thermidor à Bonaparte*, *in* Ph. Boucher (éd.), *La Révolution de la justice, des lois du roi au droit moderne,* Paris, J.P. de Monza, 1989, pp. 191-219.
SEIGNOBOS (Ch.), *Le déclin de l'Empire et l'établissement de la IIIe République*, Paris, Hachette, 1921 (t. VII de *L'Histoire de la France contemporaine* d'E. Lavisse).

SELIGMAN (E.), *La justice en France pendant la Révolution*, Paris, Plon, 1901.
SLOSSE (M.), Coup d'œil sur l'histoire de la détention préventive, *Belgique judiciaire*, 1863, t. XXI, n° 57, 16 juillet, col. 898-911.
Société Aide-toi, le ciel t'aidera, *Notes et jugements sur la Chambre de 1830*, Paris, Garnier, Pagès éditeur, 1831.
SOULEZ-LARIVIÈRE (D.), *Les juges dans la balance*, Paris, Ramsay, 1987.
STEIN (S.D.), *The sociology of law ; some comments on theorical paradigmes and case studies, British journal of criminology*, 1980, 20, 2, pp. 99-122.
STOCKDALE (E.), *A study of Bedford prison (1660-1877)*, London, Phillimore and Co., 1977.
SURATTEAU (J.R.), *Le département du Mont-Terrible sous le régime du Directoire*, (1795-1800), Paris, Les Belles-Lettres, 1965.
TALANDIER, *Esprit libéral et humain des lois nouvelles. Discours prononcé à l'audience solennelle de rentrée de la cour impériale de Limoges, le 3 novembre 1865*, Limoges, Impr. H. Ducourtieux, s.d.
TENAILLE, *Discours prononcé lors de l'audience solennelle de rentrée, le 4 novembre 1867*, Bourges, imprimerie E. Pigelet, 1867.
THONISSEN (J.J.), La legge del 20 aprile 1974 sul carcere preventivo, *Rivista penale*, 1874, 1, pp. 59-64.
THUREAU DANGIN (P.), *Histoire de la monarchie de Juillet*, 7 vol., 2e éd., Paris, 1887.
TOCQUEVILLE (A. DE), *Ecrits sur le système pénitentiaire en France et à l'étranger*, t. IV (2 vol.) *des Œuvres complètes*, Paris, Gallimard, 1984, édité par Michelle Perrot.
TOLOMEI (G.), Diritto di difesa durante l'istruzione preparatoria dei processi penali, *Giornale delle Leggi*, 1874, 5, pp. 66-68.
TOURNIER (P.), Les populations carcérales en Occident, *in* Coll. *L'État du monde*, Paris, La Découverte, 1987, pp. 543-548.
— Chronique statistique, *Bulletin d'information pénitentiaire du Conseil de l'Europe*, 1988, 12.
TOURNIER (P.), BARRE (M.D.), Enquête sur les systèmes pénitentiaires dans les États membres de l'Europe — Données statistiques, *Bulletin d'information pénitentiaire du Conseil de l'Europe*, 1990, n° 15, à paraître.
TOURNIER (P.), CHEMITHE (Ph.), *Contribution statistique à l'étude des conduites suicidaires en milieu carcéral* (1975-1978), Paris, ministère de la Justice, 1979.
TOURNIER (P.), LECONTE (B.), *Séries pénitentiaires temporelles*, (1968-1990), Paris, CESDIP, 1990.
TRÉBUTIEN (E.), *Cours élémentaire de droit criminel*, Paris, Durand, 1854.
TULKENS (F.), BOSLY (H.), La loi du 13 mars 1973 relative à la détention préventive, *Revue de droit pénal et de criminologie*, 1973-1974, pp. 797-841 (bibliographie : pp. 831-841).
— La détention préventive en procédure pénale belge, *Revue de science criminelle*, 1975, pp. 79-119.

VAN HOOREBEKE (E.), *Considérations à l'appui d'un projet de réforme du code d'instruction criminelle,* Bruxelles, 1846.

VERSÉE (T.), La privation de liberté dans la procédure pénale belge, *Revue de droit pénal et de criminologie,* 1966-1967, p. 360.

VIANSSON PONTE (P.), *Histoire de la République gaullienne,* Paris, Fayard, 1984.

VIDAL (G.) et MAGNOL (J.), *Cours de droit criminel et de science pénitentiaire,* Paris, Rousseau, éd. 1949, 2 vol.

VILLEY (M.), De l'indicatif dans le droit, *Archives de philosophie du droit*, 1974, 19, pp. 33-61.

VIOLANTE (L.), La repressione del dissenso politico nell'Italia liberale : stati d'assedio e giustizia militare, *Rivista di storia contemporanea*, 1976, V, 4, pp. 481-524.

WEBB (S.), WEBB (B.), *English prisons under local government*, London, Franck Cass, 1963 (nouvelle édition).

WILLIAMS (R.L.), *Manners and murders in the world of Louis-Napoléon,* Seattle and London, Univ. of Washington Press, 1975.

WODON (L.), SERVAIS (J.), *L'œuvre d'Adolphe Prins*, Bruxelles, Ed. Université libre de Bruxelles, Faculté de droit, 1934.

WOLOCH (I.), *Jacobine Legacy, the democracy movement under the Directory*, Princeton, Princeton University Press, 1970.

WRIGHT (V.), *Le Conseil d'État sous le Second Empire,* Paris, A. Colin, 1972.

ZYSBERG (A.), L'affaire d'Orgères (1790-1800), *in Société archéologique d'Eure-et-Loir*, Mémoires, 1985, XXX-1, a.

— L'affaire d'Orgères, justice pénale et défense sociale (1790-1800), *in* Coll. *La Révolution et l'ordre juridique privé, rationalité ou scandale ?,* (Actes du colloque d'Orléans, 11-13 septembre 1986), Paris, PUF, 2 vol, t. II, pp. 639-651, b.

Table des matières

www.ingramcontent.com/pod-product-compliance
Lightning Source LLC
LaVergne TN
LVHW050640051026
849532LV00002B/465
* 9 7 8 2 7 3 8 4 1 0 7 6 4 *